L'EGYPTE
DES GRANDS PHARAONS

Du même auteur

en poche

Le moine et le vénérable, Paris, Pocket n° 10096, 1996.

Ramsès, vol. 1 *Le fils de la lumière*, Pocket n° 10104, 1997 ; vol. 2 *Le temple des millions d'années*, Pocket n° 10105, 1997 ; vol. 3 *La bataille de Kadesh*, Pocket n° 10106, 1997 ; vol. 4 *La dame d'Abou Simbel*, Pocket n° 10107, 1998 ; vol. 5 *Sous l'acacia d'Occident*, Pocket n° 10108, 1998.

Le pharaon noir, Paris, Pocket Best n° 10475, 2000.

La reine soleil : l'aimée de Toutankhâmon, Paris, Pocket Best n° 3432, 2001.

Le juge d'Égypte, vol. 1 *La pyramide assassinée*, Pocket n° 4189, 2001 ; vol. 2 *La loi du désert*, Pocket n° 4279, 2001 ; vol. 3 *La justice du vizir*, Pocket n° 4371, 2001.

La pierre de lumière, vol. 1 *Néfer le silencieux*, Pocket n° 10954, 2001 ; vol. 2 *La femme sage*, Pocket n° 10995, 2002 ; vol. 3 *Paneb l'ardent*, Pocket n° 10956, 2002 ; vol. 4 *La place de Vérité*, Pocket n° 10957, 2002.

Le juge d'Égypte, vol. 1 *La pyramide assassinée*, Pocket Best n° 4189, 2001 ; vol. 2 *La loi du désert*, Pocket Best n° 4279, 2001 ; vol. 3 *La justice du vizir*, Pocket Best n° 4371, 2001.

L'affaire Toutankhâmon, Paris, Pocket n° 4609, 2001.

La reine liberté, vol. 1 *L'empire des ténèbres*, Pocket Best n° 11668, 2003 ; vol. 2 *La guerre des couronnes*, Pocket Best n° 11669, 2003 ; vol. 3 *L'épée flamboyante*, Pocket Best n° 11670, 2003.

Le message des constructeurs de cathédrales, Paris, J'ai lu, Document n° 2090, 2004.

Voyage dans l'Égypte des pharaons, Paris, Perrin, tempus n° 76, 2004.

Les mystères d'Osiris, vol. 1 *L'arbre de vie*, Pocket Best n° 12321, 2005 ; vol. 2 *La conspiration du mal*, Pocket Best n° 12322, 2005 ; vol. 3 *Le chemin de feu*, Pocket Best n° 12323, 2005 ; vol. 4 *Le grand secret*, Pocket Best n° 12324, 2005.

Que la vie est douce à l'ombre des palmes : dernières nouvelles d'Égypte, Paris, Pocket Best n° 12885, 2006.

Mozart, vol. 1 *Le grand magicien*, Pocket Best n° 13210, 2008 ; vol. 2 *Le fils de la lumière*, Pocket Best n° 13211, 2008 ; vol. 3 *Le frère du feu*, Pocket Best n° 13212, 2008 ; vol. 4 *L'aimé d'Isis*, Pocket Best n° 13213, 2008.

La franc-maçonnerie : histoire et initiation, Paris, J'ai lu, Aventure secrète n° 8654, 2008.

Toutankhâmon : l'ultime secret, Paris, Pocket Best n° 13913, 2009.

Les grands sages de l'Égypte ancienne : d'Imhotep à Hermès, Paris, Perrin, tempus n° 281, 2009.

collection tempus

Christian JACQ

L'EGYPTE DES GRANDS PHARAONS

L'histoire et la légende

PERRIN
www.editions-perrin.fr

ISBN : 978-2-262-03219-7

tempus est une collection des éditions Perrin.

A ma fille Ghislaine
en souvenir d'un merveilleux voyage
à la découverte de l'Egypte.

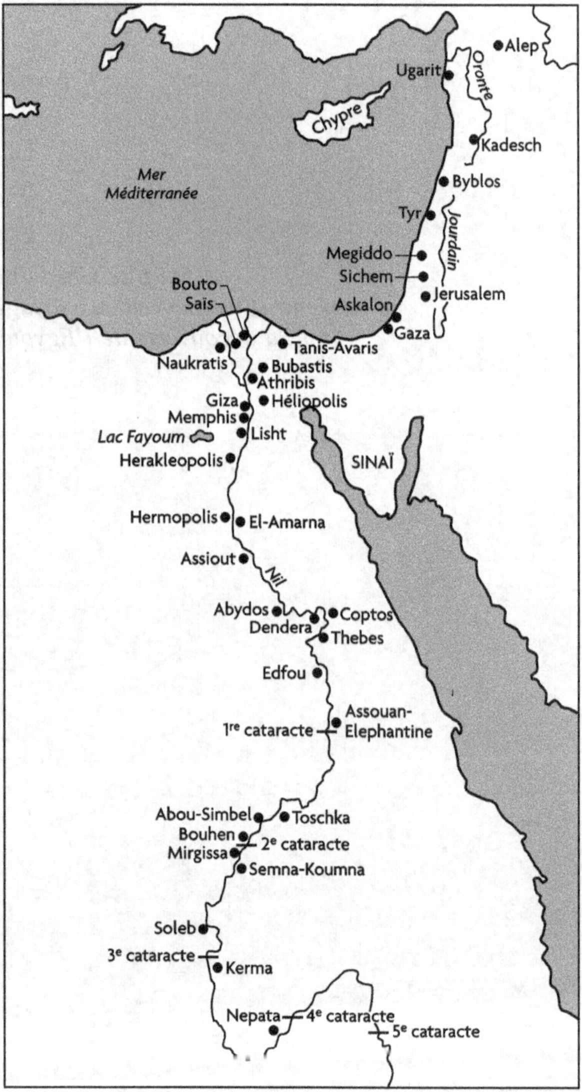

Alep
Ugarit
Oronte
Chypre
Kadesch
Mer
Méditerranée
Byblos
Tyr
Jourdain
Megiddo
Sichem
Jerusalem
Bouto
Saïs
Askalon
Gaza
Tanis-Avaris
Naukratis
Bubastis
Athribis
Giza
Héliopolis
Memphis
Lac Fayoum
Lisht
Herakleopolis
SINAÏ
Hermopolis
El-Amarna
Assiout
Nil
Abydos
Coptos
Dendera
Thebes
Edfou
Assouan-
Elephantine
1re cataracte
Abou-Simbel
Toschka
Bouhen
2e cataracte
Mirgissa
Semna-Koumna
Soleb
3e cataracte
Kerma
Nepata
4e cataracte
5e cataracte

INTRODUCTION

Pendant l'année 1881, de curieux événements se produisent en Egypte. De nombreux objets anciens, tout à fait authentiques et d'une grande qualité, apparaissent sur le marché des antiquités. En cette période où l'exploration scientifique de l'Egypte ancienne commence à peine, son art attire déjà de nombreux collectionneurs à l'honnêteté fluctuante. Un égyptologue français, Gaston Maspéro, directeur du Service des Antiquités installé au Caire, pressent que l'affaire est importante. Il ordonne une enquête pour tenter de découvrir la provenance des œuvres.

Dans la campagne égyptienne, les palabres ne sont pas chose simple. Tout ce qui représente l'autorité, d'où qu'elle vienne, inspire un certain sentiment de méfiance. Bien des crimes n'ont jamais été élucidés, même lorsque les témoins oculaires étaient nombreux. La vente plus ou moins frauduleuse d'antiquités trouvées par hasard a toujours été la spécialité de certains clans, de certaines familles. Dans le cas qui nous occupe, l'abondance des objets mis en circulation implique la participation de plusieurs personnes.

La piste mène dans la région de Thèbes, la fabuleuse capitale du Nouvel Empire, et, plus précisément, jusqu'à la famille d'Abder-Rasûl. Mais impossible d'aller plus loin. Beaucoup de gens semblent au courant, mais personne ne veut parler.

L'obstination patiente des égyptologues sera pourtant récompensée. En Egypte, le temps est plus lent, plus éternel. Il faut savoir attendre. C'est Emile Brugsch, alors au service de Maspéro, qui recevra la visite d'un fellah acceptant enfin d'indiquer la cachette tant convoitée. Une expédition s'organise en direction d'un puits profond creusé dans la roche, au sud de l'extraordinaire temple de Deir el-Bahari. On doit descendre, emprunter une petite galerie et enfin accéder à une chambre funéraire. A l'origine, elle était destinée à une reine obscure, du nom d'Inhapy. A terre, des vases dont beaucoup sont brisés, mais aussi des cercueils contenant encore des momies.

Pour un égyptologue, c'est un moment d'émotion considérable que de trouver intacte une sépulture royale. Emotion pleine de respect, puisqu'on est en présence du corps momifié de souverains qui ont régné sur le plus riche et le plus énigmatique empire du monde. Quand Brugsch déchiffra les hiéroglyphes qui lui révélaient le nom des pharaons dormant là de leur dernier sommeil, son cœur battit rapidement dans sa poitrine. Ce n'étaient pas les momies de rois méconnus ou inconnus qu'il venait de découvrir, mais celles des plus grands pharaons du Nouvel Empire : Thoutmosis III, Aménophis Ier, Sethi Ier, Ramsès II : des noms lus cent fois sur les inscriptions, des noms qui évoquaient des temples, des batailles, une civilisation d'un exceptionnel brillant. Ainsi, grâce à une rivalité entre paysans qui s'était terminée par une dénonciation, les corps de ces hommes illustres entre tous resurgissaient à la lumière.

Une autre surprise de taille attendait Maspéro. Après avoir sorti les momies de la cachette où des prêtres les avaient mises en sécurité pendant l'une des périodes troublées de l'histoire égyptienne, l'égyptologue se préoccupa d'emmener son précieux « chargement » jusqu'au Caire. Il lui fallut emprunter l'« autoroute » utilisée depuis toujours, c'est-à-dire le Nil. Les momies furent donc placées sur une barge et on partit de Thèbes en direction du Caire. Quel ne fut pas l'étonnement du savant quand il vit, sur les berges du fleuve, des femmes poussant des hurlements de deuil et des hommes tirant au fusil ! En célébrant ainsi des rites funèbres, les Egyptiens du XIXe siècle honoraient la mémoire de très anciens monarques qui avaient fait la grandeur de leur pays.

Malheureusement, lors de l'arrivée aux portes du Caire, le fonctionnaire préposé à l'octroi se montra beaucoup moins respectueux. Contemplant les momies d'un air perplexe, il ne se sentit pas concerné par le destin posthume de ces géants de l'histoire universelle. Pour lui, un seul problème se posait : trouver la taxe qu'il appliquerait à cette marchandise-là. Les momies n'étant inscrites à aucun répertoire douanier, il les considéra finalement comme du poisson séché.

Nous ne serons pas aussi inattentif que ce fonctionnaire, bien au contraire. En honorant la mémoire des grands pharaons d'Egypte, nous découvrirons avec un émerveillement certain le panorama d'une des plus anciennes civilisations connues. On considère généralement que l'histoire égyptienne s'étend du IVe millénaire avant Jésus-Christ jusqu'à l'ère chrétienne. Selon Manéthon, un auteur ancien dont nous verrons plus loin l'importance, il faut remonter beaucoup plus loin dans le temps et attribuer environ 6 000 ans de durée à l'histoire proprement dite – sans tenir compte du règne des dieux – alors que l'égyptologie adopte, dans certaines de ses chapelles universitaires, une « chronologie courte » de 3200 ans environ. Le domaine chronologique demeure encore très obscur et beaucoup de datations restent hypothétiques. Lorsque l'histoire écrite débute, vers 3000 avant J.-C. (cette date même étant sujette à caution), l'aventure égyptienne a déjà un passé qu'il est bien difficile d'évaluer.

Ce qui est prodigieux, dans le cas de l'Egypte, c'est la cohérence de la civilisation et, principalement, la durée de l'institution pharaonique. Entre la France contemporaine et celle du Moyen Age, il n'y a que quelques siècles d'écart. Pourtant, tout a changé ; mais les Egyptiens de l'époque ptolémaïque, comme ceux de l'Ancien Empire, reconnaissaient l'existence d'un roi-dieu, d'un pharaon chef de l'Etat, bien que des millénaires séparassent ces hommes. Longue histoire, par conséquent, mais surtout histoire qui possède un centre vivant – le pharaon – demeuré immuable en dépit d'événements parfois dramatiques. On peut être frappé d'étonnement devant cette continuité qui plonge ses racines dans le sacré et non dans le politique. Songeons aussi qu'aucun des 350 pharaons[1] qui se succédèrent sur le trône d'Egypte

1. Il s'agit d'un nombre très approximatif. On découvre encore certains pharaons dont le nom resurgit du néant à la lueur d'un objet inscrit.

n'a trahi cette conception dans son principe, songeons enfin que le temps qui va de Cléopâtre jusqu'à nous est, au minimum, deux fois moins long que celui qui va de Ménès, le premier pharaon « historique », jusqu'à Cléopâtre, et nous comprendrons aisément que la civilisation pharaonique est un rouage essentiel de l'aventure humaine.

L'Egypte est fille du soleil. Il est la forme visible du dieu Rê, le principe créateur auquel les prêtres de la cité sainte d'Héliopolis, aujourd'hui disparue, vouaient une vie de travail et de recherche. Chaque matin, lorsque l'astre s'élève au-dessus des falaises du désert oriental, le pays renaît. La course du soleil est un modèle théologique ; elle nous enseigne que tout mouvement se décrit entre une naissance et une mort. Mort uniquement apparente, au demeurant, car le soleil, en disparaissant sous la terre, prépare sa résurrection. Il en est ainsi de l'histoire d'Egypte qui, à plusieurs reprises, parut sombrer dans le néant pour mieux renaître des ténèbres.

L'Egypte est aussi un grand lotus dont la tige est formée de la Haute-Egypte, la partie méridionale du pays, et la fleur du Delta ou Basse-Egypte. Longue de mille kilomètres environ, mais d'une largeur atteignant rarement trente kilomètres en Haute-Egypte, la terre des pharaons, dans sa partie cultivée et habitable, occupe une superficie un peu moins grande que celle de la Belgique. Elle est encadrée à l'est et à l'ouest par des déserts ; au nord, c'est la Méditerranée qui sert de frontière naturelle, au sud, ce sont les barrages successifs formés par les cataractes du Nil qui remplissent cette fonction. L'ensemble géographique, on le voit, fait de l'Egypte un territoire tout à fait particulier où peuvent se développer des structures originales. Dès l'abord, un fait historique corrobore cette analyse ; quels qu'aient été les invasions étrangères, les influences extérieures, les contacts avec le monde environnant, l'Egypte des pharaons est demeurée fondamentalement la même, préservant son génie propre.

« A ce monde, notre propre civilisation, de même que celle de l'Europe tout entière, se rattache par mille liens indissolubles », écrivent les égyptologues allemands Erman et Ranke[1]. Cette constatation est fondamentale. En lisant l'histoire des pharaons, nous ne nous évaderons pas dans un exotisme trop éloigné de nous pour être compréhensible. Le Proche-Orient ancien (et l'Egypte en particulier) est notre ancêtre. C'est en lui que plongent nos racines spirituelles, sensibles, intellectuelles. L'idée reçue selon laquelle l'Egypte est une civilisation préphilosophique alors que la Grèce et Rome furent les premières cultures capables de « penser » et de « faire la science » est l'une des plus fausses qui soient. Il est infiniment regrettable que l'Egypte ait une place aussi restreinte dans le processus éducatif alors qu'elle tient un rôle aussi capital dans notre esprit comme dans notre mémoire la plus profonde. Pour tous ceux qui ont eu la chance de faire le voyage d'Egypte, c'est une évidence : là, sur la terre du dieu-soleil, des éléments fondamentaux de la conscience humaine se sont formés. Est-il besoin de célébrer l'art égyptien, de souligner son extraordinaire beauté, la profondeur de sa signification ? Pourtant, on ne connaît réellement

1. *La Civilisation égyptienne*, Payot, édit. 1963, p. 12.

qu'un petit nombre d'œuvres, et les musées abritent nombre de créations qui mériteraient d'être découvertes ou redécouvertes. La religion égyptienne, trop longtemps étudiée d'un point de vue rationaliste, contient des trésors qui peuvent toujours susciter une foi venant de l'intérieur. La littérature égyptienne – qu'elle soit « religieuse » ou « profane », ces distinctions n'ayant d'ailleurs qu'une valeur très relative en ce qui concerne l'Egypte – est encore mal connue. Que d'enseignements à recueillir dans les *Textes des pyramides*, dans les *Textes des sarcophages*, dans les *Sagesses*, dans les contes... Derrière l'écrit, la statue, le symbole sacré, une prodigieuse joie de vivre et d'exister se profile.

Ceux qui ont fait de l'Egypte une civilisation de croque-morts se sont lourdement trompés. Ce n'est pas le néant qui est célébré par les pharaons dont l'un des premiers devoirs est de construire leur sépulture, mais la survie. Une éternité où s'unissent ce que nous appelons « la vie » et « la mort ».

En 1798, c'est l'expédition d'Egypte. Les savants qui font partie du voyage découvrent un pays fabuleux, couvert de temples, de stèles, d'édifices divers. Ils dessinent, copient, accumulent une documentation considérable qui sera publiée dans la monumentale *Description de l'Egypte*, laquelle paraîtra de 1809 à 1816. Ainsi surgit un matériel proprement égyptien mis à la disposition de ceux qui cherchaient à percer les mystères de la civilisation pharaonique.

Jusque-là, il fallait se contenter du témoignage d'auteurs anciens, comme Hécatée de Milet (qui visita l'Egypte vers 510 avant J.-C. et s'intéressa surtout au phénomène de l'inondation), Platon, Plutarque, Diodore de Sicile, Strabon, Pline l'Ancien,

Clément d'Alexandrie et quelques autres. Une mention particulière doit être faite d'Hérodote d'Halicarnasse (484-430 avant J.-C.) qui écrivit une sorte de rapport de journaliste sur son voyage effectué peu après 450. Il alla probablement loin dans le sud, peut-être jusqu'à la première cataracte et demeura environ trois mois dans le pays. Sur les rois qui gouvernèrent l'Egypte depuis Psammétique I (664-610), le voyageur grec donne des éléments intéressants. Malheureusement, son œuvre accueille nombre de ragots, d'historiettes malveillantes. Il méconnaît totalement le génie de l'Ancien Empire et colporte des calomnies de bas étage qui rendent méfiant à l'égard de ses capacités critiques.

De cette masse documentaire, l'historien recueille assez peu d'éléments solides. Les Grecs ont craint, admiré, vilipendé l'Egypte mais ne l'ont pas comprise en profondeur. Les exceptions confirment la règle : Plutarque, qui fut certainement initié aux mystères égyptiens, a transmis de précieuses informations dans son traité *Sur Isis et Osiris*, mais elles concernent la religion.

Parmi les trouvailles de l'expédition d'Egypte, la Pierre de Rosette devait prendre une importance particulière. Sur cette pierre, trouvée dans la ville de Rosette, était gravée une inscription dite « trilingue », c'est-à-dire rédigée selon trois modes d'écriture : le grec, le démotique (une cursive égyptienne tardive utilisée surtout pour les documents administratifs) et le hiéroglyphique. Un jeune savant français, Jean-François Champollion, né en 1790, voit enfin l'horizon s'ouvrir devant lui. Depuis plusieurs années, il cherche à lire les hiéroglyphes. Il a appris tout ce que l'on pouvait apprendre sur l'Egypte, il déchiffre plusieurs langues anciennes, dont le grec et le copte. En se servant de ce « trilingue », il parvient enfin à réaliser son rêve : comprendre la langue des anciens Egyptiens. Le mathématicien Fournier comparait Champollion à un poulain fougueux demandant triple ration. De fait, le génial déchiffreur écrira une grammaire, un dictionnaire, voyagera en Egypte où il fera de surprenantes analyses des monuments mais mourra épuisé en 1832, à quarante-deux ans. L'égyptologie était née. Grâce aux découvertes de Champollion, on allait enfin lire les hiéroglyphes, étudier l'histoire égyptienne à partir des documents pharaoniques eux-mêmes.

Il nous faut dire à présent quelques mots d'un personnage essentiel, Manéthon, prêtre égyptien du IIIe siècle avant J.-C. Né à Sebennytos, dans le Delta (l'actuelle Samanoud), il écrivit en grec une histoire d'Egypte pour le roi Ptolémée II Philadelphe. Manéthon, dont on pense qu'il vécut aussi à Mendès et à Héliopolis, avait fait des recherches sur la religion, les rites et les fêtes avant de rédiger son chef-d'œuvre, les *Aegyptiaca*, qui donnait la liste des rois d'Egypte classés en dynasties.

Cette œuvre capitale a malheureusement disparu. Elle n'existe plus qu'à l'état de fragments, Manéthon ayant été cité par d'autres auteurs anciens, notamment le juif Josèphe (Ier siècle après J.-C.), les chrétiens Jules L'Africain (220 environ après J.-C.), Eusèbe (vers 320) et même Georges le Syncelle, en 800. Cette histoire d'Egypte était donc connue au point de mériter de telles citations, mais il est impossible d'apprécier la synthèse de Manéthon puisque nous ne la connaissons que de manière indirecte et fragmentaire.

Il reste que Manéthon a légué aux égyptologues le cadre général de leurs recherches historiques, à savoir les trente dynasties qui vont de Ménès, le premier pharaon, à Nectanebo II. Manéthon précise des durées de règnes, retrace des anecdotes concernant la vie des monarques dont il donne les noms. Mais il est probable qu'un certain nombre de ces indications ne sont pas de lui ; quant aux détails chronologiques, ils ont fait et font toujours l'objet d'un examen critique de la part des égyptologues. De plus, les noms royaux fournis par Manéthon présentent de graves déformations par rapport à ceux lus sur les monuments égyptiens et les rapprochements se révèlent parfois plus que difficiles.

Que sont les documents égyptiens eux-mêmes, lesquels n'avaient plus été exploités depuis le IVe siècle après J.-C. ? Il s'agit de textes inscrits sur des murs de temples ou de tombeaux, sur des objets ou des papyrus. Ces inscriptions sont extrêmement nombreuses, mais peu d'entre elles ont une valeur proprement « historique », au sens où nous l'entendons aujourd'hui. Pour donner un exemple concret, les « autobiographies idéales » des grands fonctionnaires ne retracent pas des carrières individuelles, mais plutôt un modèle d'existence publique selon les critères de la morale égyptienne.

Nous manquons de récits historiques continus, de chroniques d'une certaine longueur. Le matériau de base est constitué par des noms de rois, des dates, des événements évoqués de manière souvent elliptique et par ce qu'on nomme, non sans prendre des risques considérables, « l'évidence archéologique ». Il faut bien avouer que, sur certaines périodes de l'histoire égyptienne, la documentation est presque inexistante.

A l'aide d'un travail de fourmi, d'indices dont l'appréciation est forcément subjective dans la plupart des cas, le spécialiste essaye cependant de donner une image de la période qu'il étudie. De plus, les Egyptiens, en raison des lois propres à leur système de royauté, nous réservent des surprises. Le phénomène, simple en soi, de la corégence a dérouté bien des historiens. De quoi s'agit-il ? Beaucoup de pharaons – et on s'est demandé si ce n'était pas une règle générale – ont associé, de leur vivant, leur successeur au trône afin de l'initier à la direction des affaires de l'Etat. Les deux règnes sont donc, pendant un certain temps, superposés et parallèles. Lorsque la documentation ne s'est pas révélée suffisante pour nous l'apprendre, nous risquons de commettre de lourdes erreurs chronologiques.

Les Egyptiens ont composé des listes royales. Il existait donc une conscience des dynasties qui se sont succédé. La *Pierre de Palerme* est le bloc principal d'un document brisé en plusieurs morceaux dont certains ont disparu. Il s'agissait d'un répertoire des plus anciens pharaons, de Ménès, le premier d'entre eux, jusqu'à Neouserrê (Ve dynastie). Il est intéressant de noter les éléments qui ont retenu l'attention des Egyptiens eux-mêmes. Règne par règne, en effet, les scribes précisent le nom du pharaon, la date de sa mort, celle du couronnement de son successeur, les fêtes religieuses, la construction de temples ou de palais, la fabrication de statues, la hauteur atteinte par la crue du Nil, les voyages maritimes, les expéditions commerciales ou militaires, les observations astronomiques.

Il faut ensuite attendre le Nouvel Empire (XVIe au XIe siècle av. J.-C.) pour voir enregistrées d'autres listes de rois. Le *Canon royal de Turin* est un papyrus hiératique[1] datant du règne de Ramsès II. De même que la *Pierre de Palerme*, il désigne Ménès comme le premier pharaon de l'histoire, montant sur le trône après une longue lignée de dieux et de demi-dieux dont les règnes avaient été d'une extraordinaire longueur. La *Table d'Abydos* est inscrite sur les murs du temple de cette ville. On y voit le pharaon Sethi Ier (1304-1290), accompagné de son fils aîné, le futur Ramsès II, faire des offrandes à soixante-dix rois qu'il considère comme ses ancêtres. Ils sont symbolisés par des cartouches, ovales allongés à l'intérieur desquels les noms des pharaons sont inscrits. La *Table de Saqqarah*, trouvée dans la tombe d'un maître d'œuvre de Memphis, enregistrait les noms de cinquante-sept ancêtres vénérés par le roi Ramsès III ; une cinquantaine reste lisible. La *Table de Karnak*, enfin, date du règne de Thoutmosis III (1490-1436). Inscrite sur l'un des murs du plus grand temple égyptien, elle donne des noms de souverains inconnus dans les autres listes mais bouscule l'ordre chronologique.

Tout en fournissant de précieux repères, ces listes posent de nombreux problèmes. Elles ne séparent nullement le sacré du profane, puisque les premiers rois sont des divinités. Elles tiennent compte d'une certaine orthodoxie, en ne mentionnant ni les Hyksos, des envahisseurs qui régnèrent sur l'Egypte, ni un pharaon comme Akhenaton, considéré comme « hérétique ». Mais les choix des noms de pharaons paraissent parfois inexplicables. Pourquoi, par exemple, telle liste omet-elle les cinq premiers rois

1. Forme cursive de l'écriture hiéroglyphique.

de la Ire dynastie, pourquoi telle autre s'attarde-t-elle sur la VIIIe dynastie qui nous semble aujourd'hui presque inexistante ? Peut-être existait-il d'autres inventaires comparables qui n'ont pas été retrouvés. Le pharaon qui faisait graver une semblable énumération de rois désirait honorer ses ancêtres, sans souci de vérité historique ou d'exhaustivité documentaire.

*

* *

Nous serons obligés de donner, la plupart du temps, des dates approximatives. Ces difficultés dans l'ordre de la précision chronologique proviennent d'un fait précis : chaque règne forme une sorte d'ère indépendante qui commence par l'an 1 du pharaon. Il n'existe donc pas de chronologie continue comparable aux systèmes du type « avant et après Jésus-Christ » ou aux datations musulmanes. On dira : « en l'an 7 de Ramsès II » ou « en l'an 28 de Pepi II ». La formule du type « en 1900, sous le règne de Untel », n'existe pas. Avec chaque pharaon, le monde repart du néant. Malheureusement, nous ne connaissons pas la durée exacte de chaque règne et le phénomène de corégence augmente encore les incertitudes.

Dans ce casse-tête égyptien, où l'historien avide de dates exactes perd souvent ses hiéroglyphes, les points de repère se présentent comme des oasis. Ils sont offerts par le calendrier.

L'astronomie a toujours joué un grand rôle en Egypte où la clarté du ciel et la pureté de l'atmosphère ont permis des observations précises depuis une haute antiquité. Des prêtres spécialisés dans l'étude des astres mirent au point un calendrier qui fut souvent considéré comme le plus intelligent de l'histoire humaine. Ses caractères principaux sont une année de trois cent soixante jours, répartis en douze mois, de trente jours chacun, et en trois saisons (l'inondation, l'hiver, l'été). A cette année solaire s'ajoutent cinq jours que les Grecs ont nommé « jours épagomènes ». L'année astronomique étant de 365 jours 1/4 approximativement, un décalage va en s'accroissant. Tous les mille quatre cent soixante ans, le premier jour de l'année civile égyptienne de 365 jours coïncide à nouveau avec celui de l'année astronomique. Les Egyptiens en étaient conscients et avaient mis en rapport trois phénomènes pour caractériser cet événement exceptionnel : le lever héliaque de Sirius, le premier jour de l'inondation et le premier de l'an. Or, nous savons que le lever de Sirius et le premier jour de l'année civile coïncidèrent en 139 après J.-C. Une série de calculs, recoupés par des documents égyptiens, permit donc d'établir des repères chronologiques à peu près sûrs, mais ces derniers ne dépassent pas le Moyen Empire. Le plus ancien, en effet, concerne le règne de Sesostris III. On sait que l'an 7 du règne de ce pharaon correspond à l'an 1871 avant J.-C. En revanche, pour la période antérieure, on ne dispose que d'hypothèses et d'arguments théoriques. Ainsi, pour dater la première dynastie, on hésite encore entre 3200 et 2850 avant J.-C.

L'histoire de la civilisation a été divisée en grandes périodes par les égyptologues. Cette classification comprend trois « empires » – les moments forts où l'Egypte est équilibrée, puissante – encadrés par des périodes que l'on estime de transition. Le destin historique de l'ancienne Egypte s'ouvre par la *période thinite* recouvrant les deux premières dynasties

(2950-2640 avant J.-C.) et ainsi nommée parce que la capitale du pays était, à cette époque, la ville de This. Vient ensuite *l'Ancien Empire* (IIIe à VIe dynastie, 2640 à 2160 avant J.-C.), sans doute la période la plus faste et la plus extraordinaire de l'aventure égyptienne, caractérisée par la création des grandes pyramides et de l'une des sociétés les plus accomplies de l'histoire humaine. A cet âge d'or succède un temps sombre, qualifié de *Première Période Intermédiaire* (fin de la VIe dynastie au début de la XIe, 2160 à 2134 avant J.-C.). Renaissant de ses cendres, la civilisation pharaonique trouve son âge classique dans le *Moyen Empire* (XIe et XIIe dynasties, 2134 à 1785 avant J.-C.) où l'art et les lettres atteignent un haut degré de raffinement. La *Seconde Période Intermédiaire* est un nouvel âge tragique (XIIIe dynastie à XVIIe dynastie, 1785 à 1551 avant J.-C.) marqué par une invasion. A la suite d'une guerre de libération, l'Egypte s'épanouit à nouveau dans le *Nouvel Empire* (XVIIIe à XXe dynastie, 1552 à 1070 avant J.-C.) où le pays des pharaons affirme sa puissance militaire et conquérante, tout en jouissant d'un luxe prodigieux et en construisant d'admirables temples dont Karnak et Louxor sont les plus connus. Avec la XXIe dynastie s'ouvre la *Basse Epoque* (où l'on a reconnu une Troisième Période Intermédiaire) qui s'étend de 1070 à 343 avant J.-C., date où le dernier pharaon de la dernière dynastie, la trentième, est chassé du pouvoir par une seconde invasion des Perses qui occuperont l'Egypte jusqu'en 332. La conquête d'Alexandre permettra aux Macédoniens puis aux Ptolémées de régner sur le pays, jusqu'en 30 avant J.-C., date de la conquête romaine.

Cette notion d'empire n'est pas due à Champollion, qui ne parla que de dynasties, mais à un diplomate prussien, Cari Josias von Bunsen, qui, en 1844, appliqua à l'histoire égyptienne un modèle inspiré du Saint Empire romain germanique. C'est dire qu'elle doit être maniée avec prudence, d'autant plus que la politique égyptienne ne fut jamais, même au Nouvel Empire, réellement « impérialiste » au sens moderne du mot.

Comment les Egyptiens eux-mêmes analysaient-ils leur propre histoire ? La réponse à cette question n'est pas facile. Les civilisations grecque et romaine ont suscité leurs propres historiens, qui se sont penchés sur leur passé et en ont donné une interprétation. Or, malgré l'étendue de la civilisation pharaonique, on ne connaît aucun auteur ayant rédigé en égyptien une histoire de son pays. Cette constatation est importante, car elle nous fait pénétrer au cœur de la pensée égyptienne, pétrie d'éternité et du sentiment de ce qui demeure immuable malgré la fuite du temps. La civilisation pharaonique n'est nullement statique ou immobile, comme on l'a trop souvent écrit ; elle est, au contraire, en perpétuelle innovation. Elle bâtit, elle crée, elle réinvente sans cesse son propre génie mais ne croit pas à ce qui constitue le dogme central de nos civilisations modernes : le progrès.

Pour l'Egypte, le mythe, c'est-à-dire l'histoire vraie, selon l'expression de Mircea Eliade, est à l'origine de tout. Chaque roi situe sa première année de règne dans un temps primordial, chaque nouveau règne débute par l'an 1 d'une ère nouvelle. Ce n'est pas la date qui importe, mais l'insertion du pharaon dans un ordre cosmique. Il n'y a donc pas, en Egypte ancienne, de « perspective historique » ou « d'histoire objective », selon une terminologie à la mode. Ce qui importe, pour les pharaons, c'est de célébrer l'histoire de leur peuple comme une fête, une communion avec la nature et avec les dieux. Taxer l'Etat égyptien de « conservatisme politique » parce qu'il n'est pas en permanence agité de soubresauts et de convulsions sociales, c'est méconnaître la valeur de la tradition sacrée comme force de rénovation permanente. D'après les inscriptions, il est clair que les pharaons avaient conscience de vivre dans « le temps du dieu », « le temps des ancêtres » et de restaurer « la première fois » : autant d'expressions pour désigner l'origine de la vie, le paradis perdu toujours retrouvé.

Les listes royales, que nous avons évoquées plus haut, débutent par le règne des dieux ; puis viennent ceux des demi-dieux, des êtres de lumière et enfin des Suivants d'Horus, prédécesseurs du premier roi humain, Ménès. Pour les Egyptiens, il ne s'agit nullement d'une fiction. C'est le meilleur moyen d'affirmer que la royauté prend sa source dans la divinité et que le modèle auquel chaque pharaon se réfère est d'ordre supra-humain. La société pharaonique, groupée et organisée autour de son roi-dieu, tirera toutes les conséquences d'un tel principe.

Force nous est donc de reconnaître que, malgré l'abondance de la documentation, les matériaux proprement historiques sont rares. Il faut les rechercher au hasard des monuments ou des textes, prendre garde à des allusions, scruter les « biographies », les récits d'exploits royaux. L'histoire de l'Egypte ancienne, telle que nous l'écrivons à l'heure actuelle, présente des zones d'ombre considérables. Sur les trente dynasties, nous n'en connaissons qu'un tiers – et encore très partiellement – dont la situation historique peut être présentée avec quelque précision. Les périodes dites « intermédiaires » sont des plus obscures. Le concept de dynastie, apparemment rassurant, ne doit pas constituer un leurre. Nous ne savons pas, en réalité, pourquoi l'on passe d'une dynastie à une autre. Nous ignorons également les critères présidant à la durée d'une dynastie : la XVIIIe est très longue, la XXVIIIe ne comprend qu'un roi et la VIIe est probablement inexistante. Pour apprécier l'importance d'un pharaon, on se réfère souvent à la fréquence des mentions de son nom sur les stèles, les scarabées et d'autres types de documents. Mais la perte de pans entiers de la documentation est susceptible de fausser nos appréciations.

A ces difficultés s'en ajoute une autre, due à la mentalité égyptienne elle-même. Soucieux d'éternité, les pharaons nous ont légué ce qu'ils considéraient comme essentiels : leurs temples et leurs tombeaux. Villes, villages, maisons particulières n'étaient pas construits en « pierres d'éternité » mais en matériaux périssables. Ils ont presque complètement disparu, nous privant de témoignages archéologiques sur la réalité quotidienne du passé égyptien. Par bonheur, les « scènes de la vie privée », abondamment illustrées sur les murs des tombeaux, nous la restituent ; mais il ne faut pas oublier que, dans un pareil contexte, elles ont souvent un sens symbolique qui transcende leur aspect matériel.

Cette mentalité entraîne les pharaons à manier l'histoire d'une manière qui nous déroute. Ainsi, un roi peut emprunter à l'un de ses prédécesseurs une scène qui, *a priori*, paraissait historique mais prend ainsi une valeur intemporelle. La même capture de

Libyens vaincus, par exemple, se retrouve sous les règnes de Sahourê (Ancien Empire, V^e dynastie), de Pepi II (Ancien Empire, VIe dynastie) et de Taharqa (Basse Epoque, XXVe dynastie). Ce qui importe, pour ces rois, n'est pas tant le détail historique que la soumission de l'ennemi, symbole du chaos, au roi, symbole de l'ordre cosmique. Peut-être Taharqa n'a-t-il jamais eu à combattre effectivement des Libyens, peut-être a-t-il réellement livré bataille ; l'essentiel pour lui, en gravant une telle scène, était de se référer à un passé glorieux et de maintenir l'idéal d'harmonie inscrit dans sa fonction.

Quand l'un des plus célèbres égyptologues britanniques, sir Alan Gardiner, à qui les études historiques doivent tant, écrit que les chroniques arabes parlant des animosités continuelles, des querelles de famille, des meurtres donnent une bonne vision de la réalité quotidienne à l'âge des pharaons, nous pensons qu'il se trompe. Si certains éléments, telle la vie agricole, n'ont guère varié depuis l'Egypte ancienne, une clef de civilisation, en revanche, n'existe plus dans le monde arabe de l'Egypte contemporaine : l'institution pharaonique elle-même. C'est elle qui faisait vivre la société, modelait l'esprit, l'âme, la sensibilité des anciens Egyptiens. Toute comparaison avec une société qui repose sur des critères totalement différents ne saurait donc conduire qu'à une impasse. Un simple « détail » fera parfaitement comprendre notre propos : l'Egypte moderne est profondément marquée par la pratique des préceptes du Coran, le livre saint. Or l'Egypte ancienne, dans son extraordinaire sagesse, n'a jamais connu *un* seul livre sacré, *un* livre révélé donnant réponse à tout. A chaque grande cité correspondait une théologie particulière.

Le roi est au centre de la pensée égyptienne, au centre de l'histoire, au centre de la société. Selon l'expression de Baillet, pharaon est le « cœur de l'être collectif de l'Egypte ». En intitulant l'une de ses œuvres majeures *Du caractère religieux de la royauté pharaonique*, Alexandre Moret a mis en évidence que le chef de l'Etat égyptien n'exerçait pas une souveraineté dans le cadre très étroit de la politique telle que nous la concevons aujourd'hui. Pharaon est un descendant des dieux qui régnèrent au ciel et sur la terre. C'est en tant que dieu lui-même qu'il reçoit l'héritage de ses glorieux ancêtres sur lequel il doit veiller comme sur le plus précieux des trésors, à savoir la terre d'Egypte. Pharaon est désigné comme souverain par le dieu Rê, alors qu'il se trouve encore « dans l'œuf », selon l'expression égyptienne. Cette alchimie solaire vise à créer un être de lumière qui, selon des mythes relatant une théogamie (à savoir le processus d'une conception et d'une naissance divines), sera le fruit de l'union d'un dieu et d'une mortelle.

Jamais, par conséquent, nous ne devrons envisager l'action des pharaons sous un angle purement profane. Quelle que soit l'individualité propre des hommes qui occupent ce « poste », ils sont formés à une conception très particulière du pouvoir où leur rôle religieux demeure primordial. En Egypte ancienne, il n'y a pas eu séparation entre le temple et le palais, et l'on ne peut parler de religion d'un côté et d'Etat de l'autre. La religion égyptienne, en effet, n'est pas une doctrine comparable au catholicisme et à l'Islam. Elle ne comprend pas de *credo*, d'articles de foi, mais repose sur des mythes, des symboles et des rites. Les prêtres n'ont ni à enseigner le peuple ni à être missionnaires. Ils se considèrent comme des spécialistes du sacré, des savants qui entretiennent la vie en manipulant l'énergie divine dans les laboratoires des temples. Leur maître à tous, le plus qualifié d'entre eux, est pharaon. Aussi la religion n'est-elle pas axée sur la prière solitaire qui, en Egypte, n'est qu'un phénomène secondaire. L'activité religieuse est le devoir fondamental de l'Etat, sa raison d'être, elle détermine les structures politiques, sociales et économiques. « Jamais la religion ne fut chez eux un phénomène privé, auquel le choix individuel pouvait donner plus ou moins d'importance : comme aux temps lointains des clans préhistoriques, elle est la structure même de la vie sociale et nationale, dont la direction se trouve entre les mains du souverain[1]. »

Les liens de pharaon avec le cosmos sont essentiels : soleil pour les hommes, ses rayons pénètrent partout. Il chasse les ténèbres de l'Egypte ; il entend tout ce qui se dit, car il a des millions d'oreilles, il voit tout, car sa vue est plus perçante que l'astre du jour. Dépositaire de la force vitale, pharaon est l'unique interprète de la volonté divine. Cette puissance ne lui octroie pas de droits despotiques mais le rend responsable de la vie matérielle et spirituelle de son royaume. En organisant les rites, il permet aux saisons de se dérouler selon les lois du cosmos, à l'inondation de venir féconder l'Egypte, au soleil de se lever.

Beaucoup de pharaons furent d'ailleurs d'authentiques savants dans le domaine de leur religion et de leur symbolique. Nous savons qu'ils fréquentèrent les bibliothèques sacrées, recherchèrent les annales des ancêtres pour se conformer aux principes de sagesse destinés à guider leur conduite. L'action religieuse

1. S. Sauneron, *Les Prêtres de l'ancienne Egypte*, p. 171

étant considérée comme un moyen d'agir sur le monde, il était indispensable que pharaon fût un homme de Connaissance. En tant que chef de gouvernement, le roi continue à exercer un rôle de nature sacerdotale, car ses hauts fonctionnaires doivent « faire monter Maât, l'harmonie cosmique, vers lui ». Autrement dit, ils ont à respecter la vérité dans leurs rapports pour que le roi maintienne la justice. Gardien de lois non écrites, pharaon est un soleil alors que son Premier ministre, le vizir, est comparé à la lune : dans la conception même de la hiérarchie administrative, par conséquent, c'est encore la tonalité religieuse et cosmique qui prédomine.

Les devoirs religieux de pharaon se traduisent par la construction, la rénovation et l'entreprise des temples. Les dieux, pour exercer leur influence sur terre, ont besoin d'une demeure. Au roi de l'édifier, afin qu'on y célèbre les cultes et les rites. En réalité, pharaon est le seul prêtre. Aussi sa représentation figure-t-elle sur les parois de chaque temple. Cette image vivante s'incarne dans le corps d'un prêtre qui accomplira les gestes sacrés au nom du roi. Le temple n'est pas seulement indispensable comme entité religieuse mais aussi comme rouage économique majeur. Chaque sanctuaire est producteur, gestionnaire et redistributeur des richesses du pays. Il fait donc vivre l'Egypte à la fois spirituellement et matériellement.

Cette dernière remarque nous permet d'insister sur un point capital : dans l'Egypte ancienne, il n'y a jamais séparation entre le domaine de l'esprit et celui de la matière. Le roi n'est pas seulement prêtre, mais aussi chef d'Etat, et inversement. Aussi est-il déterminant, pour le pays, d'être gouverné par un pharaon dont le pouvoir est effectif. Lorsque le rayonnement des rois s'amoindrit, lorsque le trône de pharaon vacille, l'Egypte connaît des périodes sombres. Les dieux ne veillent plus, l'économie s'affaiblit. Pour organiser, centraliser et distribuer les énergies divines comme les énergies matérielles, un pouvoir central cohérent et fort s'avère indispensable.

Contre l'anarchie et le désordre, le pharaon égyptien dispose d'armes fort concrètes, certes, comme l'armée et la police, mais il utilise aussi la magie. Protégé par le dieu faucon, porteur de couronnes chargées de puissance, accrochant à son pagne une queue de taureau, régnant sur des nomes, c'est-à-dire des provinces, dont le génie propre est symbolisé par des emblèmes magiques, le roi est une synthèse des forces animales, humaines et cosmiques. Ne le compare-t-on pas à un lion qui rugit, à un chacal qui parcourt en un instant l'étendue de la terre, à un feu, à un orage, à une tempête ? En son cœur se trouve *Sia*, l'intuition. Dans sa bouche réside *Hou*, le verbe créateur : c'est pourquoi les paroles prononcées par le roi deviennent aussitôt réalité. Tout ce que souhaite le cœur du roi s'accomplit. Sa langue est une balance, ses lèvres sont plus exactes que le fléau de cette dernière. C'est lui qui a tracé le plan des temples en se guidant sur les étoiles du ciel.

Cette qualité de magicien explique les succès de pharaon dans ses actions guerrières. D'une bravoure exceptionnelle, il ne redoute aucun ennemi. Protégé par des dieux qui lui donnent la force de vaincre, il finit toujours par placer sous ses pieds les « neuf arcs », c'est-à-dire le symbole des pays étrangers. En fait, pharaon, garant d'un cosmos, empêche ainsi les forces du néant de détruire l'œuvre entreprise. Dans les guerres livrées par l'Egypte, cette perspective, nous le verrons, ne doit pas être négligée. Les scènes de bataille représentées sur les parois des temples sont, à cet égard, parfaitement explicites. C'est un roi solaire, un monarque incarnant l'ordre du monde qui vainc les ténèbres, l'inorganisé, le chaos. D'une certaine manière, pharaon envoûte l'ennemi pour mieux le pacifier.

*
* *

« Le roi est mort, vive le roi » : cette formule, bien connue dans le cadre de la royauté française, s'avère particulièrement pertinente dans celui de la royauté égyptienne. La mort d'un pharaon est l'événement le plus dramatique qui se puisse concevoir. Le soleil disparaît, l'harmonie est en péril, la société tout entière peut basculer dans le néant. Le roi ne meurt pas, en vérité. Il quitte la terre des hommes, entre dans son horizon, gagne le ciel et se confond avec son créateur. Il navigue dans les espaces célestes où il devient étoile. Dans le cosmos étoilé qui nous domine, les âmes lumineuses des pharaons continuent ainsi à orienter le destin des hommes.

Sur terre, précisément, les humains vivent dans l'angoisse. Ils prennent le deuil, attendant avec impatience le successeur qui mettra fin à la perturbation en illuminant à nouveau l'Egypte de la sagesse des rois. Dans bien des cas, le pharaon vieillissant avait associé au trône, de son vivant, son fils ou son successeur de manière à éviter une période d'anarchie.

On se préoccupe de la momification du roi mort puis de sa mise au tombeau, un tombeau qu'il a fait creuser lui-même, préparant tout au long de son existence terrestre une demeure d'éternité. Le roi, nous l'avons dit, n'est pas mort. Il continue à vivre d'une autre manière. C'est si vrai que Ramsès II, dans un texte connu sous le nom de *Grande Inscription dédicatoire d'Abydos*, demande à son père défunt Séthi Ier, d'intervenir en sa faveur auprès du dieu Rê auprès duquel il se trouve.

Devenir pharaon, c'est monter sur le trône lors de la cérémonie du sacre. Ce dernier est un prodigieux rituel, comparable aux « mystères » du Moyen Age. L'Egypte entière y est associée, participant à la création de son roi, vivante incarnation du dieu Horus qui reçoit l'héritage de son père Osiris. Les dieux, les déesses, les provinces d'Egypte sont présents lors du couronnement. Lors de son accession au trône, pharaon est présenté aux divinités ancêtres siégeant dans leurs sanctuaires et veillant à la rectitude de la cérémonie. L'acte central du sacre est le couronnement lui-même : le roi reçoit deux couronnes. La première est rouge et symbolise la Basse-Egypte, la seconde est blanche et symbolise la Haute-Egypte. Horus et Seth, dieux patrons des Deux Terres, sacrent le roi en lui transmettant la vie. A cet instant est pratiqué l'acte de « lier le double pays », d'unir à nouveau le Sud et le Nord, de rétablir l'unité qui s'était brisée avec la mort du pharaon précédent.

D'autres rites font partie du sacre : par exemple, pharaon accomplit une course rituelle autour du mur de Memphis, la plus ancienne capitale de l'Egypte unifiée. Le dieu Thot et la déesse Sechat, mystérieuse patronne de l'écriture et des scribes, détentrice d'une étoile à sept branches, gravent sur l'arbre sacré d'Héliopolis les noms du nouveau roi.

Avec le couronnement, le temps du bonheur est revenu. Si le rite proprement dit s'est accompli dans le secret du temple, au-dehors, c'est la liesse populaire. Les Egyptiens étaient grands amateurs de fêtes où le sacré s'accompagnait de débordements joyeux se traduisant par des banquets et de solides beuveries, tout à fait naturelles dans un pays où la culture de la vigne était à l'honneur. Un seigneur est apparu pour le pays, proclamait-on, il y aura encore de beaux jours ! Les affamés mangeront à leur faim, ceux qui avaient soif seront désaltérés, ceux qui allaient nus seront vêtus.

Quand le roi, coiffé de la double couronne[1], apparaissait pour la première fois à son peuple, il était comparé à un astre. Ce n'était pas l'individu qui était célébré, mais le principe. On ne connaissait pas – ou très peu – l'homme qui jouait le rôle de monarque, mais on voyait que pharaon était de nouveau présent sur le trône.

Pharaon est couronné, la justice chasse l'injustice, les planètes reprennent leur cours normal dans le ciel, une ère nouvelle s'ouvre. On proclame la bonne nouvelle dans le pays. On lâche quatre oies sauvages aux quatre points cardinaux pour que chaque oiseau annonce qu'un pharaon a été sacré, que tout est

---

1. Les rois d'Egypte portaient plusieurs couronnes dont la symbolique est encore à l'étude. Chacune d'elles avait une forme et une couleur particulières. Ce qu'on appelle parfois le pschent est la couronne double, formée de la couronne rouge de Basse-Egypte, sorte de mortier surmonté d'une tige en spirale, et de la couronne blanche de Basse-Egypte, sorte de cylindre allongé se terminant par une boule. On pourrait également citer la couronne bleue, la couronne *atef*, etc. Retenons que ces couronnes ne sont pas des objets inertes, mais des êtres vivants. On considérait qu'elles étaient chargées d'énergie. Seuls des êtres dûment initiés pouvaient les manier sans danger. On leur rendait un culte et on leur chantait des hymnes.

désormais juste et parfait. L'administration, de manière plus prosaïque, notifie aux responsables des provinces l'avènement d'un nouveau souverain. Les messages sont préparés par les scribes et doivent être revêtus du sceau personnel de pharaon lequel, dans la première année de son règne, fera un « tour du royaume »[1].

Le roi est à présent installé sur « le trône d'Horus des vivants », un siège à dossier peu élevé, de forme cubique. Sur les côtés, le symbole de l'union du double pays : le jonc et le papyrus noués ensemble. Cela nous amène à évoquer les noms royaux par lesquels est définie la nature profonde du nouveau monarque[2].

Le terme de « pharaon » dérive d'une expression égyptienne signifiant « grande demeure ». A partir du règne de Thoutmosis III, elle est employée dans les sources égyptiennes pour désigner le roi. Auparavant, c'était, semble-t-il, l'une des appellations du palais où vivait le monarque.

---

1. Le rite du couronnement est prolongé par une cérémonie tout à fait extraordinaire qui s'appelle le *heb-sed*. On la célébrait pour régénérer le roi, pour redonner une énergie qui s'était épuisée après un certain nombre d'années de règne.

2. Il est à noter que la légitimité, dont les principes sont malheureusement obscurs, était transmise par les femmes. On a souvent écrit que les pharaons épousaient leur « sœur », mais ce dernier terme, en égyptien, peut simplement désigner la femme aimée. Aussi le mariage entre « le frère et la sœur » ne doit-il pas toujours être interprété au sens littéral. Il demeure que la fille aînée d'un pharaon est théoriquement l'héritière légitime du royaume. On peut supposer que le pharaon désigné épousait cette femme pour valider son pouvoir et qu'elle prenait ainsi le titre de « grande épouse royale ». Rien ne s'opposait, au demeurant, à ce qu'une femme fût reine d'Egypte et nous en connaissons plusieurs exemples, le plus célèbre étant celui de la reine Hatchepsout.

Le nom des premiers pharaons était inscrit dans un rectangle, symbolisant précisément ce palais, et surmonté du dieu faucon Horus, protecteur de la royauté. A partir de la Ve dynastie, les pharaons possèdent cinq noms correspondant à cinq « titres » qui forment le protocole complet : le nom d'Horus, le nom d'Horus d'or, le nom protégé par les « deux maîtresses » (Nekhbet, déesse vautour de Haute-Egypte, et Ouadjet, déesse serpent de Basse-Egypte), le nom de roi de Haute-et-de-Basse Egypte, le nom de fils de Rê.

Nom et prénom sont placés dans ce que l'on nomme un « cartouche », c'est-à-dire un ovale allongé, à l'origine une corde fermée par une boucle qui symbolise « ce que le soleil encercle », donc l'univers sur lequel règne pharaon[1]. Ils ne sont pas vides de sens. Ramsès, par exemple, signifie « né de Rê » ; Mentouhotep, « que le dieu Montou soit satisfait » ; Kheops « qu'il (le dieu) me protège ». On peut estimer, avec Gardiner, que ces noms expriment une aspiration du roi régnant, une volonté de situer son règne dans une certaine perspective, une sorte de programme symbolique à respecter. Chaque pharaon reçoit la protection d'un dieu qu'il vénère plus particulièrement. Ce dernier aide le roi à remplir sa tâche, le roi le remercie en s'occupant avec attention de ses temples et de son clergé. C'est ainsi que l'on explique l'immense fortune acquise, au Nouvel

1. Les deux derniers noms des rois constituent ce que l'on appelle parfois le nom et le prénom des pharaons. Le fait qu'ils soient inscrits dans des cartouches a joué un rôle capital dans le processus du déchiffrement des hiéroglyphes, Champollion trouvant ainsi ses premiers points de repère.

Empire, par les prêtres d'Amon. Le dieu permettant au roi de vaincre ses ennemis, pharaon, en retour, embellissait ses sanctuaires sans compter.

Il est à noter que, dans une formule de politesse à valeur magique, on faisait suivre les noms de pharaon de l'expression « vie, santé, force ». D'après les textes, les courtisans n'appelaient pas le roi par ses noms ; on disait « on », « Sa Majesté », « le dieu », « Horus ».

« Les rois, écrit Diodore de Sicile (1,70-71) en parlant des pharaons, ne pouvaient point agir selon leur gré. Tout était réglé par des lois, non seulement leur vie publique, mais encore leur vie privée et journalière. Ils étaient servis, non par des hommes vendus ou des esclaves, mais par les fils des premiers prêtres, élevés avec soin et ayant plus de vingt ans... les heures du jour et de la nuit, auxquelles le roi avait quelque devoir à remplir, étaient fixées par des lois qui n'étaient pas abandonnées à son propre arbitraire. » De fait, l'existence quotidienne d'un roi d'Egypte devait être harassante et n'avait guère de rapport avec la vie désœuvrée d'un potentat oriental uniquement préoccupé de ses plaisirs. L'éveil de pharaon est comparé à celui du dieu ; on entonne un chant rituel utilisé pour le soleil comme pour le monarque : « Eveille-toi en paix, que le roi s'éveille en paix, que ton réveil soit paisible. »

L'habillement est, lui aussi, un rite. Les couronnes, les colliers, la barbe postiche sont des forces divines que manipulent des prêtres dont l'office est considéré comme essentiel. Les perruquiers, les préposés aux couronnes ou aux sandales ont conscience de remplir une fonction sacrée, eux qui s'approchent au plus près de la personne royale.

Horus dans sa demeure, le pharaon s'entretient quotidiennement avec son Premier ministre, le vizir, des affaires du royaume. Il se doit d'accorder de nombreuses audiences, d'accueillir les requêtes des grands qui se prosternent non devant lui, mais devant le principe divin qu'il incarne. Son rayonnement est tel que certains perdent même connaissance en sa présence. On évite soigneusement de le toucher de peur d'être foudroyé par la puissance qu'il émet. Comme on le voit, le quotidien et le sacré sont inextricablement mêlés dans le « métier » de pharaon.

Des splendides palais où vivaient les pharaons, il ne reste pratiquement rien. Les bâtisseurs égyptiens ne les destinaient pas à l'éternité, comme les temples ou les tombeaux. Ces palais étaient pourtant comparés à un ciel ou à un horizon où le roi se levait et se couchait comme un astre, parcourant les chemins du cosmos, naviguant dans un univers dont Rê lui ouvrait les portes[1].

Il est important de noter les liens profonds qui unissaient les membres de la famille royale, du moins dans son noyau le plus intime. Nous avons déjà observé le respect du fils envers son père, mais il faut ajouter l'amour liant le roi à la reine et les souverains à leurs enfants. Cette attitude a été magnifiée lors de la période dite « amarnienne »,

1. Les formulations symboliques proposées par les textes égyptiens ont des correspondances concrètes : les portes du ciel, par exemple, correspondent aux portes du naos, petit monument contenu dans la partie la plus secrète des temples. Pour éveiller le dieu dans son naos, le roi en ouvre les portes chaque matin.

Akhenaton et Nefertiti ne craignant pas de se faire représenter dans l'intimité en compagnie de leurs enfants. Dès l'Ancien Empire, l'expression de la tendresse règne dans les couples statufiés avec une noblesse inégalée, sans mièvrerie, avec une chaleur humaine que l'on ressent de manière directe. La reine est la grande épouse, la femme est aussi la « maîtresse de maison », au sens fort de cette expression égyptienne que nous avons conservée. On sait que la position juridique et sociale de la femme, dans l'ancienne Egypte, avait atteint un degré d'indépendance qui n'a pas toujours été obtenu, de nos jours, dans nos civilisations.

Dans son ouvrage sur *La Royauté et les dieux*, Frankfort a bien montré que le roi d'Egypte était, avant tout, le garant de l'harmonie entre les hommes et les forces surnaturelles, la vie étant conçue comme un tissu de relations entre le ciel et la terre. Si le roi disparaît, cette harmonie s'effondre et l'existence humaine sombre dans le chaos. Jusqu'à son dernier souffle, l'Egypte pharaonique a cru à cette idée, elle a vécu selon cette loi. Le pharaon était la cheville ouvrière d'une société qui n'était autre qu'un reflet, plus ou moins parfait selon les époques, de la société divine. Aussi les Egyptiens ne pensèrent-ils jamais que leur pharaon était un simple dirigeant politique, mortel, limité dans ses aspirations, uniquement préoccupé par ses ambitions personnelles.

Dans le roi s'unissaient une personne divine et une personne humaine, formant une personnalité unique et incomparable, moyeu d'une civilisation qui s'est étendue sur plusieurs millénaires et dont, chaque jour davantage, nous découvrons la grandeur. Les pharaons étaient des hommes exceptionnels, le modèle politique et social qu'ils ont façonné était, lui aussi, hors du commun. Partons à présent à leur découverte.

1

LE ROI SCORPION ET L'AUBE D'UNE CIVILISATION

Il y a cinquante millions d'années, la totalité de l'Egypte était probablement sous la mer. Quand les eaux se retirèrent progressivement, le Nil commença à creuser sa vallée, alors que le Delta, sous son aspect actuel, n'existait pas encore. A la suite de mouvements d'élévation de la vallée et du creusement définitif du lit du Nil, ainsi que de changements climatiques, un paysage très particulier se forma. L'Egypte préhistorique se présentait comme une immense oasis, les terres environnantes ayant subi un dessèchement. C'est là qu'une civilisation cohérente allait naître.

L'Egypte du Nord, le Delta, est alors un marécage dont certaines parties sont impénétrables. Dans les massifs de roseaux et de papyrus vivent des myriades d'oiseaux, des grues, des canards, des cailles, etc. Crocodiles et hippopotames règnent dans les eaux où évolue un nombre considérable de poissons. Il s'agit en fait d'une véritable mer où les plus hautes tiges de papyrus atteignent jusqu'à six mètres de hauteur. L'homme n'y a pas sa place. A la période historique, le papyrus, qui a aujourd'hui disparu d'Egypte, sera un matériau essentiel : on en fera un support d'écriture, mais aussi des barques, des câbles, des nattes ou des sandales. La plante restera, dans l'esprit égyptien, comme le symbole de la puissance vitale ; c'est pourquoi on dressera, dans les temples, des colonnes papyriformes incarnant la croissance végétale.

Dans la vallée du Nil, en Haute-Egypte, les rives sont encore couvertes de végétation. Là aussi, on trouve des forêts de papyrus. Le limon du Nil commence à se déposer, offrant, au début de la période néolithique, une possibilité de civilisation agricole. Bientôt s'affirmera le contraste entre la terre noire, celle de l'Egypte cultivée, et la terre rouge, celle du désert. Peu à peu se crée une longue bande cultivée, traversant des zones hostiles et inhospitalières. Sur le flanc ouest, le désert libyque est une partie du Sahara tantôt pierreuse, tantôt sableuse. A cette époque, la désertification n'était pas aussi évidente qu'aujourd'hui ; il y avait quelques zones de pâturages, quelques autres de terre arable. Là vivaient les populations libyennes qui n'atteignirent jamais le haut niveau culturel des Egyptiens. Ceux qui les composaient avaient la peau blanche, les yeux bleus et les cheveux rouges. Ils y plantaient une plume comme signe distinctif de leur race. Ce sont probablement eux qui ont peuplé les oasis de Siwa, de Farafra, de Dakleh, de Khargeh et de Bahriya. Mais leurs rapports avec les Egyptiens seront toujours difficiles.

Le flanc est n'est guère plus accueillant, mais comporte une voie d'accès stratégique vers les régions qui forment la Palestine et longent la péninsule du Sinaï. Là, comme à l'est de Coptos, les Egyptiens tracèrent des pistes pour aller vers des carrières où ils trouvèrent de l'or, de la malachite, du cuivre, de la turquoise. A Serabit el-Khadim, on vénéra très tôt Hathor, « la dame des turquoises ». Les conditions d'extraction étaient fort pénibles, mais beaucoup de rois, nous le verrons, s'attachèrent à rendre praticables les routes du désert et à améliorer les conditions de travail dans les carrières.

Au sud, la Nubie, qui commence à la première cataracte, est un pays beaucoup moins riche que l'Egypte mais dont les produits exotiques et l'or intéresseront les pharaons. La Nubie, parfois colonisée, parfois plus ou moins indépendante, ne sera jamais considérée comme partie intégrante de la terre d'Egypte. Ses habitants ne parlent pas égyptien, ils ont une autre culture, d'autres coutumes. Les cataractes, à savoir des rapides provoqués par des masses de rochers barrant le cours du Nil, sont des obstacles à la circulation des hommes et des idées.

La préhistoire égyptienne est encore très mal connue. Pour les Egyptiens, la période antérieure à Ménès, le premier pharaon, recouvre un temps immense où régnaient des dynasties divines. Leur succédèrent des Serviteurs d'Horus qui préparèrent la venue des hommes sur le trône.

Les études sur le terrain posent autant de problèmes qu'elles en résolvent. On connaît des sites, on exhume des objets préhistoriques, on tente d'établir des systèmes de datation. Les faits restent mal établis. Peut être les plus anciennes traces de présence humaine sont-elles décelables dans la région thébaine ; sans doute les Egyptiens primitifs eurent-ils à subir une désertification qui les obligea à se grouper autour de points d'eau et d'oasis, le long du Nil. Si l'on ne connaît pas d'habitat dans les cavernes, on constate que la préhistoire égyptienne ne présente rien de très original par rapport aux schémas classiques établis par les préhistoriens. Les hommes de ces époques reculées pratiquaient la chasse, la cueillette, taillaient des silex et d'autres pierres dures. Avant de se sédentariser, peut-être étaient-ils des nomades voués à l'élevage dans une savane devenue de plus en plus inhospitalière entre le VIIe et le IIIe millénaire. Tissage, vannerie, poterie apparaissent. On sait que le blé fut cultivé entre 4600 et 4200 avant J.-C. dans la vallée du Nil, préludant à un développement général de l'agriculture. C'est probablement vers cette époque que les hommes commencèrent à irriguer, à semer sur des buttes de limon, à organiser chasse et pêche, à construire des sanctuaires pour les dieux, à creuser des tombes où l'on déposait des objets précieux qui serviraient aux défunts dans l'autre monde.

La préhistoire égyptienne est essentiellement un surprenant Age de la pierre où les artisans font preuve d'une virtuosité qui ne se démentira jamais tout au long de l'histoire pharaonique. Qu'il s'agisse des couteaux, des massues, des palettes, des vases, on constate une réelle perfection dans l'exécution.

Sans doute le Nil acheva-t-il de creuser sa vallée vers 4000 avant J.-C. Ce fut là un événement considérable. Le paysage se stabilisa. L'homme en prit réellement possession et commença à le transformer dans le sens d'un mieux-être. Ainsi naissait véritablement l'Egypte. La sédentarisation entraîna la création de cultures locales dans lesquelles il est bien difficile de préciser l'influence de l'Afrique. A la fin de l'époque paléolithique, en effet, beaucoup de régions d'Afrique connaissent un art rupestre où se meuvent des personnages, des animaux comme les autruches et les éléphants dont certains deviendront peut-être symboles des provinces d'Egypte. A vrai dire, les rapports entre l'Egypte et l'Afrique pendant la préhistoire demeurent des plus obscurs.

Si la civilisation semble poindre, elle demeure encore assez rudimentaire : ni villes ni grands édifices, mais des huttes de roseaux, de limon et de torchis formant de petites bourgades, tombes grossières, parfois simples trous dans le sol. Tout cela, semble-t-il, n'annonce en rien la naissance d'une grande culture et du plus puissant Etat de l'Antiquité. Dans des villages comme Merimde Beni Salame, au nord-ouest du Caire, à la lisière du désert, on a trouvé les restes de silos à grain, des objets ornementaux en ivoire. A Tasa, à Badari (entre Assiout et Akhmim), on produisait de la poterie de qualité appréciable et on utilisait le cuivre. Ce dernier servait à fabriquer des outils, des armes, des ustensiles de toilette. A la période dite « gerzéenne », on voit apparaître sur les vases des hommes, des bateaux, des animaux, des enseignes de province. Les villages se sont sans doute regroupés en unités plus importantes. En s'unissant, les clans mettent en commun leurs ressources et leurs capacités de travail. Le phénomène de la hiérarchisation s'amorce, le pouvoir d'un chef plus autoritaire et plus respecté s'impose. Autour de lui se groupe une élite. En cas d'affrontement entre deux gros bourgs voulant affirmer leur souveraineté sur tel ou tel territoire, un conflit peut se déclencher. Chaque clan tient à se caractériser par un emblème sacré, souvent de forme animale. Bref, les « principautés » locales prennent corps, se développent, étendent peu à peu leurs zones de culture et de chasse. Il est à noter, d'ailleurs, qu'on commence à placer la dépouille d'animaux comme les chacals, les taureaux, les béliers, les gazelles dans des nattes et même dans des linceuls de lin. Sans doute le concept d'animaux sacrés, qui étonnera tant les voyageurs grecs, est-il déjà présent. Des traditions religieuses comme l'ensevelissement du défunt dans un cercueil ou le choix de la rive ouest du Nil comme site des nécropoles naquirent également à très haute époque.

Existe-t-il une race égyptienne caractéristique ? Il est bien difficile de répondre à une telle question. L'homme égyptien est peut-être une synthèse de plusieurs races : nomades errant dans la savane saharienne, Africains du Nord apparentés aux Berbères et aux Kabyles, éléments sémitiques venus à la fois du nord, du côté du Sinaï, et du sud, du côté du désert arabique. Les squelettes prédynastiques offrent à la fois des types européens et négroïdes, d'où l'hypothèse d'une fusion de ces deux races. On a également pensé à une grande culture proche-orientale très ancienne dont les rameaux auraient gagné à la fois l'Afrique du Nord-Est et l'Asie de l'Ouest. La vallée du Nil aurait été un creuset idéal pour un mélange de populations. On en retrouverait la trace dans des mythes analogues connus dans des civilisations différentes (par exemple ceux d'Osiris et d'Adonis), des rapprochements linguistiques, des comparaisons d'armes, de costumes.

Comment ne pas évoquer également des migrations de peuples, des voyages qui auraient amené en Egypte des Mésopotamiens, des Asiatiques ou d'autres encore ? Certains poussèrent même la fantaisie jusqu'à faire des Egyptiens des extra-terrestres venus coloniser un point particulièrement fertile du globe.

L'honnêteté la plus élémentaire consiste à dire que nous ne savons rien de définitif sur la race primitive des Egyptiens. A l'évidence, ce sont des Africains blancs dont la mentalité, la vision du monde, l'approche civilisatrice sont compréhensibles pour des Européens. Alors qu'il est presque impossible de pénétrer au cœur de la pensée africaine, un Européen n'éprouve aucun mal à ressentir l'art égyptien de l'intérieur, à se sentir en communion avec l'expression d'une pensée qui, tout en étant très différente de celle de l'époque moderne, est inscrite dans notre mémoire la plus profonde.

*
* *

Soudain, un roi se manifeste. Un personnage impressionnant, hiératique, coiffé de la couronne blanche de Haute-Egypte. Ce n'est plus un simple chef de clan, mais bien un monarque. Cette couronne est un indice qui ne trompe pas. Son nom demeure énigmatique : il est écrit avec le hiéroglyphe du scorpion dont la lecture n'est pas établie. Aussi l'appelle-t-on, pour simplifier, le roi Scorpion.

Plusieurs objets sont inscrits à son nom, dont un vase de Toura et des offrandes trouvées dans le temple d'Hierakonpolis, la Nekhen des anciens Egyptiens. Mais le document essentiel est une admirable tête de massue provenant également du site d'Hierakonpolis et conservée à l'Ashmolean Museum d'Oxford. L'objet est en calcaire et sert de cadre à plusieurs scènes en haut-relief qui marquent l'apparition d'un pharaon dans l'histoire. Les représentations sont distribuées selon trois registres, disposition typique de l'art égyptien qui traversera les époques. Au registre supérieur, on voit des enseignes de provinces, ainsi que des oiseaux morts – probablement des vanneaux – et des arcs suspendus aux pavois qui servent à supporter les enseignes. Dans cette procession des provinces, on reconnaît les symboles du dieu Seth, un animal composite, et de Min, une très étrange figure que l'on croit être une météorite. Cette « bande dessinée », si l'on nous passe ce terme, a un sens précis. Le roi Scorpion marque sa souveraineté sur les provinces de Haute-Egypte. A la tête de ses troupes, il a vaincu les populations symbolisées par les vanneaux et par les arcs, sans doute des habitants du Delta et des nomades vivant aux frontières de l'Egypte ou dans des oasis.

Ainsi est évoquée une grande victoire du Sud sur le Nord. Ainsi point un monarque de stature nationale qui, cependant, n'est encore que maître de la Haute-Egypte. Il est à remarquer que le roi Scorpion ne s'est pas fait représenter dans cette scène faisant allusion à sa conquête. Nous ne le rencontrons que dans le second registre, dans un contexte de paix et de construction. Coiffé de la couronne blanche, portant un pagne de cérémonie avec une queue d'animal accrochée à la ceinture et pendant derrière lui, il manie une houe des deux mains et creuse un canal. Face à lui, un peu plus haut que son visage, une étoile à sept branches et un scorpion. Un porte-enseigne précède le roi, sans doute pour annoncer au pays l'œuvre inaugurée par le souverain. Un prêtre emporte dans un couffin la terre que pharaon a piochée. Figure centrale de la scène, le roi est immense par rapport à ses serviteurs.

Petite taille des serviteurs, taille colossale du monarque : cette symbolique sera, elle aussi, une constante de l'expression artistique des Egyptiens. Il n'y a là aucune mégalomanie, mais volonté d'indiquer la différence de nature entre les êtres représentés, entre le roi-dieu d'une part et les humains d'autre part. La même règle pourra être appliquée aux nobles possesseurs de grands domaines, avec une idée similaire : lorsque le noble, assis devant trois registres où travaillent les multiples corps de métier de son domaine, contemple les gens dont il est responsable, il les protège de toute sa hauteur. Sa taille et sa grandeur garantissent, en quelque sorte, sa capacité à diriger et à veiller sur ceux qu'il emploie. Il en est de même pour pharaon.

Le roi Scorpion se révèle donc à nous par un acte rituel, un acte de fondation. 3 500 ans plus tard, dans les salles de temples ptolémaïques comme Esna ou Kom Ombo, on verra des empereurs romains tels Sévère, Caracalla ou Décius, vêtus en pharaons égyptiens, creuser des tranchées de fondations ou planter des piquets pour calculer l'orientation du temple que l'on se prépare à bâtir. Le travail du roi Scorpion évoque à la fois le creusement d'un canal, acte économique fondamental, et la prise de possession sacrée de la terre. Sans doute les édifices cultuels de son époque n'étaient-ils encore que des chapelles en matériaux légers, protégés par des enclos. Ils n'avaient rien de comparable aux immenses temples de l'époque gréco-romaine, mais les gestes des rois demeurent pourtant identiques.

Sur une palette prédynastique, on voit des enceintes de villes surmontées de figures symboliques – un lion, des faucons et un scorpion – qui tiennent une houe. L'interprétation est malaisée. S'agit-il de plusieurs évocations du roi d'Egypte ? Ou bien de la représentation de plusieurs chefs de clans qui formèrent une coalition dont le roi Scorpion faisait partie ? On a longtemps pensé, par ailleurs, que cette scène évoquait la destruction d'agglomérations. Mais une autre hypothèse semble préférable. La houe, en effet, est un instrument de fondation et non une arme. Le Scorpion et ses alliés agissent ici en créateurs de villes ou de villages, probablement dans des zones marécageuses encore inexploitées, mettant ainsi en valeur les franges libyques du Delta. A l'époque où fut composée cette palette, dite « du tribut libyen », il est probable que le Scorpion n'était encore qu'un souverain local parmi d'autres.

Revenons à la tête de massue dont le troisième registre montre le contour sinueux du Nil et des paysans au travail. Le roi Scorpion indique, de la sorte, qu'il a favorisé l'activité économique du pays sous son règne.

Ce souverain est un Horus. Protégé par le dieu faucon, comme l'ensemble de la lignée des pharaons, il porte le titre de « celui qui appartient au roseau » en tant que roi de la Haute-Egypte. Son costume est un simple pagne. A la ceinture est fixée une queue de taureau, symbole de sa puissance. En tant que roi magicien, son rôle est d'être un chef de guerre victorieux, mais aussi d'assurer la crue et les moissons. Ces points essentiels sont évoqués par les scènes de la massue. L'un d'eux doit retenir toute notre attention : le phénomène de la crue.

Selon la phrase célèbre d'Hérodote, l'Egypte est un don du Nil. Mais il serait resté lettre morte sans la prodigieuse activité des Egyptiens confrontés à un surprenant phénomène. Le Nil, avec ses 6500 km de long, naît sous l'Equateur, traverse le Soudan, la Nubie, franchit six cataractes avant d'arriver en Egypte. Courant juin, le fleuve monte peu à peu. En juillet, ses eaux deviennent boueuses, prenant une couleur brun rouge. Il s'agit de matières en suspension provenant d'Ethiopie ; ces boues abyssines sont l'élément fertilisateur qui donne au limon du Nil sa qualité exceptionnelle. Débutant en mai-juin sous les Tropiques, la crue ne parvient donc en Egypte qu'en été, alors que le soleil est brûlant. En juillet, le fleuve déborde, recouvre l'Egypte et dépose son limon fertile. Lorsqu'il se retire, en octobre, il est facile de semer. Très vite, les paysans constatèrent qu'il était possible d'obtenir jusqu'à trois récoltes par an, à condition de mettre au point un système d'irrigation.

C'est à cet instant qu'intervient le pharaon. Un tel projet exige une participation active de l'Etat. L'irrigation, le creusement des canaux et leur entretien doivent être organisés par lui pour se révéler efficaces. Les scènes gravées sur la tête de massue d'Hierakonpolis prouvent que le roi Scorpion, qui ne régnait que sur la Haute-Egypte, avait déjà clairement perçu l'importance de la domestication et de l'exploitation de la crue du Nil.

Les canaux sont un véritable réseau sanguin qui permet à la vie de circuler dans le grand corps formé par la terre d'Egypte. Sans doute, lorsque se produisirent les changements climatiques qui provoquèrent un recul des eaux et offrirent à l'homme de nouvelles terres à cultiver, inventa-t-on des procédés d'irrigation rudimentaires. En Nubie, on a trouvé des traces de ces premières techniques, sous forme de bassins où on retenait l'eau après le passage de l'inondation. Mais le génie des rois égyptiens consista à dépasser ces résultats ponctuels pour concevoir un plan d'ensemble. Chaque année, il faut aplanir les terres cultivables, consolider les digues de retenue, curer les canaux. Entre deux crues, le travail s'avère considérable et ne doit pas être effectué de manière désordonnée. Les digues elles-mêmes ne sont pas construites n'importe comment et n'importe où. Tout cela suppose l'existence d'une sorte de bureau de maîtres d'œuvre bien décidés à utiliser au maximum l'énergie fertilisatrice fournie par la crue.

Seul un pouvoir fort et centralisé, incarné par le pharaon, est capable de mener à bien une telle entreprise. Dans ce domaine, le roi Scorpion fut un prodigieux innovateur. Il arracha l'Egypte à l'âge préhistorique en lui apprenant à domestiquer un phénomène naturel susceptible de devenir la source d'une richesse considérable. Aujourd'hui, l'œuvre accomplie paraît simple, allant de soi. Mais si nous nous replaçons à l'époque du Scorpion, force nous est de reconnaître son génie.

Source de vie et de fertilité, le Nil est aussi une voie de communication essentielle. En Egypte, c'est même « l'autoroute » par excellence que l'on emprunte naturellement pour aller d'un point à un autre, l'axe économique qui favorise les relations entre les provinces et l'existence d'une société cohérente. Le vent du nord-ouest permet de remonter le fleuve ; lorsqu'on le descend, on amène les voiles quand le courant se montre rapide.

Très tôt, les Egyptiens construisirent des bateaux. A l'époque du roi Scorpion, il devait déjà exister un corps d'artisans spécialisés. Ne pensons pas seulement aux barques primitives en papyrus, mais à des embarcations en bois. Le paysage égyptien a changé. Aujourd'hui, on y voit très peu d'arbres. Les ouvriers du roi Scorpion, en revanche, disposaient certainement de forêts fournissant du bois aux chantiers navals[1].

Quand la vallée du Nil, à la suite de l'inondation, n'est plus qu'un immense lac, les communications entre les agglomérations habitées ne sont pas pour autant interrompues. Les villages, en effet, ont été construits sur des buttes de terre reliées entre elles par les chemins surélevés qui forment le sommet des digues.

Comme nous l'avons déjà observé, rien, dans la mentalité égyptienne, n'est réduit à une valeur uni-

1. Les changements climatiques, sur lesquels nous sommes encore mal renseignés, jouèrent un rôle certain dans la modification du paysage. Si, à l'époque du Scorpion, le pays était probablement beaucoup plus boisé qu'aujourd'hui, le régime des températures devait être sensiblement comparable à ce qu'il est actuellement. Fait essentiel, l'Egypte jouit d'un climat plutôt tempéré, sain et salubre. La chaleur n'est réellement difficile à supporter que pendant l'été, la saison la plus désagréable se situant vers la fin d'octobre où serpents et scorpions sortent de leurs tanières. Les écarts entre le jour et la nuit sont Importants, pouvant atteindre jusqu'à 15° C en hiver, la moyenne générale des températures se situant autour de 20 °C. Dans la littérature égyptienne, on évoque des coups de froid car les nuits sont souvent assez fraîches, ce qui entraîna la construction de maisons. Les conditions naturelles incitèrent donc les Egyptiens à devenir des bâtisseurs, les possibilités de travail n'étant entravées que pendant certaines périodes d'une année assez clémente en règle générale.

quement matérielle et profane. Le Nil terrestre trouve son modèle dans un Nil céleste. Lorsque la crue recouvre le pays, celui-ci est à nouveau plongé dans l'océan primordial des premiers âges d'où émergent des buttes, les premières levées de terre où la vie s'est épanouie. Par le simple phénomène des saisons, le peuple égyptien revit ainsi, chaque année, les mythes de création les plus profonds et les plus essentiels.

Pour l'Egypte, en effet, le monde est entouré d'un grand océan circulaire, l'une des formes du Noun, l'énergie d'où tout est issu. Au-dessus de la terre, il y a un ciel soutenu par quatre piliers et l'on s'oriente face au sud. Quant à l'esprit du Nil, on le nomme Hâpy. Il est un véritable père nourricier grâce auquel les hommes crient de joie. Hâpy, génie androgyne, naît dans une caverne située près d'Assouan, dans les parages de la première cataracte.

*

* *

Avant l'avènement du roi Scorpion, il n'existe pas de civilisation égyptienne. On ne peut parler que de cultures locales dont les productions artisanales sont plus ou moins réussies. C'est avec l'âge prédynastique, l'époque du Scorpion, que la documentation archéologique change. Dans les rites d'ensevelissement, par exemple, on constate que le cadavre n'est plus enveloppé dans des nattes ou dans des peaux mais déposé dans des cistes de vannerie puis dans des sarcophages de terre cuite ou en planches. Une métallurgie se développe, une menuiserie également. L'outillage de silex et de cuivre se perfectionne, de même que le tissage. La céramique est abondante. Lorsqu'elle est décorée, elle s'orne de scènes assez complexes où interviennent des personnages, des bateaux. Vases de pierre dure et têtes de massue sont fabriqués en abondance.

Le roi Scorpion a été soit l'instigateur soit le bénéficiaire de cette évolution d'ordre social et économique. Chef de clan devenu roi, il règne sur les populations de provinces qui connaissent une certaine prospérité. Jusqu'où s'étendait son royaume ? Peut-être jusqu'à Toura, au nord de Memphis (qui n'existait pas encore à cette époque) : simple hypothèse reposant sur la trouvaille d'un tesson marqué à son nom à cet endroit. Le centre vital du pays qu'il dirigeait se trouvait probablement à Hiera-konpolis, entre Louxor et Assouan. Aujourd'hui, il n'y a plus que le désert, mais on a fouillé là un important ensemble de tombes dont les parois sont couvertes de représentations. On y voit des chasses, des combats, des scènes de danse, de voyages maritimes, bref l'expression d'une civilisation déjà bien constituée. La légende parle d'un royaume d'une durée de plus de douze cents ans placé sous l'égide d'un roi faucon.

Dans la mentalité égyptienne, Hierakonpolis demeurera une ville sainte, de même que Bouto, dans le Delta. Il faut rappeler, à ce propos, la très fine analyse d'un égyptologue américain, J.A. Wilson, dont l'argumentation est convaincante. D'après lui, les « royaumes » d'Hierakonpolis et de Bouto n'étaient pas des résidences royales : Hierakonpolis, en effet, est située dans une zone aride, non fertile ; quant à Bouto, ce n'est qu'une île dans les marais du Delta. Il s'agirait donc de lieux saints, de centres de pèlerinage chargés de puissance divine, mais non de zones habitées.

Entre Libyens et Egyptiens, la bonne entente a rarement régné. Les conflits remontent loin dans le temps, le premier d'entre eux étant attesté par la palette dite « du tribut libyien » et datant de l'époque prédynastique. Sur ce monument en pierre, on voit divers animaux ramenés en Egypte (bœufs, ânes, béliers). Sont également représentés des personnages aux cheveux ornés d'une plume, portant un pagne, un étui pénien, mais il est difficile de dire s'ils sont des Libyens ou des chasseurs égyptiens. Il est probable que ce document commémore la première victoire historiquement attestée de l'Egypte sur la Libye.

Dès l'époque prédynastique, par conséquent, le problème libyen existe. Il y a, en effet, une nette différence de culture et de potentiel économique entre les Egyptiens, regroupés en villages près du Nil, et les populations éloignées du fleuve. Les changements climatiques ayant apporté l'aridité dans des régions autrefois fertiles, les Libyens sont désormais obligés de vivre dans un pays pauvre, de même que les Bédouins du désert arabique. Aussi garderont-ils toujours un œil jaloux sur la riche terre égyptienne, osant parfois entreprendre des raids de pillage. Beaucoup plus tard, des Libyens réussiront même à monter sur le trône d'Egypte pendant une brève période.

Sous le règne du roi Scorpion, l'Egypte pharaonique prend forme. Mais la question se pose de savoir si son propre génie est seul à l'origine de cette fabuleuse naissance, ou bien si des influences extérieures y ont contribué. Les palettes à thèmes guerriers montrent des conflits entre Egyptiens et clans vivant à la périphérie du pays, mais n'indiquent pas de traces d'une grande invasion étrangère venue de l'est, par exemple. Un seul objet pourrait aider à formuler une hypothèse dans ce sens : le manche de couteau en ivoire de Gebel el-Arak, conservé au musée du Louvre. Il est décoré des deux côtés. On voit un personnage qui maîtrise deux lions, une série de félins en dessous ; de l'autre côté, un combat. Les armes employées sont des bâtons. Il y a également des bateaux, des nageurs et des noyés.

Le fait surprenant, c'est le style non égyptien de ces représentations. Nous sommes en présence d'une œuvre d'inspiration typiquement mésopotamienne. Peut-être la retrouve-t-on aussi dans la conception des grandes tombes de brique de la Ire dynastie, dans le mythe des animaux composites comme le griffon ailé, mais comment préciser la portée réelle d'une influence de la Mésopotamie sur l'Egypte ? Si l'on peut estimer qu'il y eut bien des contacts, à l'époque du roi Scorpion, entre les civilisations d'Elam, de Sumer et d'Egypte, on ne saurait pour autant affirmer l'existence d'une culture proche-orientale commune présidant à la naissance de deux types de civilisations, l'une en Asie, l'autre dans la vallée du Nil.

Le couteau de Gebel el-Arak demeure un objet mystérieux. Il s'agit certainement d'une arme rituelle, peut-être déposée dans un sanctuaire pour commémorer un combat. Si l'idée d'une invasion mésopotamienne doit être rejetée, il est très probable, en revanche, que des artistes venant d'Asie antérieure se sont établis très tôt en Egypte et ont créé des œuvres dont ce manche de couteau est le plus bel exemple. En ce sens, ils contribuèrent, pour une part, à la formation de la conscience artistique naissante des

Egyptiens et leur offrirent des thèmes symboliques que les artisans pharaoniques transposèrent dans leur propre langage. L'homme maîtrisant les deux lions ne pouvait que retenir l'attention d'un peuple pour lequel pharaon est essentiellement celui qui réunit les Deux Terres, porte la double couronne et est protégé par les « deux maîtresses », le vautour et le serpent.

Combien de temps dura la période prédynastique, pendant laquelle régna le roi Scorpion ? Nous l'ignorons. Certains archéologues lui attribuèrent plusieurs siècles. Actuellement, c'est la doctrine de la chronologie courte qui prédomine. Hornung pense que le Scorpion vécut vers 3000 ans avant J.-C. et que la Ire dynastie débute vers 2950.

A ce flou chronologique s'ajoutent d'autres incertitudes. On a cru pouvoir établir que le prédynastique récent, c'est-à-dire la période précédant Ménès, ne comprenait que deux rois, le Scorpion et un nommé Ka. Mais certaines traditions font mention d'une soixantaine de rois dans le Delta, d'une longue lignée monarchique en Haute-Egypte qui aurait débuté vers 5500 avant J.-C., et même de sept reines qui auraient gouverné l'Egypte – cette dernière légende ayant servi de base à l'hypothèse d'un très ancien matriarcat.

Une conclusion s'impose : avant Ménès, l'Egypte n'est pas unifiée. Le Scorpion ne règne que sur la Haute-Egypte. Mais un grand problème demeure, celui des rapports exacts entre le Sud et le Nord, entre la Haute et la Basse-Egypte.

Les palettes en schiste dont nous avons parlé évoquent des combats entre clans. Le Scorpion fut certainement un chef plus habile que les autres, capable de mettre sur pied une coalition qui lui permit d'imposer son pouvoir aux gens du Nord. Mais le Delta formait-il réellement un royaume indépendant ? Y eut-il effectivement une grande guerre entre les deux parties du pays, symbolisée par la lutte entre Seth, maître de la Haute-Egypte, et Horus, maître de la Basse-Egypte ? On peut en douter. Certains égyptologues continuent à appliquer la méthode du Grec Evhémère qui consiste à rechercher des événements historiques cachés sous des récits mythiques, plaquant ainsi une mentalité rationnelle sur une pensée d'ordre théologique et symbolique. Les études des historiens des religions comme Mircea Eliade, Heinrich Zimmer, Jean Servier et d'autres encore ont pourtant clairement montré que le mythe était une histoire vraie, une valeur en soi, un élément de civilisation qui sert à créer l'histoire – et non l'inverse.

Le Delta, à l'époque prédynastique, n'est encore qu'une vaste plaine marécageuse. La vallée du Nil elle-même est loin de présenter l'aspect qu'elle offre aujourd'hui ; végétation abondante, zones périphériques qui ne sont pas encore atteintes par la désertification, marécages comparables, en certains endroits, à ceux du Delta, forment un paysage verdoyant et aquatique. Des villes du Delta les plus archaïques, telles Bouto, Busiris, Saïs, il ne reste aucune trace. Mais une question se pose : pouvait-il en rester ? Ne s'agissait-il pas, à l'origine, de lieux sacrés, d'endroits particulièrement vénérés, de sortes d'îles dans cette mer immense que formait le Delta du Nil ?

Le mythe de base est la victoire d'Horus sur Seth à très haute époque. Puis, vers 3200, c'est l'inverse. Le maître de la région d'Herakleopolis, dans le sud, conquiert le Nord. Le mythe se serait donc inversé. En réalité, la clef de ces affrontements se trouve dans la personne du pharaon lui-même. Depuis l'origine des temps jusqu'à la fin du monde, Horus et Seth, les deux frères ennemis, se combattront. Le rôle de pharaon est d'être un troisième terme, de faire cesser ce combat, de réunir les deux parties du pays pour en faire une unité. Mais, à chaque décès d'un roi, Horus et Seth recommencent à s'affronter jusqu'à ce que le nouveau pharaon monte sur le trône. On voit bien, dans cette perspective, que le mythe ne rappelle nullement des faits historiques qui demeureront à jamais invérifiables, mais véhicule une grande idée civilisatrice et un fondement essentiel de la royauté égyptienne.

Sous l'égide du Scorpion, une région de marécages et de forêts se transforme progressivement en terre cultivable. La crue commence à être domestiquée, l'eau apporte la richesse, le travail des hommes est porteur de merveilleuses espérances. Grâce à l'irrigation, une civilisation inédite surgit du limon fertilisateur.

Une autre révolution, tout aussi profonde, se profile : la naissance de la langue la plus parfaite jamais créée par l'homme, les hiéroglyphes. Une langue sacrée, elle aussi créatrice de culture et de civilisation. Le nom du roi Scorpion est écrit par un hiéroglyphe. Çà et là, sur les palettes prédynastiques, on sent que le hiéroglyphique est en formation, que la pensée des hommes se canalise de plus en plus rapidement pour atteindre une forme d'expression originale. Chaque hiéroglyphe est à la fois une œuvre d'art, un symbole, un signe-idéogramme porteur de valeurs phonétiques et syllabiques ; certains signes forment même une sorte d'alphabet à partir duquel les apprentis égyptologues apprennent aujourd'hui le déchiffrement. La naissance des hiéroglyphes est indissociable de celle de l'Egypte unifiée : une seule langue pour tout le pays, afin d'enregistrer les volontés des dieux et des rois, une langue chargée de puissance magique.

2

MENES ET LA NAISSANCE DE LA NATION

L'époque dite « prédynastique » s'achève. Soudain, le nombre de sites habités s'accroît dans des proportions importantes. Le pays bouge et se transforme. Existe-t-il un afflux de population étrangère ? On ne sait. Peut-être doit-on songer à l'installation en Egypte de nomades venus des zones désertiques de l'Est et de l'Ouest.

Un événement essentiel se produit alors : la réunion des Deux Terres, la Haute et la Basse-Egypte, sous le commandement d'un même homme. La nation égyptienne naît. Nous sommes informés de ce fait capital par la palette du roi Narmer, trouvée sur le site d'Hierakonpolis. Ce petit monument d'une hauteur de 63 cm est un objet charnière. Ce type de support, son style, sa conception appartiennent encore au prédynastique alors que les thèmes représentés nous font connaître l'existence de la Ire dynastie.

La palette, en schiste vert, est décorée au recto et au verso. Les scènes sont distribuées en trois registres superposés. Au sommet, deux têtes de vache symbolisent la déesse Hathor, divinité cosmique dont le nom signifie « demeure d'Horus ». Horus étant la désignation essentielle du pharaon, le roi représenté sur le monument se place ainsi sous une protection divine et céleste.

L'annonce de l'unification des deux parties du territoire égyptien est faite d'une manière simple et claire : au recto, le souverain est coiffé de la couronne blanche de Haute-Egypte, alors qu'il porte la couronne rouge de Basse-Egypte au verso. Il est le premier pharaon à régner sur le Sud et sur le Nord. L'Egypte des dynasties entre dans l'histoire.

Narmer, dont le nom est inscrit dans un rectangle entre les deux têtes de vache, se prépare, dans la scène principale du recto de la palette, à fracasser la tête de son ennemi vaincu. Figuré de grande taille, hiératique, dans une attitude toute de noblesse, de puissance et de dignité, il manie la massue blanche. A son menton la barbe postiche. Autour de ses reins, un pagne de cérémonie à la ceinture duquel est attachée une queue de taureau. Le roi est pieds nus, mais il est suivi d'un dignitaire dont la taille est à peu près le tiers de la sienne. Ce fonctionnaire est chargé de porter les sandales. Aux époques anciennes, en effet, la sandale est un objet de luxe que ne doit pas salir la poussière du chemin. Le sculpteur a insisté sur la puissante musculature de Narmer et sur son calme absolu. Aucun sadisme, aucune violence bestiale dans l'acte rituel qu'accomplit le premier pharaon. En réalité, conformément à l'ordre des dieux, il soumet celui qui se rebelle contre l'harmonie du monde. C'est le dieu faucon qui a protégé le roi et lui a permis de triompher pour que l'Egypte vive en paix.

Au registre supérieur du verso de la palette, le roi, porteur de la couronne rouge, se dirige vers un champ de bataille où sont rangés en bon ordre les corps des ennemis décapités et ligotés. Au registre médian, une représentation quelque peu fantastique : deux hommes barbus tiennent une corde qui enserre deux animaux aux immenses cous entrecroisés. L'interprétation de l'égyptologue anglais Gardiner nous paraît judicieuse : la scène symboliserait l'union du double pays, du Nord et du Sud. Au registre inférieur, un puissant taureau démantèle l'enceinte crénelée d'une ville. L'ennemi se tord de douleur sous les sabots de l'animal. Nouveau symbole de Narmer vainqueur, suffisamment puissant pour soumettre les localités qui s'étaient opposées à lui.

Le bilan est clair. Reprenant l'œuvre du roi Scorpion, Narmer l'a menée jusqu'à son aboutissement logique. Après avoir conforté son pouvoir dans le Sud, il l'exerce maintenant sur toute l'Egypte. Mais un problème se pose. C'est avec un pharaon nommé Ménès, en effet, que débutent les listes royales. C'est à lui qu'on attribue l'unification, c'est lui qui fonda une culture nouvelle et originale par rapport à celles qui la précédèrent sur le sol égyptien. Une étonnante représentation du Ramesseum, le temple funéraire thébain de Ramsès II, montre une procession de prêtres lors d'une fête religieuse. Chacun d'eux porte sur ses épaules l'image d'un roi. Or, au nombre de ces souverains, figure l'énigmatique Ménès dont le souvenir n'avait pas été perdu.

Après de longs débats, on admet aujourd'hui que Ménès et Narmer ne font probablement qu'un. Premier monarque humain, Ménès succéda aux dieux et aux demi-dieux qui avaient régné pendant des millénaires sur le pays. Des éléments intéressants sont fournis par son nom. Il se lit *mni* en égyptien, c'est-à-dire « celui qui reste », « celui qui demeure », « celui qui perdure ». Ménès est donc le pharaon « durable », la racine immortelle d'où jaillira l'arbre immense des dynasties. Philippe Derchain l'interprète comme le roi « Quelqu'un », le pharaon impersonnel.

C'est sans doute pourquoi on attribua à Ménès l'invention de l'écriture, fait historiquement inexact, mais revêtu d'une profonde signification religieuse. L'écriture hiéroglyphique, en effet, est l'instrument de culture par excellence. Aussi Ménès le Durable restera-t-il pour l'Egypte la figure symbolique du premier âge de la prospérité et de la gloire du pays.

Ménès le fondateur justifia entièrement cette réputation en créant une capitale dont l'importance ne se démentira pas tout au long de l'histoire égyptienne. D'après Manéthon et Hérodote, Ménès décida de donner au pays une cité digne du nouvel Etat qu'il dirigeait. Le choix du site correspondit à des raisons politiques évidentes, puisque Memphis, dont l'un des noms égyptiens est « la balance des Deux Terres », s'édifia à la base du Delta, à l'endroit stratégique marquant une sorte de frontière entre la Basse et la Haute-Egypte.

Une cité, pour les anciens Egyptiens, est d'abord un centre religieux, un lieu de culte à partir duquel se développe une activité économique. Ménès transforma une bourgade ancienne, où l'on adorait le dieu Ptah, l'un des patrons des artisans, en une ville qualifiée de « vie des Deux Terres », ensemble d'édifices stables et parfaits dans leur beauté. Il est possible que le terme même d'Egypte vienne de l'égyptien *hout-ka-Ptah*, « domaine du ka du dieu Ptah » (le nom du grand temple de Memphis), qui donna en grec *Aigup-*

tos. Il existe également une tradition selon laquelle le fils de Ménès aurait fait construire un palais à Memphis et lui aurait donné le nom de *per-âa*, « grande demeure », d'où provient le terme « pharaon ».

Comment imaginer cette première capitale, le chef-d'œuvre de Ménès ? Elle était certainement formée de maisons de briques crues. Grandes et petites demeures comportaient des jardins et s'organisaient autour d'une pièce de réception à partir de laquelle on accédait aux appartements privés. Memphis était bâtie sur la rive ouest du Nil, non loin du fleuve. Des champs fertiles et des palmeraies l'entouraient. Cité blanche, aux rues ombragées par la verdure, elle était protégée des crues excessives du Nil par une grande digue.

Une telle création suppose un haut degré de civilisation. Ménès avait formé un corps d'artisans royaux d'une exceptionnelle compétence dans le domaine de l'architecture comme dans celui de la sculpture. Le grand prêtre de Ptah, dieu qui bénéficia d'un vaste temple à Memphis, demeurera d'ailleurs le chef religieux des artisans. Dans la région, on célébrera longtemps un culte de Ménès.

La cité même de Memphis est un immense symbole sacré. Selon les conceptions égyptiennes, la naissance de la vie sur la terre, lors de la création du monde, s'était concrétisée par l'apparition d'une butte primordiale émergeant des eaux. Ménès fut assimilé au dieu faisant surgir la vie sous forme de cette butte qui n'était autre que la capitale, Memphis. On peut d'ailleurs supposer que les ouvriers royaux asséchèrent une zone quelque peu marécageuse avant de creuser les fondations de la cité. La tradition grecque a également enregistré une légende où apparaît un thème comparable : Ménès aurait créé Crocodilopolis, la capitale du Fayoum, c'est-à-dire une cité sortie des eaux.

Dès la Ire dynastie, Memphis s'affirme comme un centre religieux et politique parce qu'on y sacre les rois. Comme Ménès, chaque nouveau roi porte la double couronne en tant que pharaon de la Haute et de la Basse-Egypte. L'union des Deux Terres est le principe de base du gouvernement du pays. Chaque fois qu'il sera trahi, l'Egypte connaîtra des périodes de décadence.

Ménès est un grand administrateur. Il divise le pays en provinces que l'on appelle des nomes. Le hiéroglyphe qui les représente est un rectangle quadrillé, c'est-à-dire un terrain parcouru par des canaux d'irrigation.

Le nome se présente comme une entité administrative, géographique, économique, mais aussi religieuse. Le nomarque, en effet, est aussi le grand prêtre du dieu adoré dans sa province. Une très intéressante liste des nomes gravée au temple d'Edfou, en Haute-Egypte, et datant de l'époque ptolémaïque (plus de 2500 ans après Ménès) nous précise ce qu'il faut savoir de chacun d'entre eux. C'est une sorte de manuel théologico-politique dont un exemplaire devait être déposé dans chaque temple. Qui veut connaître un nome doit savoir son nom, celui de sa capitale, être informé des reliques qui y sont conservées, des divinités adorées, des temples et des lieux de culte existant, des noms des responsables principaux du culte, des titres sacrés des prêtres et des prêtresses, des noms de la barque sacrée et de son plan d'eau, des noms des arbres sacrés, des dates de fêtes, des listes d'interdits et de tabous, des noms des canaux et des territoires agricoles.

Il est difficile de se prononcer sur le nombre des nomes créés par Ménès. A l'Ancien Empire, l'Egypte en comprenait trente-huit ou trente-neuf ; à la Basse Epoque, quarante-deux en théorie, ces derniers correspondant aux quarante-deux juges du tribunal d'Osiris qui décidaient de la destinée posthume de l'être. Il y eut donc des variations territoriales au cours des âges. L'organisation administrative, grâce à ce système, s'avérait simple et efficace, à condition de disposer de nomarques responsables et compétents : les ordres partaient du palais royal, atteignaient les capitales régionales, ces dernières les répercutant à l'échelon des villes secondaires, des villages et des campagnes. C'est grâce à une telle structure que Ménès procéda à un recensement de la population et à un relevé des terres cultivables.

Le Delta pose un problème particulier. Dans la quasi-totalité des ouvrages égyptologiques, on lit que cette partie de l'Egypte ne nous a pas livré de documents parce que ces derniers ne pouvaient être conservés dans un terrain humide. Mais le Delta d'aujourd'hui, avec ses champs, ses arbres, ses nombreux canaux, ses villages, n'était évidemment pas celui de Ménès. A cette époque ancienne, il n'y avait probablement qu'une immense étendue aquatique couverte d'une végétation abondante. C'est là que l'on venait chasser et pêcher. Il n'existait pas de zone côtière avec des ports lesquels, même plusieurs siècles plus tard, ne seront encore que des ports fluviaux situés à l'intérieur du Delta. On peut donc supposer que les « villes » attestées par les documents égyptiens comme Bouto et Bousiris n'étaient autres que des sanctuaires, des sites sacrés où l'on se rendait lors de certaines fêtes, et non des agglomérations habitées. Une telle vision remet en cause l'existence d'un royaume de Basse-Egypte comparable, par ses localités habitées et sa densité de population, à celui de Haute-Egypte. Elle ferait apparaître les victoires des rois du Sud sur le Nord comme une annexion relativement facile de tribus habitant des lieux assez sauvages, une œuvre de civilisation plutôt qu'une conquête guerrière.

Sous la férule de Ménès, le pays s'équipe : existence d'un corps d'artisans, de greniers gérés par l'administration centrale, de chantiers navals, construction de temples, organisation d'une agriculture et d'un élevage. Un trait caractéristique doit immédiatement être souligné : tout appartient au roi, car la terre d'Egypte, dans sa totalité, est sienne. Il l'a héritée des dieux eux-mêmes et il est chargé par eux d'en assurer la prospérité. Il n'existe donc pas de propriété privée, bien que pharaon puisse offrir des parcelles de terre plus ou moins considérables à ceux qui l'ont loyalement servi. Ainsi se constitueront les domaines de grands dignitaires qui, sur le modèle royal, deviendront responsables du bon état de leurs biens.

L'économie égyptienne est religieuse. C'est le temple, en effet, qui assure la circulation des biens. Tout commence par l'offrande aux dieux, sans lesquels le pays sombrerait dans l'anarchie et dans la misère. Lorsque les dieux sont comblés, il est possible de pourvoir aux besoins des hommes en répartissant convenablement les richesses. Les récoltes sont surveillées de près par les scribes, une partie des grains étant acheminée jusqu'aux greniers de la capitale où ils sont stockés pour être distribués en cas de famine. On veille au bornage des champs. La « terre noire » est généreuse : elle produit diverses sortes de blé, de nombreux légumes comme les lentilles, petits pois, poireaux, oignons, des fruits tels que dattes, figues, raisins. On se sert du miel pour sucrer. Le bétail ne manque pas. On compte plusieurs races de bœufs. Oies et canards peuplent les basses-cours. Le paysan égyptien aime sa terre. Son existence n'est pas facile, le travail est plutôt pénible. Mais la période de l'inondation lui donne l'occasion d'un repos prolongé. Pendant que le Nil recouvre l'Egypte, il reste chez lui. Sa prospérité, comme celle de ses compatriotes, demeure liée au débordement bienfaisant du Nil et à son exploitation intelligente.

Dans ce domaine, Ménès poursuit et perfectionne les travaux entrepris par le Scorpion. Il sait que l'irrigation est vitale pour l'Egypte. Sans elle, les dons du Nil seraient vains. En créant un pouvoir central puissant, il peut entreprendre une série de grands travaux dans le pays. Les nomarques sont chargés d'appliquer dans leurs provinces les plans tracés par les Maîtres d'œuvre du roi. A plusieurs points clefs du cours du Nil, on installe des nilomètres qui permettent de noter, chaque année, la hauteur atteinte par la crue. En classant ces observations, il sera possible de faire des prévisions en vue d'une distribution adéquate des eaux. Des crues trop abondantes ou inférieures à la normale sont d'égales catastrophes naturelles et économiques contre lesquelles on doit se prémunir. Dans les listes royales, on fait d'ailleurs figurer la hauteur des crues parmi les événements notables d'un règne.

Dans toute l'Egypte, on élève des digues et on creuse des canaux. On comble les dépressions, on nivelle les buttes d'alluvions. Les îlots parsemant le cours du fleuve sont cultivés. De plus, avec un sens « écologique » remarquable, on maintient de nombreuses zones marécageuses pour la chasse, la pêche et la perpétuation d'espèces jugées indispensables. Créer ne suffit pas ; il faut aussi entretenir sans cesse les canaux, aménager les bassins d'irrigation pour que l'apport de limon soit utilisé au maximum.

La vie économique et spirituelle de l'Egypte repose sur la construction des temples. Ces derniers sont bâtis par des artisans que Ménès organisa certainement en collèges d'Etat. La matière première ne manquait pas, qu'il s'agisse de la pierre, du bois ou des métaux. On ouvre des carrières autour de Memphis, et peut-être dans des zones désertiques. Dans l'Egypte de Ménès, les arbres ne sont pas rares : palmiers, perséas, saules, acacias, tamaris, sycomores fournissent autant d'essences de bois que l'on peut travailler. Bientôt, on enverra des expéditions commerciales chercher des cèdres au Liban et des cyprès en Syrie. Le cuivre est abondant, on l'utilise pour fabriquer armes et outils. Le bronze ne deviendra courant qu'au Moyen Empire, le fer – d'origine météoritique ou autre – est très rare.

On attribue à Ménès l'invention du luxe ou, tout au moins, du confort. Cette légende devait être réalité, dans un pays où l'on savait fabriquer des chaises et des coffres en bois, des coffrets de toilette, des pots à parfums et à fards, des bijoux, des vêtements simples et seyants comme les pagnes pour les hommes et les longues robes très ajustées pour les femmes. Le matériau du roi, à savoir le papyrus, permet d'enregistrer l'écriture sur une surface manipulable et classable.

Sur l'armée et la justice, on manque d'informations. L'armée existait, bien entendu, puisqu'elle permit à Ménès de conquérir le Nord. Pharaon en personne en était le chef suprême. Il était également le juge par excellence, appliquant un corpus de lois non écrites. Il est probable que chaque nome disposait d'un tribunal et d'un droit coutumier pouvant différer de celui du nome voisin. Mais nous sommes là dans un domaine très incertain, d'où une notion doit cependant ressortir : l'inexistence de l'esclavage en Egypte ancienne. Contrairement à ce qui s'est passé en Grèce et à Rome, il n'y eut jamais en Egypte d'individus totalement privés de droits et réduits à l'état de choses ou de mécaniques animales. Ceux que certains historiens de l'Egypte nommèrent abusivement « esclaves » pouvaient posséder des terres, gérer leurs propres exploitations agricoles après avoir été employés dans de grands domaines. On songera à un servage, mais en aucun cas à un esclavage, ce qui est l'un des plus grands titres d'honneur de la civilisation pharaonique.

Nous ne savons rien de certain sur la mort de Ménès. Une légende raconte que le roi, poursuivi par ses chiens dans les parages du lac Moeris, fut obligé d'entrer dans l'eau et ne dut son salut qu'à un crocodile. Il faut voir là un récit symbolique, le dieu de cette région étant Sobek à tête de crocodile. On dit aussi que le premier des pharaons fut tué par un hippopotame, peut-être lors d'une chasse et qu'il mourut à soixante-deux ans.

D'autres faits non vérifiés concernent sa famille. L'épouse de Ménès aurait inventé une efficace lotion capillaire alors que son fils Athôtis, un médecin, aurait succédé à son père avant d'être assassiné. Les sources de ce genre de ragot sont grecques ; nous en rencontrerons d'autres, à propos de tel ou tel pharaon. Il reste que le fils de Ménès a certainement agrandi ou bâti un palais royal à Memphis et qu'il faisait partie de la caste des prêtres.

Les deux premières dynasties poursuivront l'œuvre de Ménès. A la fin de la IIe dynastie, l'Egypte s'affirme comme une nation cohérente dont les richesses ne cessent de s'accroître. Le pays est doté d'une capitale, d'une administration, de corps de métiers. L'institution royale est fermement établie. Tout est prêt pour un nouveau bond en avant.

3

DJESER LE MAGNIFIQUE

Lorsque le pharaon Djeser monte sur le trône, débute l'Ancien Empire égyptien. Nous sommes au XXVIIe siècle avant J.-C., au début de la IIIe dynastie. Djeser règne de 2640 à 2575 ou de 2625 à 2605. L'Egypte ancienne va connaître l'une des périodes les plus brillantes de son histoire et l'on parle, à juste titre, d'un « siècle de Djeser ».

Selon A.H. Gardiner, Djeser peut être considéré comme le véritable fondateur de cette IIIe dynastie qui marquera, nous le verrons, un tournant décisif dans l'évolution religieuse, artistique et probablement sociale de l'ancienne Egypte. C'est un détail infime qui nous montre à quel point l'époque inaugurée par Djeser est porteuse de nouveautés : dans la liste royale de Turin, qui donne une succession de pharaons, le nom de Djeser se distingue immédiatement. Pour lui, le scribe a employé l'encre rouge, phénomène tout à fait exceptionnel.

Bien peu de chose, en vérité, pour signaler le règne extraordinaire de l'un des plus grands, sinon du plus grand pharaon égyptien. Manéthon, le prêtre égyptien qui a établi une liste des rois, le nomme Tosorthos et précise qu'une nouvelle dynastie débute avec lui. De cette IIIe dynastie, nous ne connaissons presque rien dans le domaine du « fait historique ». Le nombre et l'ordre de succession des rois demeurent encore des énigmes. Il n'est même pas certain que Djeser soit le premier pharaon de la dynastie. Ces zones d'ombre, néanmoins, n'ont pas recouvert les lignes de crête : les puissantes personnalités du roi Djeser, de son Premier ministre Imhotep et le prodigieux ensemble architectural de Saqqarah.

Djeser règne sur une Egypte unie. Nous pouvons en être certain car le complexe monumental de Saqqarah nécessite, pour être édifié, un pouvoir central puissant. La Haute et la Basse-Egypte, tout en gardant leur originalité et leurs institutions particulières, sont réunies dans la « double couronne ». Les luttes tribales et partisanes sont terminées. L'Egypte entière se reconnaît dans la personne de son chef, la paix intérieure est devenue une réalité très profondément enracinée.

Djeser profita-t-il d'une situation établie ou contribua-t-il à la créer ? La réponse doit être mitigée. Il est certain que l'Egypte, lors de son accession au pouvoir, avait déjà largement dépassé le stade de l'opposition entre clans régionaux. Mais il apparaît également que la personnalité même du monarque engagea le pays, de manière irréversible, sur la voie de l'unité nationale. Il n'est qu'à évoquer le très impressionnant visage de Djeser, connu par une statue de Saqqarah que nous décrirons plus loin, pour comprendre la force de caractère, la volonté farouche et l'autorité naturelle inscrites dans le comportement de cet être d'exception.

Ce roi autoritaire fut aussi un roi juste. Sa mémoire fut honorée tout au long de l'histoire d'Egypte et les générations postérieures conservent de lui le souvenir d'un homme sage, savant et compétent. Djeser aurait écrit des livres d'enseignement, probablement à l'usage des futurs pharaons, pour leur apprendre les règles de leur « métier » de roi, les aider à adopter l'attitude juste envers les dieux et les hommes.

A la personne de Djeser s'attache l'idée même de la paix. Aucun pharaon ne symbolise mieux l'équilibre serein d'une civilisation en pleine possession de ses moyens de création, entièrement préoccupée par la concrétisation artistique de son idéal. Le siècle de Djeser est celui d'une authentique sagesse. Son nom même est significatif : le mot *djeser*, en égyptien, signifie « prestigieux, admirable, sacré ». Il y a dans ce terme la notion de quelque chose qui est « à part », exceptionnel par rapport au monde ordinaire. Il est à noter que le nom de Djeser n'apparaît pas sur les monuments contemporains du roi, mais beaucoup plus tard, au Moyen Empire. Les Egyptiens nommèrent « Djeser le Magnifique » l'auteur génial de l'ensemble funéraire de Saqqarah qu'ils continuaient à admirer. Djeser est connu, à la IIIe dynastie, sous le patronyme de *Neterierkhet*. Les noms égyptiens ont toujours un sens que l'historien et l'historien des religions doivent examiner avec le plus grand soin ; celui-là peut se traduire par « plus divin que le corps (des dieux) » ou « divin de corps ». Dans un cas comme dans l'autre, l'indication est claire : le pharaon s'affirme en tant que souverain investi d'un pouvoir sacré qui le situe au-dessus du commun des mortels.

Ne nous y trompons pas : l'affirmation est d'ordre religieux et non la conséquence d'une quelconque tyrannie. C'est parce que le corps de pharaon est immortel que l'Egypte entière communie avec le divin. Le sort de chaque Egyptien est lié à celui de son roi. C'est pour cette raison surprenante, mais combien profonde, que le règne de Djeser sera consacré à l'édification de son gigantesque complexe funéraire de Saqqarah.

Tel est en effet le point clef du règne : construire une demeure d'éternité pour abriter un corps divin.

Avant de nous intéresser à Saqqarah et à son maître d'œuvre, Imhotep, il convient de s'interroger sur les événements qui marquèrent le règne de Djeser. Nous sommes, à vrai dire, mal renseignés dans ce domaine. Par une inscription trouvée au Ouadi Hammamat, vallée par où passe la route qui va de la ville de Coptos à la mer Rouge, nous savons que le pharaon a envoyé des expéditions au Sinaï. Sur des rocs du Ouadi Maghâra, dans la péninsule du Sinaï, sont représentés plusieurs souverains, dont Djeser. Ce dernier frappe de sa massue piriforme un chef bédouin prostré en signe de soumission.

Plus qu'un événement particulier, il faut y voir le symbole du pouvoir exercé par Djeser sur les tribus nomades qui n'osent plus franchir les frontières du « Double pays » et troubler la sérénité des Egyptiens. Peut-être doit-on également comprendre que Djeser faisait déjà exploiter les mines de cuivre du Sinaï. Quoi qu'il en soit, la scène classique du pharaon terrassant l'ennemi prend ici une valeur particulière : il s'agit bien de la victoire de l'ordre sur le chaos, de Djeser le Magnifique sur les forces obscures du mal.

Un autre fait semble appartenir davantage à la légende qu'à l'histoire, mais son importance mérite qu'on le signale avec quelques détails. Une très grave famine se serait produite sous le règne de Djeser. Ce n'est malheureusement pas un document contemporain qui nous l'apprend, mais une stèle de l'époque ptolémaïque qu'un nombre considérable de siècles sépare de la IIIe dynastie. La stèle dite « de la famine » est gravée sur un rocher découvert au sud de l'île de Sehel, dans la région d'Eléphantine, à l'extrémité méridionale de l'Egypte. Fait extraordinaire, les prêtres qui ont gravé ce texte l'ont daté de Djeser ! Ils ne cherchaient évidemment pas à abuser qui que ce soit en fabriquant un faux. On peut donc estimer qu'un roi Ptolémée s'est identifié à son lointain et glorieux ancêtre, Djeser, afin de donner à sa propre lutte contre la famine un caractère sacré. Il est également possible de supposer qu'un document historique ait été ainsi transmis, se faisant l'écho de très anciens événements.

Que nous raconte la *stèle de la famine ?* Il est dit que Djeser est affligé d'une profonde tristesse. Assis sur son trône, dans la solitude de son palais, il éprouve un réel désespoir. Depuis sept ans, c'est la sécheresse. Le Nil n'a plus débordé, il n'a plus déposé sur la terre d'Egypte le limon fertile. Pour chacun, c'est la misère et la famine. La force quitte les corps les plus vigoureux ; bientôt, on n'aura même plus l'énergie nécessaire pour marcher. Les enfants pleurent ; les vieillards, fatalistes, sont assis par terre en attendant la mort. Même les courtisans sont dans le besoin. Un à un, les temples sont fermés. Le service des dieux n'est plus assuré.

Pourquoi un tel malheur ? s'interroge Djeser. Il se tourne vers les prêtres du culte d'Imhotep, le fils du dieu Ptah, sage parmi les sages. Que se passe-t-il ? Pourquoi le Nil, le sinueux, celui qui serpente, ne remplit-il plus son office ? Les prêtres fouillent dans la salle des archives du temple de Thot, dans sa ville sainte d'Hermopolis. En déroulant les livres saints, ils recueillent de précieuses informations qu'ils transmettent à Djeser.

Au milieu de l'eau, il y a une ville : Eléphantine. C'est une cité remarquable, puisqu'elle sert de siège à Rê, le dieu soleil, quand il décide de donner la vie. Or il y a là deux mamelles qui dispensent toutes choses. « Le Nil, dit la stèle, coïte en bondissant comme un garçon qui féconde une femme, il recommence à être un jeune homme dont le cœur est vif. » Mais cette renaissance annuelle dépend d'un dieu : Khnoum, homme à tête de bélier, dont les deux sandales sont placées sur le flot. Si Khnoum ne les soulève pas, il n'est pas libéré. Le Nil ne rajeunit pas, la vallée est condamnée à la sécheresse.

Le roi Djeser comprend que le dieu Khnoum est courroucé. Il fait alors accomplir des purifications, des processions en l'honneur du dieu, lui adresse des offrandes de pain, de bière, de volailles et de bœufs. Djeser rêve. Khnoum lui apparaît : si le roi continue à l'honorer comme il le mérite, il lèvera ses sandales, libérera le Nil et fera revenir l'inondation. Dès son réveil, Djeser prend un décret en faveur de Khnoum. Le miracle s'accomplit : grâce à la sagesse du roi et à l'intervention d'Imhotep, les fleurs poussent à nouveau, l'abondance revient, la famine disparaît, la terre resplendit, la joie habite de nouveau le cœur des hommes.

Ce récit a-t-il un contenu historique précis ? Il n'est pas impossible qu'il conserve, en effet, le souvenir de la souveraineté exercée par Djeser sur l'ensemble de la région de la première cataracte et, plus particulièrement, sur la Nubie. Pour apaiser Khnoum et obtenir ses faveurs, Djeser lui fait l'offrande de la région comprise entre Assouan et Takompso, le Dodékaschène, selon l'appellation grecque. Ce territoire a joui d'un statut particulier pendant toute l'histoire d'Egypte, statut qui lui fut peut-être accordé dès le règne de Djeser.

La stèle met en relief la sagesse et la piété de Djeser. Confronté à l'un des fléaux les plus graves, la famine, sa première réaction n'est pas d'ordre économique mais religieux. Il se tourne vers les prêtres les plus savants, les plus compétents. Il ne rétablit pas l'ordre des choses en prenant des mesures matérielles mais en apaisant la fureur divine qui est à l'origine du malheur sur la terre. Si Djeser le Magnifique fut un homme de foi, il ne s'abandonna pas, cependant, à une mystique stérile. Son grand œuvre, nous l'avons déjà noté, était d'ordre architectural. Pour parvenir à créer l'ensemble de Saqqarah, il fit appel à un architecte génial, Imhotep.

« A cause de sa science médicale, écrit le prêtre Manéthon sur Imhotep, il est considéré par les Egyptiens comme Esculape ; c'est lui qui a trouvé le procédé de la pierre taillée pour la construction des monuments et il s'est également adonné aux lettres. » Imhotep, « Premier ministre » et ami personnel de Djeser le Magnifique, est l'un des plus grands génies de l'histoire. Il est l'auteur d'une révolution artistique d'une portée considérable, puisqu'il fut le premier architecte à construire en pierre un ensemble monumental aussi important que celui de Saqqarah. Imhotep, d'après une inscription trouvée au Ouadi Hammamat, était le fils de Kanefer, qui portait le titre de « Chef des Travaux des pays du Sud et du Nord », autrement dit le maître d'œuvre du royaume directement nommé par pharaon. Il avait donc de qui tenir et apprit probablement son métier auprès de son père et dans les ateliers royaux de Memphis, la capitale de l'Egypte.

La pierre, avant Imhotep, avait déjà été utilisée dans les tombes royales, mais d'une manière tout à fait partielle. Les mastabas en brique comprenaient, en effet, des parties de granit ou de calcaire, mais il ne s'agissait que de timides essais en comparaison de l'extraordinaire projet du maître d'œuvre de Djeser. Ce dernier, consacrant son règne à l'édification d'un gigantesque palais funéraire en plein désert, fit donc appel à un spécialiste, Imhotep, dont le nom signifie « Celui qui vient en paix ». A la nouveauté de la conception doit correspondre celle des techniques : Imhotep invente la taille de la pierre, met au point des procédés de transport et de pose à grande échelle.

D'après la tradition, Imhotep ne possédait pas seulement les qualités d'architecte ; il était aussi médecin, magicien, astrologue, écrivain et philosophe. Ce sont des compétences qui seront également attribuées à beaucoup de grands maîtres d'œuvre, notamment au Moyen Age, en Orient comme en Occident. Pour diriger un chantier, concevoir le plan d'un édifice, guider les tailleurs de pierre et les sculpteurs, décider du « programme » symbolique destiné à orner le monument, il fallait bien qu'un maître d'œuvre ait pratiqué ces disciplines. Imhotep, de plus, avait également de lourdes charges administratives à la cour de Djeser. Nous connaissons ses titres par une émouvante inscription portée sur le socle d'une statue de Djeser dont seuls subsistent les pieds ; à côté du nom du roi, nous lisons celui de son principal collaborateur, Imhotep, « le chancelier du roi de Basse-Egypte, le premier après le roi, l'administrateur du grand palais, le noble héréditaire, le grand prêtre d'Héliopolis, le charpentier, le sculpteur, le fabricant de vases de pierre ».

Imhotep nous décrit pratiquement sa carrière : il débuta par la taille des vases de pierre dure, dont on retrouva d'ailleurs une quantité impressionnante dans les souterrains de Saqqarah. Il fut ensuite sculpteur, architecte et occupa les plus hautes fonctions administratives et religieuses. Administratives, en tant que porteur du sceau du roi, c'est-à-dire en tant que haut dignitaire capable de prendre des décisions engageant la destinée de l'Etat égyptien ; religieuses, en tant que grand prêtre d'Héliopolis, la ville sainte par excellence, la cité du dieu soleil. Les titres d'Imhotep appartiennent au plus vieux fond de la civilisation égyptienne. A l'époque de Djeser, ils gardent encore toute leur signification et montrent, en réalité, qu'Imhotep disposait de la quasi-totalité des pouvoirs civils et religieux et travaillait sous la responsabilité directe du pharaon. Comme Imhotep était également chef de la justice, surintendant des archives royales, « surveillant » de ce qu'apportent le ciel, la terre et le Nil, « surveillant » du pays tout entier, magicien en chef, porteur du rouleau des formules qui rendent les rites efficaces, on constate qu'il disposait des qualifications du « vizir ». Le vizir, dans la suite de l'histoire égyptienne, sera le second personnage de l'Etat, le confident de pharaon, l'homme de l'exécutif. Sans porter le titre, Imhotep a créé la fonction et défini son champ de responsabilités.

Notons soigneusement, au passage, l'office de grand prêtre d'Héliopolis. Le terme égyptien employé pour désigner cette fonction est *our maou* que l'on traduit soit par « Celui qui voit le Grand » (c'est-à-dire le dieu soleil, Rê), soit par « Le grand des voyants », cette dernière proposition étant probablement meilleure. Voir, pour un Egyptien, c'est créer ou recréer le monde. C'est avoir la possibilité de discerner l'œuvre divine dans la nature, percevoir l'intensité du dieu de la lumière et la faire resplendir dans ses propres œuvres. Grand prêtre du soleil, de la lumière, Imhotep, comme son maître Djeser, est un homme profondément religieux. Son œuvre architecturale n'aura donc pas un but esthétique. Imhotep a le sentiment de bâtir beaucoup plus qu'une tombe destinée à un individu ; l'aventure de Saqqarah, c'est la sauvegarde de l'Egypte entière dans l'au-delà, c'est une nécessité pour que le pays continue à être protégé par les dieux.

Dans une des chambres funéraires de Saqqarah, une empreinte de cylindre difficile à déchiffrer semble porter le titre : « charpentier de Nekhen » (une très ancienne ville sainte). N'aurait-on pas là la signature modeste, rendue invisible aux vivants, du génial Imhotep ?

La gloire d'Imhotep ne fut pas cantonnée au règne de Djeser. Son prestige fut encore plus considérable que celui de Djeser. Plusieurs siècles plus tard, lorsque le harpiste du roi Antef chante une poésie mélancolique sur les grands hommes du passé, il cite Imhotep parmi les sages et les écrivains : « J'ai entendu, dit-il, les préceptes d'Imhotep. » Les livres de maximes d'Imhotep ont malheureusement disparu. Il demeura longtemps le patron des écrivains et des scribes qui, lorsqu'ils commençaient à dessiner des hiéroglyphes, versaient quelques gouttes d'eau dans leur godet pour célébrer la mémoire de leur ancêtre Imhotep.

A partir de la XXVIe dynastie, qui admira tant l'Ancien Empire, on crée des statuettes de bronze représentant Imhotep. Il est assis, dans une posture sévère, un rouleau de papyrus déroulé sur ses genoux. Son crâne est rasé, il porte une longue robe. Tout, en lui, est calme et sérénité. Sa réputation ne cesse de grandir. Un collège de prêtres lui sera spécialement attribué, car Imhotep devient un dieu. Il fait même partie d'une « triade », cette surprenante conception égyptienne de la famille divine qui ne sera pas sans influencer la conception de la trinité chrétienne. Imhotep, en effet, est fils du dieu Ptah, le patron des artisans, et de la déesse Sekhmet. Il est donc un « dieu fils » vénéré jusqu'à l'époque des Ptolémées. Sous l'occupation de Darius le Perse, les Egyptiens célèbrent la mémoire d'un Imhotep maître d'œuvre et lui attribuent la création du plan de l'immense temple d'Edfou, en Haute-Egypte. La légende affirmait qu'un livre était descendu du ciel au nord de Memphis, l'antique capitale de Djeser. C'est Imhotep qui avait lu le livre miraculeux, y découvrant le plan d'Edfou.

On construisit temples et sanctuaires en l'honneur d'Imhotep divinisé, à Karnak, à Deir el-Bahari, à Deir el-Médineh, dans l'île de Philae et sans doute en bien d'autres lieux. Mais son sanctuaire le plus réputé fut une chapelle de Saqqarah. Durant la Basse Epoque, les Grecs identifièrent Imhotep à leur propre dieu de la médecine, Asklepios, connu aussi sous le nom d'Esculape. La chapelle d'Imhotep fut considérée comme un Asklépeion, un sanatorium où Imhotep-Asklepios soignait les malades. Les guérisons miraculeuses étaient narrées dans des livres qui redonnaient espoir et confiance aux patients. La science des dieux égyptiens n'était-elle pas la plus ancienne et la plus efficace ?

Une histoire de magie où Imhotep tient le premier rôle mérite d'être racontée. Un papyrus magique grec nous entretient du cas d'un écrivain qui avait pour tâche de traduire en grec un livre égyptien consacré aux miracles d'Imhotep. Mais, paresseux, il avait beaucoup de retard. Mécontent, le dieu rendit malade la mère du scribe en l'affligeant d'une fièvre quarte. Le scribe comprend ; il supplie Imhotep de guérir sa mère. Ce dernier lui apparaît en songe et accepte. Le scribe, cependant, ne travaille toujours pas avec assez d'ardeur. C'est lui, cette fois, qui est affligé d'une douleur au côté droit. Imhotep lui apparaît de nouveau en songe, portant un livre à la main. Le reproche est muet, mais le message est clair : qu'il se hâte de terminer sa traduction. Le scribe célèbre la grandeur d'Imhotep, guérit, et se met enfin sérieusement au travail.

La gloire d'Imhotep fut telle que son nom se retrouve encore dans les écrits hermétiques et dans les traités de science dites « occultes ». Lui, le grand magicien, fut l'un des modèles des alchimistes. Zosime de Panopolis, un alchimiste grec dont l'œuvre eut une certaine influence sur l'Occident, n'avait-il pas rédigé un livre dédié à Imhotep ?

L'archéologue britannique W.B. Emery était persuadé que la tombe du grand sage avait été creusée dans le secteur nord de Saqqarah. En la recherchant, il découvrit un puits funéraire de la IIIe dynastie, celle de Djeser et d'Imhotep. Rempli d'espoir, il parvint jusqu'à un véritable labyrinthe, à plus de dix mètres sous le sol. Là étaient entassées des milliers de momies d'ibis ! L'oiseau sacré de Thot n'est pas sans rapport avec Imhotep, lequel vénérait le dieu à tête d'ibis, patron des scribes et des magiciens. Plus précisément, Imhotep fut lui-même appelé « l'Ibis » et les prêtres attachés à son culte formaient « le collège de l'Ibis ». Ce labyrinthe souterrain était un hommage indirect à la mémoire du maître d'œuvre.

Si la momie et la tombe d'Imhotep n'ont pas été retrouvées, son œuvre essentielle est demeurée vivante et bien visible : il est temps, à présent, de nous diriger vers le complexe funéraire de Saqqarah, le fleuron du siècle de Djeser le Magnifique.

Au même titre que Louxor, Karnak, Abydos ou Edfou, Saqqarah est un site magique où souffle l'esprit égyptien dans toute sa pureté. Sur ce plateau désertique, où le génie de la vieille civilisation pharaonique est presque palpable, on est brusquement transporté très loin du Caire, très loin de notre époque. On éprouve l'impression de communier avec ces hommes qui, malgré les siècles, demeurent proches de nous. La pyramide à degrés de Djeser et d'Imhotep, l'enceinte sacrée du complexe funéraire, les monuments qui se dressent vers le ciel ne nous sont pas étrangers. Ils font partie de notre paysage intérieur, ils sont des créations si puissantes que notre regard, une fois qu'il les aura contemplées, ne pourra jamais les oublier.

Le site de Saqqarah fut redécouvert par un général prussien, von Minutoli, en 1821. L'ingénieur J.S. Perring y entreprit des déblaiements en 1837 ; une première exploration systématique fut accomplie en 1842-1843 par l'archéologue allemand Richard Lepsius. En 1851, Auguste Mariette découvre le Sérapeum, attirant l'attention du monde sur Saqqarah. En ce qui concerne l'ensemble de Djeser, il faut attendre la campagne de fouilles dirigée par Cecil M. Firth, de 1924 à 1927. Dès le mois de janvier 1924, il entreprend de déblayer le complexe funéraire et, à son grand étonnement, découvre les assises d'une façade en pierre de taille avec des colonnes cannelées. Il ne peut croire, d'emblée, à une œuvre égyptienne et pense qu'il s'agit là d'une architecture grecque ! Firth fut ensuite obligé de se rendre à l'évidence : c'est bien une architecture d'époque pharaonique. L'archéologue français Jean-Philippe Lauer attacha son nom à l'exploration archéologique de l'œuvre de Djeser. Il commença à travailler à Saqqarah en décembre 1926 et continue encore, de nos jours, à veiller sur les monuments.

Saqqarah se trouve dans le désert, à la lisière du plateau libyque, face à des terres cultivées et à la palmeraie où l'on a retrouvé de pauvres restes de la glorieuse Memphis. Le site choisi par Imhotep dominait la capitale de Djeser ; il n'était pas très éloigné de la nécropole des pharaons de la Ire et de la IIe dynastie, assurant ainsi une sorte de continuité spatiale. Nous sommes donc en présence d'un site qui vécut depuis la plus ancienne Egypte jusqu'au IIIe siècle après J.-C. où des œuvres de la statuaire grecque témoignent encore de sa vitalité.

Des graffiti gravés sur les murs des monuments prouvent l'admiration des générations successives pour la création d'Imhotep. Plus de mille ans après le règne de Djeser, des croyants, des pèlerins, des scribes vont dans le désert rendre hommage à la mémoire du grand roi. Ils trouvent son monument « comme si le ciel était en lui, Rê se levant en lui ». Les pèlerins font des souhaits : que ce qui est bon, pur, vienne du ciel et soit offert à l'âme du pharaon, justifié dans l'autre monde. Une précieuse indication est donnée par un scribe qui, sous le règne de Ramsès II, assista à une fête religieuse. Il grava ces mots : « Est venu le scribe Nachouyou auprès de la pyramide de Djeser inaugurateur-de-la-pierre » (traduction de Jean Yoyotte). Le souvenir de Djeser et d'Imhotep était donc vivace et précis ; on leur attribuait avec raison un nombre considérable d'innovations et, au premier rang de celles-ci, l'utilisation systématique de la pierre pour dresser vers le ciel l'un des plus beaux ensembles monumentaux de l'histoire humaine.

Djeser est Saqqarah, le roi est son œuvre. Il y fut enterré et, au-delà de cet aspect funéraire, il s'y est complètement identifié, mêlant la vie et la mort d'une manière inextricable dans le « château enchanté » de Saqqarah.

Comment commencèrent les travaux ? Imhotep fit enlever le sable et aplanir la surface calcaire. Ensuite, on creusa des puits dans la pierre jusqu'à vingt-cinq mètres de profondeur. Leur fond fut garni de granit.

Or, il n'y a pas de carrières de granit aux environs de Memphis. La meilleure qualité de cette pierre se trouve dans la zone de la première cataracte, à huit cents kilomètres de Saqqarah. Qu'à cela ne tienne : les blocs furent acheminés par bateau jusque dans la région memphite. Pharaon ne recule devant aucune difficulté technique.

Saqqarah, c'est d'abord la pyramide à degrés. Elle est au cœur de la superficie de quinze hectares occupée par le domaine funéraire, elle est aussi au centre de l'admirable idéal de Djeser : monter au ciel en utilisant ce gigantesque escalier de pierre, accéder au paradis céleste par les gradins de la pyramide pour vivre en compagnie de ses frères les dieux.

Parmi les nombreux et complexes édifices conçus par Imhotep, la pyramide à degrés s'impose immédiatement au regard. C'est sous cette pyramide que fut déposé le corps mortel du pharaon, c'est à son sommet, confondu avec le soleil, que se trouve son corps immortel, brillant à jamais comme une étoile pour éclairer les générations futures.

Un immense mur d'enceinte clôturait l'ensemble funéraire. Mesurant plus de mille cinq cents mètres de long, il s'élevait à une hauteur d'environ onze mètres. Tous les quatre mètres environ, le rythme de la muraille était scandé par une sorte de bastion en saillie, orné d'une fausse porte à deux battants. Ce dispositif de protection était donc marqué par une alternance de parties saillantes et rentrantes qui lui donnaient l'allure d'une « façade de palais » fortifiée. Djeser a probablement voulu reproduire la fameuse « muraille blanche » qui entourait Memphis et dont la construction avait été décidée par Ménès. Il rendait ainsi hommage à son plus illustre prédécesseur et magnifiait l'unité du Double Pays.

On peut imaginer que l'enceinte fortifiée de Djeser prenait, vue de loin, l'apparence d'une longue crête blanche rompant l'uniformité du désert. Scintillant sous le soleil, elle imposait, de la manière la plus spectaculaire, la présence de l'éternité d'un pharaon sur la terre des hommes.

Le fait le plus marquant reste la naissance de la forme pyramidale. Pour la première fois dans l'histoire égyptienne, cette formule monumentale si puissante et si particulière est créée par un architecte. Dans l'économie générale de l'ensemble de Djeser, elle était indispensable : à un certain moment de la construction, en effet, la ligne horizontale de l'enceinte était plus haute que le mastaba classique (la « banquette » selon la signification du terme) qui servait de tombeau au pharaon. Dans l'esprit de Djeser et d'Imhotep s'imposa la nécessité d'une ligne verticale, d'un élan vers le monde céleste. A l'horizontale de l'enceinte devait correspondre la verticale d'une autre forme architecturale, la pyramide.

Les degrés ou gradins de la pyramide sont à la fois des mastabas superposés et les marches d'un escalier qui relie le ciel et la terre. Tout se passe comme si l'architecte arrachait la matière du sol, comme si le poids de la pierre n'était pas pour lui un obstacle mais une possibilité d'élévation. Avec la naissance de la pyramide, l'Egypte sort du cadre étroit d'une civilisation primitive pour entrer dans l'histoire universelle.

Pour nous en approcher, il faut d'abord trouver l'entrée du domaine de Djeser. Imaginons le mur d'enceinte dans son état primitif. Partout, nous nous heurtons à des bastions, à des fausses portes qui paraissent ouvertes mais ne sont, en réalité, que des trompe-l'œil dans la pierre. Partout, sauf près de l'angle sud de la face est de l'enceinte. Là se trouve l'unique accès, ouvert dans une porte monumentale. Une bien petite entrée, au demeurant, pour un domaine aussi gigantesque : six mètres de haut pour un mètre de large. Aucune fermeture. Le paradoxe est frappant : alors que les fortifications étaient édifiées avec un luxe de précautions, le seul passage possible n'a pas d'autre défense que son étroitesse.

C'est que le grand œuvre de Djeser, nous allons le découvrir peu à peu, n'a pas été bâti pour les mortels. Seule l'âme peut pénétrer par cette fente. A chaque fois que nous avons franchi cette porte, nous avons été profondément émus. Malgré le soleil, malgré la grande clarté dispensée par le dieu Rê, nous avons senti que nous passions la frontière d'un autre monde. Pour Djeser, c'était le seuil de l'au-delà, transposé et manifesté sur la terre des vivants.

La magie de Djeser et d'Imhotep a traversé les siècles. Malgré les dégradations, malgré ce qui nous sépare du grand roi de la IIIe dynastie, nous progressons dans son domaine avec le respect et la surprise de qui se trouve devant un monde nouveau, surprenant, inquiétant. Une fois entrés, nous découvrons, par une admirable colonnade de cinquante-quatre mètres de long, une allée primitivement couverte et bordée de quarante colonnes. C'est d'ailleurs le premier espace couvert de pierres connu. La colonne est synonyme d'élévation : dès le passage de la porte, nous rencontrons la présence de la verticale. Elle s'affirme encore par le spectacle que nous contemplons dans l'axe de l'entrée : après avoir franchi la colonnade, dépassé une petite salle et emprunté un simulacre de porte ouverte, nous débouchons dans la grande cour au sud de la pyramide. Dans son angle sud-ouest, un mur est surmonté d'une frise de cobras furieux. Notre regard est captivé par ces reptiles menaçants qui tranchent sur le ciel bleu. Leur rôle est loin d'être négatif. Les uræi ont pour fonction d'écarter les forces nocives qui pourraient altérer la destinée posthume du pharaon. Fassent donc les dieux que notre présence ne les incommode pas ; souvenons-nous, en effet, que les signes inscrits dans la pierre sont vivants. Dans les textes gravés sur les parois des pyramides (V^e^ et VIe dynastie), le prêtre prend soin de couper en deux les animaux, reptiles et insectes dangereux, afin qu'ils n'attaquent pas le roi.

Approchons-nous de la pyramide et de ses six gradins inégaux qui s'élèvent à plus de soixante mètres de hauteur. Son noyau fut un mastaba de forme tout à fait exceptionnelle avec une base carrée. Dès l'origine du monument, par conséquent, Imhotep s'affranchit du passé et manifeste son génie novateur. Les quatre côtés de la pyramide, chacun d'une longueur de soixante-deux mètres environ, sont orientés par rapport aux points cardinaux. Il faut voir là un souci religieux, une volonté de mettre le monument en harmonie avec l'ordre cosmique. L'idée est caractéristique de la religion d'Héliopolis que Djeser protégea et dont Imhotep fut l'un des grands prêtres.

Ce qui frappe, dans l'allure de cette première pyramide de l'histoire égyptienne, c'est la force d'une naissance. Tout est cohérence, tout est unité dans la pyramide à degrés de Djeser. Une hypothèse, souvent répétée, fait force de loi dans certains manuels d'archéologie : le monument aurait subi plusieurs changements successifs de plan, Imhotep aurait d'abord conçu un projet puis un autre. Avouons que cette thèse, même si elle permet d'habiles dissertations techniques, n'emporte pas la conviction. Ce que nous savons de Djeser et d'Imhotep ne nous incline pas à les considérer comme des créateurs malhabiles, hésitants, ne sachant pas très bien où ils vont. Non, la pyramide à degrés fut conçue telle quelle dès l'ouverture du chantier. Le désir de la verticale répondait à un idéal religieux, celui qui consistait à rejoindre le ciel d'où pharaon était issu.

Il y a le ciel, il y a la terre, il y a le monde souterrain. C'est dans ce dernier que nous pénétrons à présent en découvrant les appartements funéraires de Djeser, situés sous sa pyramide. Quand Lauer, à vingt-huit mètres de profondeur, troubla pour la première fois le silence de ces lieux, il découvrit une véritable cité-labyrinthe formée de la tombe du roi, de ses dépendances, de la tombe des reines et des enfants royaux, de galeries, de couloirs, de chambres de tailles diverses. Là était creusée une ville en pierre d'éternité. L'exploration archéologique est loin d'en avoir livré toutes les clefs. Nous sommes encore incapables d'expliquer la totalité de ce dispositif compliqué. Quelques points de repère, cependant, nous permettent de percevoir les intentions de Djeser.

Le décor de certaines parties de ces appartements funéraires est remarquable. On note la présence de plaquettes de faïence bleue imitant les nattes de roseaux qui ornaient les murs du palais memphite du roi. Il semble d'ailleurs que l'architecte Imhotep ait voulu reproduire dans la pierre des éléments végétaux, tels que roseaux ou palmes, et des éléments en bois. La pierre a ici valeur transmutatoire, transformant le périssable en impérissable. Cette idée est d'ailleurs confirmée par la présence de chambres contenant des aliments, pains, fruits, épis de blé, lentilles, raisins, figues de sycomore. La nourriture est ainsi éternellement assurée au roi qui ne consomme pas l'apparence des aliments, mais leur essence subtile. Autre indice : la présence, dans la décoration, de *piliers-djed*, à savoir une sorte d'arbre barré de quatre traits horizontaux. Ce pilier est le symbole par excellence de ce qui est stable et de ce qui dure. Il est particulièrement bien venu dans les fondations d'une pyramide destinée à préserver la vie en éternité d'un pharaon.

Ces appartements funéraires sont à la fois dans ce monde-ci et dans l'autre. Dans ce monde, parce qu'ils existent, parce qu'ils ont été creusés dans la pierre. Dans l'autre, parce qu'ils sont parsemés de fausses portes, de fausses fenêtres, de fausses ouvertures. Fausses selon notre perspective humaine, mais réelles pour les âmes justes qui se meuvent à leur aise dans cette ville marquée au sceau de la couleur bleue, comme si le ciel se trouvait aussi sous la terre.

Une merveilleuse révélation nous attend, car le pharaon Djeser est physiquement présent dans son domaine souterrain. Non point par sa momie, dont seul un pied fut retrouvé, mais par des stèles où Djeser est représenté dans l'accomplissement d'actes rituel. On le voit notamment dans l'attitude de la course, déployant une musculature puissante, le *flagellum* dans une main et le *mekes* dans l'autre. Le *flagellum* est un insigne de souveraineté, le *mekes* est un étui contenant le « testament » par lequel les dieux lèguent au pharaon la terre d'Egypte afin qu'il lui assure bonheur et prospérité. La course accomplie par Djeser est un moment de la fête-*sed*. Lors de cette cérémonie, les dieux des provinces d'Egypte, représentés par des prêtres, s'unissent autour de la personne royale pour lui redonner force et vigueur. Les Egyptiens pensaient, en effet, que l'énergie du pharaon s'épuisait après un certain nombre d'années de règne. Djeser, revivifié par les dieux, manifeste en courant sa puissance retrouvée et son aptitude à gouverner. Pendant la fête-*sed*, le roi monte sur le trône de Haute-Egypte en portant la couronne blanche et sur le trône de Basse-Egypte en portant la couronne rouge. Un « kiosque » spécial est réservé à ce rite. Or, on a retrouvé à Saqqarah une estrade à double escalier qui correspond à la double apparition de pharaon unissant le Sud et le Nord. La commémoration de cet événement a été jugée suffisamment importante par Djeser pour figurer à la fois dans la thématique des appartements souterrains et dans celle des monuments de la surface. Sans nul doute, Djeser s'assurait ainsi une éternité de fêtes-*sed*, un renouvellement infini de sa puissance. Certains rois, par la suite, se contenteront de quelques bas-reliefs. Djeser, quant à lui, fit bâtir un immense complexe monumental dans le même dessein ! Le contraste est saisissant.

Une autre énigme oblitère notre compréhension des « appartements » souterrains de Djeser. Le pharaon s'était réservé deux tombeaux : celui qui se trouve sous la pyramide et un autre, sous le massif de l'enceinte sud, à plus de deux cents mètres de sa momie. Ce tombeau du sud imite d'ailleurs le caveau situé sous la pyramide ; on y retrouve la figuration de Djeser célébrant les mêmes rites. Seules les croyances religieuses peuvent expliquer l'étrangeté d'un tel dispositif. Les Egyptiens avaient perçu la complexité de l'être humain. Ils savaient qu'il se composait d'entités aussi différentes que la puissance énergétique, le cœur-conscience, l'ombre, etc. L'un des tombeaux de Djeser est destiné à l'un des aspects de son être, probablement ce que l'on pourrait nommer son corps mortel alors que l'autre est réservé à son corps « subtil ». D'autres découvertes marquantes doivent être signalées. Des chambres ont livré deux sarcophages d'albâtre, dont l'un contenait les restes d'un enfant, peut-être une fille de Djeser. Un sarcophage était un chef-d'œuvre de menuiserie, partiellement recouvert de feuille d'or fixée par des clous d'or. Et quelle ne fut pas la surprise des fouilleurs en découvrant, dans certaines pièces, un incroyable amoncellement de vases en pierre dure ! On en dénombra au moins quarante mille, en albâtre, en schiste, en diorite, en dolérite, en granit, etc. Plusieurs étaient inscrits au nom de pharaons de la Ire et de la IIe dynastie et de grands personnages. Un vase est exceptionnel et offre une des clefs de l'ensemble : il servait de support à un texte souhaitant à Djeser un million de fêtes-*sed*, autrement dit un règne éternellement renouvelé.

L'accumulation de ces vases est un acte magique. Djeser rend hommage aux pharaons qui l'ont précédé, il préserve leur mémoire dans sa ville d'éternité. Par don réciproque, ces ancêtres lui assurent la pérennité de son être.

Sortons à présent du domaine souterrain pour regagner la surface. Notre attention sera surtout retenue par deux bâtiments rectangulaires au toit bombé, la « maison du Nord » et la « maison du Sud », édifices correspondant aux deux parties de l'Egypte et jouant un rôle dans la célébration de la fête-*sed* pour laquelle fut conçu le réseau complexe de monuments situés à l'intérieur de l'enceinte. Nous remarquerons aussi des colonnes qui préfigurent la colonne dorique grecque, laquelle ne verra le jour que deux mille ans plus tard.

C'est en nous dirigeant vers la cour du serdab, devant l'extrémité est de la face nord de la pyramide à degrés, que nous éprouverons une intense émotion. Dans le serdab, cette chambre aveugle, Djeser nous attend. Il est là, figé pour l'éternité dans une extraordinaire statue de pierre. Aujourd'hui, un moulage remplace l'original conservé au musée du Caire, mais la représentation du pharaon a gardé toute sa force. Le serdab, en réalité, n'est pas complètement aveugle. Deux trous, percés dans l'un de ses murs, permettent à Djeser de contempler le monde des vivants. Comme s'il était situé à l'intérieur d'une pierre cubique, de l'autre côté du miroir, il assiste au déroulement de la comédie humaine, inspirant de ses conseils ceux qui recherchent la sagesse.

Djeser est vêtu d'une longue robe rituelle d'où ne sortent que les mains et les pieds. Sa coiffure est constituée d'une longue perruque recouverte d'une étoffe plissée. Il porte la barbe postiche, cette barbe elle-même étant considérée comme une divinité. Les yeux en cristal de roche, qui étaient enchâssés dans des alvéoles de cuivre, ont disparu. Pourtant, le regard de Djeser est demeuré présent. Il anime encore ce visage d'une incroyable sévérité, aux pommettes saillantes, souligne l'attitude hiératique du pharaon, la main gauche à plat sur la cuisse, la main droite fermée et ramenée sur la poitrine. Il nous transperce jusqu'au tréfonds de l'âme. Face à la statue de Djeser, nous ressentons à quel point le pharaon était bien le lieu d'une subtile communion entre l'homme et la divinité.

Il y avait probablement d'autres statues du roi à l'intérieur de l'enceinte, mais seul le fabuleux chef-d'œuvre du serdab a survécu. Mentionnons aussi les très émouvants vestiges d'un groupe sculpté dont il ne subsiste que quatre paires de pieds appartenant à des personnages différents ; d'après des comparaisons avec des œuvres contemporaines, on suppose qu'il s'agit de Djeser, de son épouse et de ses deux filles.

On a longtemps pensé que Djeser était originaire de Moyenne Egypte en raison de la découverte, dans la région d'Abydos, d'un tombeau où se trouvaient des empreintes à son nom. Une première tombe du roi avait-elle été prévue à cet endroit ? La fragilité de ces arguments a été démontrée. La carrière de Djeser est liée au développement de Memphis, cité clef de l'Ancien Empire. Il existait d'ailleurs une nette différence de niveau de vie entre la capitale et la province.

La création du complexe funéraire de Saqqarah, on le concevra aisément, fut l'œuvre de tout un règne. On sait cependant que Djeser fit construire à Héliopolis, donc tout près de Memphis, un petit sanctuaire, dont il ne reste que peu d'éléments. L'un d'eux préserve cependant un titre exceptionnel : Djeser est qualifié de « soleil d'or », marquant ainsi son appartenance à la religion solaire et cosmique d'Héliopolis. Un autre fragment montre le roi assis, enveloppé dans le grand manteau rituel ; sa taille est immense par rapport à celle de sa femme et de ses deux filles. La reine tient affectueusement son époux par la cheville. Une telle représentation magnifie la valeur de la famille, idéal profondément ancré dans le cœur égyptien.

La IIIe dynastie nous fait connaître, en plus d'Imhotep, quelques grands personnages : Hesyrê, dont la tombe abrite d'admirables reliefs ; Bedjmes le constructeur de bateaux dont la statue, conservée au British Museum, est celle d'un homme sévère, compétent, tenant en main une herminette ; le fonctionnaire Sepa et sa femme Néset, qui forment un couple très digne, lui avec sa longue canne dans la main droite, elle vêtue d'une tunique collante au décolleté en V, de grands bracelets aux poignets.

Une remarque s'impose : ces grands dignitaires, ces hommes qui bénéficièrent des faveurs de Djeser sont des « travailleurs », des constructeurs, des artisans. Ils ont prouvé leur capacité dans un secteur particulier, ils sont profondément « opératifs ». L'Egypte de Djeser n'est pas submergée par l'administration. Ce n'est pas un hasard si la figure du maître d'œuvre Imhotep domine une époque où la créativité est la valeur première.

*

* *

Les contes du papyrus Westcar évoquent la figure de plusieurs grands pharaons. Une lacune du papyrus nous empêche de connaître le conte daté du règne de Djeser. Nous possédons en revanche une histoire de magie qui se déroule sous le règne de Nebka, qui est probablement son successeur immédiat. Ce récit donne donc un aperçu des plus intéressants sur la morale sociale de l'époque.

Pharaon désirait se rendre au temple de Ptah, à Memphis. Il rencontre un important dignitaire religieux du nom d'Oubainer et le retient sept jours auprès de lui, ce qui retarde d'autant sa visite au temple. Sans doute les deux hommes avaient-ils beaucoup de choses à se dire. Pendant cette semaine où le religieux est absent de chez lui, sa femme s'éprend d'un bourgeois, d'un non-noble à qui elle promet de beaux vêtements. Par l'intermédiaire de sa servante, elle attire l'homme chez elle. Dans son magnifique jardin, il y a une pièce d'eau et un kiosque de plaisance. Le bourgeois et la femme adultère y passent de doux moments, se baignent et sacrifient aux joies de l'amour. Le jardinier, scandalisé, quitte la demeure et instruit le prêtre de ce qui se passe chez lui en son absence. « Apporte-moi, lui ordonne son maître, ma trousse en bois d'ébène et en or. » Dans cette trousse, il y a de la cire et un grimoire. Le prêtre magicien fabrique un crocodile en cire et récite une formule magique : celui qui se baignera dans la pièce d'eau de sa demeure sera happé par le crocodile rendu vivant. Il donne au jardinier la figurine et lui demande de la mettre dans le bassin quand le bourgeois y pénétrera.

De retour au domaine, le jardinier est encore plus indigné. La femme adultère a décidé de joindre sa servante à ses amours impures en compagnie du bourgeois. Quand ce dernier va se baigner pour se délasser, le jardinier exécute les ordres. La magie se révèle aussitôt efficace : le crocodile de cire se transforme en un monstre de trois mètres cinquante de long qui s'empare du bourgeois et l'emmène au fond du bassin.

Lorsque le prêtre magicien revient chez lui, il est en compagnie du pharaon. « Que ta majesté vienne, lui dit-il, pour que tu voies le prodige qui est advenu sous ton règne. » Le prêtre interpelle le crocodile : « Ramène le bourgeois ! » Pharaon est impressionné par la taille du monstre. Le magicien le saisit : dans sa main, il est redevenu une figurine de cire. Il explique au pharaon ce qui s'est passé.

Pharaon prononce une terrible sentence : que le crocodile, redevenu réel, emporte le séducteur au fond des eaux. Que la femme adultère soit brûlée, au nord du palais, et que ses cendres soient jetées au fleuve.

Même si l'on fait la part de l'exagération poétique propre aux contes, il demeure que le siècle de Djeser ne plaisantait pas avec des préceptes moraux aussi importants que la fidélité conjugale.

Avant de quitter Djeser le Magnifique, que l'on nous permette de tourner une fois encore nos regards vers Saqqarah, vers l'un des plus purs chefs-d'œuvre de l'esprit humain. Malgré son caractère funéraire, on sent à quel point tout est ici force naissante, jeunesse d'une civilisation, passion de la découverte et de la nouveauté. L'efficacité magique n'est pas un vain mot : Djeser a vaincu l'épreuve du temps, il a donné à l'Egypte un souffle qui durera pendant plusieurs millénaires, il a créé la forme pyramidale, sans doute la plus pure et la plus parfaite de toutes les visions architecturales de l'homme.

Combien est prenante la volonté de Djeser de nouer, de manière indissoluble, le divin et l'humain. A Saqqarah, il bâtit sa tombe, mais reproduit aussi son palais royal, le lieu de son existence terrestre. Il utilise la pierre, le matériau apparemment le plus opaque, mais la rend transparente pour la circulation mystérieuse de l'âme. Et surtout, ne l'oublions pas, Saqqarah est le lieu d'une fête. Les égyptologues, à notre connaissance, n'ont pas assez souligné ce point. Chacun sait, à présent, que l'ensemble funéraire de Djeser est principalement voué à la célébration éternelle de la fête-*sed*. Mais il faut dépasser cette simple constatation, évoquer le climat d'une liesse de l'Egypte ancienne, ses couleurs, la joie des hommes qui la célèbrent, les chants, les rires, les danses. A Saqqarah, la mort est une fête, parce que la mort n'existe pas. Les *Textes des Pyramides* ne débutent-ils pas par cette extraordinaire formule : « O roi, tu n'es pas parti mort, tu es parti vivant » ?

Djeser, il est vrai, n'est pas parti mort. Il a transmis la vie par la pierre. Derrière les façades de son palais de l'au-delà, soigneusement appareillées, il n'y a qu'un bourrage de pierraille. Lorsqu'on franchit l'enceinte, on passe de l'autre côté du miroir, on entre dans le paysage de l'âme, dans la réalité d'une fête éternelle.

4

SNEFROU LE BATISSEUR

Vers 2575 avant J.-C., un roi nommé Snefrou fonde la IVe dynastie. Son règne durera jusqu'en 2551. Il exerça donc le pouvoir au moins vingt-quatre années durant et peut-être davantage. Voilà bien la personnalité royale sur laquelle l'absence de renseignements est la plus cruelle. Beaucoup d'indices laissent supposer, en effet, que Snefrou fut le plus grand bâtisseur de l'histoire d'Egypte, son règne conciliant une formidable activité architecturale, un esprit de paix et un développement économique harmonieux.

Dans l'esprit des Egyptiens, Snefrou demeurera le bon roi, le monarque généreux. Ne le surnommait-on pas « roi bienfaisant dans le pays entier », épithète exceptionnelle ? De nombreuses localités intégrèrent « Snefrou » dans leur nom. Bien des siècles plus tard, au Moyen Empire, sa popularité était très grande. On lui rendait un culte. Il savait se montrer familier avec ses proches et ses courtisans, les appelant « mes camarades », « mes amis ». Il fut déifié aux mines de turquoise du Sinaï où il facilita le travail des ouvriers. Le premier pharaon de la IVe dynastie incarne l'âge d'or où l'autorité du roi est indissociable de sa bonté.

Une preuve de l'équilibre intérieur du pays est demeurée : les pyramides de Snefrou.

Si l'existence de Snefrou demeure cachée dans les ténèbres du passé – sans doute parce que les règnes heureux n'ont pas d'histoire – son incroyable créativité architecturale s'offre encore à notre admiration. Snefrou fut un maître d'œuvre génial, créant le type de la pyramide lisse et dressant vers le ciel trois exemplaires gigantesques de ce monument : une à Meidoum, la plus ancienne, et deux à Dahchour. Peut-être celle de Meidoum, à dix-neuf kilomètres au sud de Saqqarah, avait-elle été commencée par un roi nommé Houni, le dernier souverain de la IIIe dynastie, mais rien n'est moins sûr. Sur le site de Dahchour, non loin de là, la pyramide la plus au sud est qualifiée de « rhomboïdale ». Ce terme signifie simplement que la pente se brise à mi-hauteur, donnant une étrange allure au monument. La pyramide rhomboïdale semble être l'incarnation en pierre de la symbolique du nombre deux : deux pentes, deux entrées indépendantes, deux appartements funéraires. On songe aussitôt au Double Pays, aux deux couronnes royales et à cette perpétuelle inclinaison de l'esprit égyptien à penser le monde en termes de dualité, étant entendu que pharaon – comme la pyramide – est le troisième terme qui concilie les opposés et les complémentaires. La pyramide de Dahchour nord est absolument parfaite dans sa conception comme dans sa réalisation et ne cède en rien aux grandes pyramides du plateau de Guizèh. On y voit des voûtes en encorbellement atteignant jusqu'à quinze mètres de haut, couvrant des salles de quatre mètres de largeur environ, dans un remarquable état de conservation.

Nous n'avons pas ici le loisir d'entrer dans une description architecturale ; observons simplement que Snefrou, poursuivant les recherches de Djeser et d'Imhotep, donne à la forme pyramidale son plein aboutissement. La pyramide n'est pas un monument isolé. Elle est le centre d'un « complexe » funéraire comprenant des installations à la fois pour les morts, les nobles formant la cour du pharaon dans l'au-delà comme sur terre, et pour les vivants. Après la mort de Snefrou, ses « villes de pyramides » seront exonérées de tout impôt et de toute charge pour l'éternité. Ceux qui habitaient dans ces sites sacrés ou venaient y accomplir leur office, prêtres et employés, bénéficiaient donc de privilèges fiscaux, ultime cadeau du bon roi Snefrou.

Dans son temple funéraire, Snefrou a fait graver une liste des domaines qui lui appartenaient. Ces terres sont incarnées par de très belles femmes apportant des offrandes au roi pour que sa vie éternelle se passe dans l'abondance et dans la joie. Chaque domaine porte un nom, du type de « nourrice de Snefrou » ou « sandale de Snefrou. » C'est probablement l'Egypte entière qui vient ainsi en procession vers son roi pour lui offrir ce qu'elle a de meilleur, traduisant l'existence d'une économie religieuse dont pharaon est le centre.

L'administration égyptienne, sous le règne de Snefrou, est confiée à un Premier ministre que l'on désigne habituellement sous le nom de vizir. Chef de l'exécutif, il est le premier personnage de l'Etat après pharaon, dirigeant un nombre considérable de bureaux, se souciant de la bonne marche de la justice dont il est responsable, veillant sur les finances, l'agriculture, les grands travaux, l'armée, les archives royales, les titres de propriété et les contrats les plus divers. Porteur de titres sacerdotaux comme « prêtre de Maât » (l'harmonie universelle) ou « Grand des cinq de la demeure de Thot » (titre traduisant sa science), le vizir est en contact permanent avec le roi. Il est la volonté de pharaon, ses yeux et ses oreilles. Le poste qu'il occupe est, sans nul doute, une charge écrasante. Bien qu'elle existât certainement avant l'époque de Snefrou, la fonction de vizir n'est clairement attestée que sous son règne. Peut-être le roi, appliquant son génie créateur à ce domaine comme à tant d'autres, lui donna-t-il son aspect définitif. Roi et vizir sont les deux rouages essentiels du royaume ; toute décision essentielle passe par eux. Ils dialoguent chaque matin sur les affaires de l'Etat avant de vaquer à des occupations qui ne devaient guère laisser de place aux loisirs.

Sous le règne de Snefrou, l'activité militaire paraît être des plus réduites : quelques campagnes en Nubie et en Libye qui ressemblaient plus à des interventions ponctuelles qu'à des guerres. Comme il est de règle dans les inscriptions à la gloire des rois, on nous parle de milliers de prisonniers et d'un important butin, surtout sous forme de têtes de bétail. Snefrou se rendit au Sinaï pour ramener à la raison quelques Bédouins turbulents. On connaît des représentations du roi massacrant ses ennemis, conformes au canon de la symbolique égyptienne dans ce domaine. Bref, ces renseignements sont des plus habituels et il est impossible de connaître leur degré exact d'« historicité ».

Ce qui est certain, en revanche, c'est que les expéditions commerciales furent nombreuses et bien organisées. Outre ses trois gigantesques pyramides, le roi fit construire des temples, des forteresses, des maisons, des bateaux. Les ateliers de sculpteurs fonctionnaient à plein régime. La bonne marche des chantiers suppose une économie bien dirigée, des transports qui livrent à temps les matières premières, des corps de métiers hiérarchisés. On sait, par exemple, que quarante grands vaisseaux apportèrent, en une seule année, une quantité considérable de bois *âsh* à l'Egypte. On nomme ainsi plusieurs conifères que pharaon faisait venir du Liban et de Byblos. Snefrou commença également à exploiter les ressources naturelles de la Nubie en la rattachant de manière plus nette à l'Egypte, à la suite d'expéditions où l'armée de pharaon démontra sa puissance.

Le raffinement de la cour de Snefrou devait être exceptionnel. Nous en avons la certitude, grâce au merveilleux mobilier découvert dans la tombe de l'épouse du roi, la reine Hetep-Heres. Tombe intacte, au demeurant, et située près de la grande pyramide. Elle nous a légué une chambre à coucher comprenant notamment un lit à pattes de lions, un chevet de bois pour y poser la nuque, un grand fauteuil au décor végétal. L'ensemble est à la fois robuste et délicat, alliant les qualités majeures de cet âge d'or.

Une très belle œuvre littéraire, l'un des contes du papyrus Westcar, nous permet d'entrer dans l'intimité du palais de Snefrou. La règle de ce type d'écrits est de représenter le pharaon de manière très humaine, voire prosaïque. C'est ainsi que nous apprenons que Snefrou déambule comme une âme en peine, cherchant en vain un moyen de se distraire. Il demande qu'on aille quérir un savant, le prêtre-lecteur Djadjaemankh, spécialisé dans les tours de magie. L'habile personnage trouve un remède pour dissiper la nostalgie du pharaon. Il lui conseille de se rendre au lac se trouvant à proximité du palais, et de faire un tour en barque avec de ravissantes jeunes filles qu'il se plaira à voir ramer tout en admirant un paysage de champs, de rivages verdoyants, de fourrés. L'idée convient au roi. Aussi apporte-t-on des rames en bois d'ébène recouvertes d'or et amène-t-on vingt femmes merveilleusement belles à la poitrine ferme et aux cheveux nattés. Elles ôtent leurs robes et revêtent des résilles aux mailles serrées qui mettent leurs charmes en valeur.

La promenade commence dans la gaieté et la bonne humeur. Le roi apprécie cette charmante compagnie qui écarte rapidement sa mélancolie. A l'arrière de la barque, l'une des rameuses est préoccupée par sa natte. C'est alors qu'un incident dramatique se produit. Soudain, la jeune femme cesse de ramer, elle se tait. Autour d'elle, ses camarades agissent de même. Le roi s'inquiète. Elles lui expliquent ce qui s'est passé. La « supérieure » des rameuses, celle qui dirigeait la manœuvre, a laissé tomber dans l'eau un bijou auquel elle tenait beaucoup. « Qu'à cela ne tienne, objecte pharaon, je le remplacerai par un autre encore plus beau. » Et de demander qu'on continue la promenade. Mais la malheureuse femme refuse. Elle désire ce bijou-là et non un autre. Devant cette obstination, pharaon lui-même se trouve désarmé. Puisqu'il en est ainsi, il ne demeure plus qu'une solution : faire de nouveau appel au magicien qui lui avait conseillé ce périple en barque. Djadjaemankh arrive. Le roi lui expose la situation. L'expert ne se démonte pas pour autant. Impossible de rechercher le bijou à l'aveuglette, ou d'envoyer des plongeurs. Le plus simple est de prononcer des paroles magiques dont le résultat est surprenant : par l'exercice de son pouvoir, le prêtre-lecteur Djadjaemankh soulève une moitié des eaux du lac et la pose sur l'autre moitié. Les recherches, de ce fait, sont considérablement facilitées. On ne tarde pas à découvrir le fameux bijou, une pendeloque en forme de poisson. Le magicien prend soin de remettre les eaux à leur place et la promenade du roi Snefrou et de ses rameuses peut enfin se poursuivre.

Sous cette historiette se cache, comme l'a montré Philippe Derchain, une symbolique religieuse complexe comme il est de règle dans la plupart des contes égyptiens. Les rameuses ne sont pas des femmes légères mais des prêtresses de la déesse Hathor. L'intervention du prêtre-lecteur, grand spécialiste de la magie sacrée à la cour du roi, n'est pas sans évoquer le célèbre miracle de la mer Rouge bien qu'un rapprochement plus précis ne puisse être esquissé.

Snefrou, soucieux de l'avenir du pays, consulta un devin du nom de Neferty. Franchissant quatre siècles par la pensée, le devin décrivit alors un spectacle apocalyptique. Les Asiatiques envahiront les Deux Terres, ils détruiront tout sur leur passage, les temples seront en ruine, le Nil et les canaux seront à sec, le palais royal sera à l'abandon, le soleil se voilera. Mais, par bonheur, un sauveur viendra délivrer l'Egypte du joug étranger et rétablira l'harmonie. Comme Snefrou, dont la postérité dira qu'il était un roi bienfaisant, il fera connaître un âge d'or à son peuple.

Le texte où nous lisons cette histoire se nomme *la Prophétie de Neferty.* Il décrit les troubles de la première période intermédiaire qui survint après la chute de l'Ancien Empire, et le début du Moyen Empire avec l'arrivée au pouvoir du pharaon Amenemhat Ier. Il est caractéristique de noter que de telles révélations – que les égyptologues pensent avoir été écrites après que les événements furent survenus et non auparavant – soient faites à Snefrou. Entre lui et Amenemhat Ier, de nombreux points communs : des règnes illustres, des pharaons régnant sur un pays équilibré et riche, des personnalités à la fois fortes et bienveillantes. Mais Snefrou demeure le bâtisseur par excellence. Il restera à jamais le pharaon des trois pyramides, l'homme d'une Egypte au faîte de son bonheur de vivre et de créer.

5

KHEOPS, KHEPHREN ET MYKERINOS OU LE REGNE DES GEANTS

Malgré la trop grande discrétion de la documentation, il est clair que l'Egypte de Snefrou est un pays d'une extraordinaire prospérité. Au roi de l'âge d'or succèdent trois géants : Kheops, Khephren, Mykerinos. Trois noms magiques qui ont fait beaucoup pour la gloire de l'ancienne Egypte, trois personnalités liées à l'un des plus beaux sites archéologiques du monde, le plateau de Guizèh où se dressent leurs trois pyramides. Cet ensemble est la seule des sept merveilles du monde qui ait survécu.

Kheops monte sur le trône vers 2551, Mykerinos meurt vers 2471. Pendant ces quatre-vingts années, l'Egypte est hiératique, sereine. Elle bâtit. Elle a la puissance de ses pierres d'éternité, elle communie dans une foi réelle envers son Roi-Dieu, envers ces pyramides, cette lumière pétrifiée qui s'élève vers le ciel. L'humanité atteint un sommet qu'elle n'a pas retrouvé depuis. Dès l'abord, il faut chasser le fantôme stupide de milliers d'esclaves écrasés par la chaleur, le dos zébré de coups de fouets, montant pierre après pierre sur des chantiers dirigés par des contremaîtres sadiques. Ces images grotesques et lamentables sont encore véhiculées, malheureusement, par bien des ouvrages. Qui connaît les pyramides de l'époque où vécurent leurs bâtisseurs sait qu'elles ont été construites par des maîtres d'œuvre de génie, des tailleurs de pierre, des géomètres et des spécialistes du levage dont les compétences n'ont peut-être pas été égalées. Bâtir une pyramide n'était pas l'affaire d'esclaves ou d'opprimés. La perfection de l'œuvre accomplie exclut tout travail servile ou machinal. N'oublions pas que le bon roi Snefrou, qui avait fait ériger trois pyramides, ne fut jamais considéré comme un tyran. Ses deux pyramides de Dahchour, cependant, atteignent un volume de plus de trois millions de mètres cubes, c'est-à-dire davantage que celui de la grande pyramide attribuée à Kheops. La vie quotidienne des hommes travaillant sous les règnes de Kheops, de Khephren et de Mykerinos nous est parfaitement connue : les scènes des mastabas, les tombeaux des grands, ne montrent pas un peuple d'esclaves, mais des gens laborieux et heureux de vivre. Quant aux équipes d'artisans proprement dites, nous croyons savoir que leur organisation était calquée sur celle des équipages de bateaux. Il y régnait une hiérarchie stricte, indispensable pour le bon fonctionnement du chantier. Comme au temps des cathédrales, il existait une frontière nette entre le petit nombre des spécialistes et la masse des tâcherons.

Le plateau de Guizèh, où se dressent les trois plus grandes pyramides égyptiennes, était un site sacré qui se nommait « le haut ». Ces admirables monuments forment, avec le sphinx, un ensemble indissociable. C'est pourquoi nous avons choisi de parler, dans un même chapitre, des trois pharaons qui léguèrent de tels chefs-d'œuvre à la postérité.

Le nom égyptien du roi Kheops est *Khoufoui*, « Qu'il (le dieu) me protège », parfois développé en « Khnoum (le dieu bélier de la ville d'Eléphantine), qu'il me protège ». Par un curieux hasard, nous ne possédons qu'un seul portrait du constructeur de la grande pyramide : une petite statuette d'ivoire de neuf centimètres de haut, conservée au musée du Caire. Le roi, vêtu d'un pagne et coiffé de la couronne rouge, est assis sur son trône. Il tient le flagellum dans la main droite. Le visage est sévère et volontaire. L'homme est sûr de sa puissance. Mais un léger sourire anime cette expression austère.

Pourquoi une seule image de pierre du plus grand constructeur égyptien ? Certains voulurent y voir l'expression de la haine qu'éprouvait le peuple à son encontre. L'explication n'est pas acceptable. Du pharaon le plus critiqué et le plus détesté par certains de ses suivants, Akhenaton, de nombreux portraits furent préservés. Khephren, lui aussi, passait pour un tyran. Pourtant, il fut fréquemment représenté. En vérité, nous ne savons pas pourquoi l'iconographie de Kheops est si pauvre. La perte de la documentation archéologique est particulièrement énigmatique. L'histoire est également fort discrète sur le règne de Kheops (2551 à 2528). On sait qu'il protégea les mines du Sinaï contre les raids des Bédouins, qu'il entretint des temples à Dendera en Haute-Egypte, et à Bubastis, dans le Delta. Sa mère était Hetepheres dont nous avons évoqué la tombe au chapitre précédent. Le mystère de ce caveau inviolé n'a pas été résolu : alors que les viscères de la reine ont été retrouvés dans des boîtes d'albâtre, le sarcophage ne contenait pas de corps momifié. Impossible, dans ce cas, d'évoquer l'activité des pilleurs de tombes comme on le fait trop souvent pour les sépultures de l'Ancien Empire.

D'où vient la mauvaise réputation de Kheops ? Sur ce point, nous avons une certitude. Ce sont les Grecs, en particulier Hérodote, qui ont sali sa mémoire. Dans l'Egypte de la décadence, une littérature anti-pharaonique servit sans doute de base aux ragots du « reporter » grec qui se plut à rapporter des anecdotes de bas étage. Kheops, d'après lui, réduisit les Egyptiens à la misère. « D'abord, écrit Hérodote, fermant tous les sanctuaires, il les empêcha d'offrir des sacrifices ; puis il les força à travailler tous pour lui... Kheops en serait venu à ce point de perversité que, manquant d'argent, il aurait placé sa propre fille dans une maison de débauche et lui aurait prescrit de se faire verser une certaine somme, que j'ignore, car les prêtres n'en précisaient pas le montant. Elle, outre qu'elle se fit verser ce que son père avait prescrit, aurait songé pour son compte à laisser elle aussi un monument... » (*Histoires*, II, 124-125.) Rien de tout cela n'est exact. En réalité, le culte de Kheops, de même que celui de Khephren, dura environ vingt-cinq siècles, puisqu'on relève encore des inscriptions mentionnant le bâtisseur de la grande pyramide à l'époque d'Alexandre le Grand.

Kheops, comme la plupart des pharaons, était un érudit. Passionné par l'historiographie sacrée de l'Egypte, par les anciens documents religieux, il chercha le nombre exact des cryptes de Thot, le dieu des scribes. C'est lui, également, qui exhuma un plan de temple datant de l'époque des Serviteurs d'Horus, demi-dieux qui régnèrent avant Ménès. La trouvaille du pharaon eut d'ailleurs d'heureuses conséquences puisque l'admirable temple de Dendera fut bâti d'après ce vénérable plan. Les alchimistes attribuèrent des écrits hermétiques à ce roi savant, d'esprit curieux et profond.

Comme pour Snefrou, un conte nous fait pénétrer à la cour du roi Kheops dans une atmosphère à la fois familière et surnaturelle. Le fils de Kheops, Djedefrè, un savant lui aussi, annonce à son père qu'un prodigieux magicien vit sur la terre d'Egypte. Un magicien inconnu de pharaon. Cet être d'exception se nomme Djedi et réside dans une ville dont le nom est « Snefrou est durable », près de la pyramide de Snefrou à Meïdoum. Ce Djedi est un personnage si peu ordinaire qu'il mange cinq cents pains, une moitié de bœuf et boit cent cruches de bière par jour, bien qu'il soit âgé de cent dix ans. L'âge n'est pas précisé au hasard : c'est celui de la sagesse selon les anciens Egyptiens. Djedi, qui connaît le nombre exact des chambres secrètes du dieu Thot, sait également dompter les lions et remettre en place les têtes coupées.

Kheops ne reste pas indifférent à ces révélations, lui qui cherche précisément à connaître ces chambres secrètes pour les reproduire dans son temple funéraire. Il demande à son fils de se rendre auprès du magicien et de l'amener à la cour. Le fils de pharaon se déplace en chaise à porteurs, arrive à la maison du mage que l'on enduit de pommade et dont on masse les pieds. « Je viens de la part de mon père », annonce le prince héritier tout en aidant le vieux sage à se lever. Djedi accepte d'aller à la cour de Kheops.

Face au souverain, il déclare : « On m'a appelé, je suis venu ! » Le roi semble fasciné par le personnage. L'un de ses prodiges l'intéresse particulièrement. « Sais-tu vraiment remettre une tête coupée ? lui demande-t-il. – Bien sûr », affirme tranquillement le magicien. Qu'à cela ne tienne, Kheops veut vérifier. « Qu'on m'amène un prisonnier, après qu'il fut mis à mort », ordonna le pharaon.

Djedi n'hésite pas à s'interposer et à s'opposer à la volonté royale. Il prononce alors ces paroles qui demeurent toujours aussi émouvantes : « Non, pas un être humain, souverain, mon maître, car il est défendu de faire pareille chose au troupeau sacré de Dieu. » Kheops, convaincu par cet avertissement, reconnaît la sagesse du magicien. Ce n'est pas un prisonnier qu'on amène, mais une oie dont on a tranché la tête. Djedi donne alors la preuve de ses capacités et la réunit au corps du volatile. Pas encore convaincu, Kheops fait pratiquer la même expérience sur un bœuf. Succès identique du magicien qui remet sur pieds le quadrupède et le ramène à la vie.

Ces mises à l'épreuve n'étaient pas gratuites. Kheops voulait savoir si le magicien était réellement digne de confiance. S'apercevant que ses pouvoirs ne sont pas de la forfanterie, il lui pose alors la question clef : quel est le nombre des chambres secrètes de Thot ? Djedi ne le sait pas, mais il connaît le moyen de le savoir : aller au temple d'Héliopolis, la ville sainte du soleil et ouvrir un coffre de silex qui contient les renseignements recherchés par le roi.

Le dieu Kheops – puisque des textes le désignent comme « dieu » ou comme « grand dieu », titres souvent appliqués aux pharaons de l'Ancien Empire – fit élever ce prodigieux monument qu'on appelle la « grande pyramide » dont la hauteur atteint environ 147 mètres. Son sommet manque aujourd'hui ; la superficie couverte par elle est d'environ quatre hectares, ses quatre faces sont orientées par rapport aux quatre points cardinaux avec une stupéfiante précision. La plupart des blocs dont certains atteignent dix mètres de long pèsent au moins deux tonnes. Si la pyramide était creuse, elle pourrait contenir Saint-Pierre de Rome. « Kheops appartient à l'horizon » est le nom de cet incroyable édifice. L'horizon, pour les Egyptiens, est un concept sensiblement différent du nôtre. Il est l'expression d'une région de lumière aux confins du monde. La pyramide elle-même évoque un rayon lumineux pétrifié. Lorsqu'elle était recouverte de calcaire, ses quatre faces fournissaient autant de « miroirs » permettant aux rayons solaires de se réfléchir et d'illuminer les contrées environnantes.

Lors du voyage qu'il effectua en Orient au milieu du XIXe siècle, Gustave Flaubert monta au sommet de la grande pyramide. Le spectacle qu'il découvrit, l'émotion qu'il ressentit l'impressionnèrent profondément. Il défia quelque grand écrivain que ce fût d'en donner une description juste. « On serre son manteau contre soi, vu que le froid vous pince fort, on tait sa gueule et voilà tout », écrit-il. Les Arabes, après avoir conquis l'Egypte, eurent deux attitudes devant l'extraordinaire spiritualité incarnée dans les pyramides. Certains, comme Ibn Wâsîf Châh, éprouvèrent du respect : « Les pyramides, explique-t-il, furent entourées d'esprits immatériels. On leur égorgea des victimes, cérémonie qui devait les protéger contre quiconque voudrait les approcher, à l'exception des initiés qui auraient accompli les rites nécessaires. » D'autres, en revanche, se conduisirent en profanateurs. Ce fut le cas d'Al Mamoun, qui rassembla ingénieurs et ouvriers pour ouvrir la grande pyramide et y piller les trésors qui s'y trouvaient. Quelques vieux sages lui affirmèrent que c'était impossible. Al Mamoun passa outre. Il employa tous les moyens dont il disposait, le feu, les produits corrosifs, les leviers, mais ne trouva pas la véritable entrée.

Al Mamoun n'était pas un calife ignorant. Savant, lettré, il avait étudié de nombreux écrits scientifiques. Il possédait une clef traditionnelle dont il espérait beaucoup : l'entrée de la pyramide était située sur la face nord. Le renseignement était d'ailleurs exact, puisque l'âme de Kheops pouvait, par cette issue, rejoindre les étoiles circumpolaires. Néanmoins, plusieurs mois de travail sans succès s'écoulèrent. Le calife allait renoncer lorsqu'un incident se produisit. Une équipe d'ouvriers entendit le bruit provoqué par la chute d'une pierre à l'intérieur de l'édifice. A partir de l'endroit mis en cause, on creusa jusqu'à retrouver le couloir d'entrée. Ainsi fut identifiée la vraie porte, mobile à l'origine, puis scellée de manière hermétique.

Al Mamoun entra donc dans la grande pyramide. Incapable de détruire les herses de granit, il contourna l'obstacle en perçant le calcaire plus tendre pour passer à côté. Que découvrit-il ? On ne le sait pas de manière précise. La tradition parle d'une statue d'homme en pierre verte placée dans une petite chambre. Il s'agissait, en réalité, d'un sarcophage. A l'intérieur, un corps d'homme recouvert d'une cuirasse d'or, avec des incrustations de pierreries et une épée admirable sur la poitrine. Près de la tête était placé un rubis rouge aussi gros qu'un œuf de poule et perçant les ténèbres comme une flamme. On aurait également découvert un bassin d'émeraude contenant un or très pur. On pense, bien entendu, au sarcophage et à la momie du roi Kheops. Mais tout cela a disparu. Le corps vénérable aurait été abandonné au désert et la statue verte déposée près d'un palais du Caire, où elle aurait été visible jusqu'en 1118.

Le calife, s'apercevant que la somme dépensée pour ses travaux correspondait exactement aux richesses contenues dans la pyramide, en aurait conclu que les Anciens avaient tout prévu. Si Al Mamoun fut un fouilleur heureux, nous n'en saurons jamais rien. Fut-il un lamentable profanateur ou garda-t-il le secret sur ce qu'il avait vu ?

Au Moyen Age, on considéra que les pyramides étaient des greniers édifiés par les anciens rois. Les Arabes, pour lesquels la tradition égyptienne ne représentait rien, entreprirent la démolition systématique des pyramides en pillant les blocs pour construire leurs demeures. Ils commencèrent par le revêtement. On ignore trop souvent que la pyramide de Mykerinos ne perdit le sien qu'au XVe siècle et que celui de Khephren était encore intact au XVIIe siècle. Quelques décennies d'ignorance et de vandalisme mettaient ainsi en péril l'œuvre qui défiait le temps. L'intérêt que porte notre époque aux civilisations anciennes a sauvé les pyramides. Puissions-nous les préserver encore longtemps.

La position géographique de la grande pyramide est singulière. Son méridien est celui qui traverse le maximum de terres et le minimum de mers. Il divise l'étendue des terres en deux parties égales. Coïncidence, répète-t-on souvent. L'orientation, en revanche, n'est pas affaire de hasard. Sa surprenante précision est le résultat d'une science. La mise en harmonie du monument avec le nord véritable, l'orientation des quatre faces par rapport aux points cardinaux calculée pratiquement sans erreur témoignent de l'existence d'une communauté de sages. « Les connaissances astronomiques, écrit l'architecte Jean-Philippe Lauer, n'étaient pas du domaine public ; intimement liées à la mythologie, qui cherchait à établir des rapports entre les divinités ou esprits de l'au-delà et les astres, elles constituaient une science d'ordre nettement ésotérique. »

La technique d'édification du monument demeure inconnue. De multiples hypothèses ont été formulées, mais aucun document d'époque ne subsiste. Certains blocs énormes proviennent d'Assouan, à 800 km au sud de Guizèh. Il fallut construire des bateaux robustes et de grande taille pour transporter des blocs dont certains pèsent plus de quarante tonnes. Après leur débarquement, le halage posait également de difficiles problèmes. D'après une peinture de la tombe de Beni Hassan, datant du Moyen Empire, un colosse de sept mètres de haut était tiré par cent soixante-douze hommes. On utilisait un traîneau, des rondins de bois, des cales, des leviers. Un ouvrier, installé sur le pied de l'énorme statue, versait de l'eau en avant du traîneau pour obtenir une meilleure glisse.

A l'époque de la construction des pyramides, la roue, bien qu'elle fût connue, ne semble pas avoir été utilisée sur les chantiers de constructeurs. Point de poulie, ni de mât de charge, ni de bêtes de traits. Un outillage simple : des masses de pierre dure, des ciseaux de cuivre, des maillets de bois, des scies au sable, des forets. Que faut-il en conclure ? Les théories les plus fantaisistes ont fleuri, mais demeurent invérifiables. Lorsqu'on admire les constructions réalisées par les Compagnons contemporains, on incline à penser que des hommes de génie, dans le domaine de l'esprit comme dans celui de la main, sont capables de créer les outils nécessaires à l'œuvre entreprise. Les procédés de forage ou de levage, toujours inexpliqués, sont peut-être encore connus de quelques-uns. La stupéfiante précision avec laquelle les blocs sont ajustés – « on ne pourrait fourrer entre deux de ces pierres une aiguille ou un cheveu », constatait l'Arabe Abd-Allatif – témoigne d'une technicité parvenue à la perfection.

On admet aujourd'hui, comme une évidence, que la disposition intérieure de la grande pyramide, essentiellement composée de trois chambres, est due à des changements de plan successifs. Tout se passe comme si un maître d'œuvre avait d'abord pensé à creuser la chambre basse puis, déçu, l'avait abandonnée pour créer la « chambre de la reine ». Point encore satisfait, il aurait délaissé ce second projet afin de s'occuper d'un troisième, celui là définitif, la « chambre du roi ». Cette argumentation, qui repose sur des discussions très théoriques, ne paraît guère convaincante. C'est prêter aux Egyptiens de l'Ancien Empire une légèreté intellectuelle plus caractéristique de notre civilisation que de la leur.

La « chambre du roi », en granit rose d'Assouan, nous semble être le point d'aboutissement d'un parcours symbolique qui passe par la chambre basse, obscure, inachevée, se poursuit par la « chambre de la reine » où se trouvait une niche destinée à contenir une statue, et enfin par l'admirable grande galerie, longue de près de quarante-sept mètres, qui donne accès à la partie la plus secrète de l'édifice. Le sarcophage de Kheops, en granit noir, avait été mis en place avant la construction des murs puisque sa largeur est plus grande que celle du couloir ascendant. Il était donc le centre sacré autour duquel avait été bâtie la « chambre du roi ».

Qui a la chance de pénétrer dans la grande pyramide vit une étrange aventure : le cheminement vers le sanctuaire est relativement pénible. Il faut se courber, se laisser pénétrer de l'atmosphère sacrée qui règne en ces lieux, progresser lentement. L'air manque. On se demande si l'on pourra continuer longtemps à respirer normalement. Mais, à l'intérieur de la « chambre du roi », ces impressions désagréables disparaissent. Il existe, en effet, deux canaux d'aération qui traversent la masse de la pyramide et débouchent sur les faces nord et sud. L'âme du roi les empruntait pour se diriger vers le ciel du nord et le ciel du sud, unissant pour l'éternité les deux parties du cosmos de même qu'il avait réuni les Deux Terres de son vivant.

Au-dessus de la « chambre du roi » existent cinq pièces très basses, des chambres de décharge, dont on estime qu'elles allègent la poussée de la maçonnerie au-dessus du tombeau. Dans les deux plus hautes, on découvrit les seules inscriptions de la pyramide : des cartouches tracés en rouge sur les blocs et contenant le nom de Kheops. Ce dispositif est unique dans l'architecture égyptienne.

La grande pyramide n'est pas un monument isolé. Pour en comprendre la fonction, il faut savoir qu'elle est le cœur d'un ensemble funéraire s'organisant autour d'elle. Dans des fosses creusées à l'est et au sud, on a découvert de grandes barques permettant au pharaon de voyager dans le cosmos après sa mort physique. C'est indiquer de façon claire l'aspect dynamique de cette architecture. Les pierres ne sont pas figées, mais vivantes. Porteuses d'éternité, elles ont enregistré les certitudes et la Connaissance d'esprits qui se sont perpétués par elles. Autour de la pyramide se dressent également de petites pyramides de reines et, à l'ouest, ce qu'on a nommé des « rues de tombeaux », c'est-à-dire les sépultures des notables qui continuent à servir leur monarque dans l'au-delà.

Sur la face est de la pyramide était érigé un temple, aujourd'hui détruit. Devant son entrée aboutissait une gigantesque chaussée dont les parois intérieures étaient ornées de bas-reliefs. Cette voie montante couverte n'a malheureusement pas subsisté. Dernier élément de cet ensemble : le temple bas ou temple d'accueil, situé au bord de la vallée, à la lisière du monde des vivants et de l'univers funéraire. C'était là que l'on momifiait le cadavre, ensuite porté au temple funéraire où l'on accomplissait les rites de régénération sur la momie rituellement préparée. On l'introduisait ensuite dans la pyramide, c'est-à-dire dans une vie en éternité. Chaque étape de la résurrection était donc marquée par la construction d'un édifice concret, le plan d'ensemble étant conçu à une échelle monumentale.

Les Egyptiens considéraient la pyramide comme un être vivant. Elle portait un nom, on lui faisait des offrandes, on la ressentait comme le réceptacle de la force spirituelle du pharaon. Au début de l'automne, lorsque l'inondation recouvrait la terre d'Egypte, transformant le pays en un lac immense, seuls surnageaient les arbres et les villages construits sur des buttes reliées entre elles par des bateliers. Mais une éminence dépassait toutes les autres : la pyramide. Elle apparaissait à tous comme la butte primordiale surgie hors de l'océan des premiers âges, comme la vie dans son aspect premier. Ce n'était point là un hasard. Le maître d'œuvre avait su allier le monument et le paysage pour en faire un immense symbole.

Kingsland, qui a critiqué les théories farfelues développées à propos de la grande pyramide, admet qu'elle a été conçue par un collège d'initiés qui y exprima son enseignement. De fait, elle se présente comme l'une des plus parfaites expressions de la Divine proportion, clef de l'harmonie vivante, et il faudrait un livre entier pour développer la symbolique géométrique ainsi exposée dans la pierre. Jomard, l'un des savants de l'expédition d'Egypte, approchait sans doute bien près de la vérité en écrivant : « Il n'y a rien d'invraisemblable sans doute à penser que, dans un tel édifice, on célébrait des mystères, ou peut-être qu'on pratiquait des initiations dans les salles inférieures. » Il est certain, en tout cas, que la construction de la pyramide s'intègre dans la religion initiatique des anciens Egyptiens et qu'elle ne peut donc lui être étrangère.

« Ces pierres, dit un texte arabe, sont revêtues d'écriture dans cet ancien caractère dont on ignore aujourd'hui la valeur. » Il y aurait eu au moins l'équivalent de dix mille pages.

Manéthon lui-même parle d'un livre sacré rédigé par Kheops pour transmettre la révélation dont il avait bénéficié. Ces textes des pyramides, en réalité, n'ont pas disparu. Ils ne sont pas gravés sur les murs des trois grandes pyramides du plateau de Guizèh, ces dernières étant consacrées à un enseignement d'ordre purement géométrique, mais inscrits sur des pyramides beaucoup plus petites, à partir de la fin de la Ve dynastie et pendant la VIe dynastie[1]. La visite de la pyramide du roi Ounas, le premier à révéler ces textes dans sa tombe, est un émerveillement. De l'extérieur, le monument semble ruiné et sans intérêt. Mais, lorsqu'on emprunte la descenderie et que l'on atteint la chambre funéraire, la vision est inoubliable. Sur les murs, des colonnes de hiéroglyphes de couleur verte, d'un dessin parfait. Comme le remarquait Max Guilmot, on se trouve alors à l'intérieur d'un livre, au cœur du mystère.

On sait que le général Bonaparte fut impressionné par la masse des pyramides. On sait moins qu'il passa de longues minutes à l'intérieur de la chambre funéraire de la grande pyramide, en compagnie de son guide, un religieux musulman. Il ressortit pâle et impressionné, lui qui ne craignait rien ni personne. Il refusa sèchement de révéler quoi que ce soit à son aide de camp, Junot. Puis il expliqua qu'il avait juré de garder le silence sur ce qui lui avait été révélé. Las Cases, qui recueillit les confidences de Napoléon, faillit trahir le secret sur son lit de mort. Mais il se reprit : « A quoi bon, dit-il, vous ne me croiriez pas… »

La grande pyramide n'a pas livré tous ses mystères. Beaucoup d'ouvrages lui ont été consacrés,

1. Ils font actuellement l'objet du cours du professeur J. Leclant au Collège de France. Nous avons nous-mêmes travaillé sur ces textes, réinterprétés et prolongés au Moyen Empire par les textes des sarcophages, dont le plus ancien spécimen appartient à la VIe dynastie.

mais il faudrait unir le savoir égyptologique et des connaissances de géométrie symbolique pour en « tirer la substantifique moelle ».

*

* *

Khephren ne succéda pas directement à Kheops. Entre les deux géants se place le règne de Djedefrê (2528 à 2520 avant J.-C.) qui, curieusement, fait construire sa pyramide à Abou Roach, au nord-ouest de Guizèh et non sur le plateau où s'élevait déjà la grande pyramide. Selon Manéthon, Khephren, dont le nom égyptien signifie « Rê-quand-il-se-lève », régna soixante-six ans. La critique historique actuelle ne lui en accorde que vingt-six. Il nous reste de ce pharaon une statue en diorite qui provient du temple de la vallée de sa pyramide de Guizèh et que, pour ma part, je considère comme la sculpture la plus parfaite de l'art égyptien. Le roi est assis sur son trône. Il est véritablement vivant. La diorite, l'une des pierres les plus dures, n'a nullement gêné le sculpteur qui fait ressortir la puissante musculature du monarque. Le visage est d'une totale sérénité. Il est le symbole le plus accompli de cet âge de certitude où le Roi-Dieu est le garant du bonheur sur terre. Sur la nuque de Khephren s'est posé le faucon Horus qui protège le roi de ses ailes déployées. Cette alliance entre l'homme et le rapace aurait pu être choquante, elle est envoûtante. Le dieu faucon est bien la force céleste qui veille sur l'institution pharaonique. En regardant ce portrait de Khephren, on comprend pourquoi les Egyptiens considéraient les statues sacrées comme animées, pourquoi ils leur ouvraient la bouche lors des rites de résurrection. Le nom technique du sculpteur est, en égyptien, « celui qui donne la vie », et il n'est certes pas usurpé.

Aucun événement historique d'importance ne semble marquer le règne de Khephren. Selon Hérodote (*Histoires*, II, 127-128), il aurait été, comme Kheops, un tyran ; « durant tout ce temps, les sanctuaires qu'on avait fermés, n'auraient pas été ouverts. L'aversion que les Egyptiens ont pour ces rois fait qu'ils ne veulent pas du tout les nommer ; ils appellent même les pyramides du nom du pâtre Philitis qui, en ce temps-là, faisait paître ses bêtes de ce côté. » L'ensemble de ces informations est fausse et témoigne d'un étrange désir de salir la mémoire des bâtisseurs de pyramides.

La pyramide de Khephren est presque aussi haute que celle de Kheops, mais mesure quinze mètres de moins à la base et adopte une pente un peu plus raide. Au sommet, le revêtement de calcaire est à peu près intact et lui donne une allure aisément reconnaissable. Un maître d'œuvre de Ramsès II, Maï, travailla sur ce site, mais l'interprétation de son labeur est matière à controverse. Pour les uns, il restaura la pyramide. Pour les autres, il utilisa des blocs de granit pour construire les soubassements d'un temple de Ptah à Memphis, faisant de la pyramide de Khephren une carrière.

L'aménagement intérieur est beaucoup moins complexe que celui de la pyramide de Kheops. Deux couloirs, correspondant à deux entrées, se rejoignent pour aboutir à une chambre funéraire abritant un sarcophage dépourvu d'ornements et d'inscriptions. Les Arabes réussirent à s'y introduire au XIIe siècle ; on ignore ce qu'ils y découvrirent. Le temple funéraire (ou temple bas) de Khephren est une œuvre presque aussi colossale que la pyramide. D'une totale sévérité dans sa conception, ses piliers de granit exprimant à merveille l'austérité grandiose de l'Ancien Empire, il témoigne de prodiges techniques encore inexpliqués. Certains blocs atteignent des dimensions énormes, quelques-uns pesant plus de cent cinquante tonnes. Ce sont les plus imposants de toute l'architecture égyptienne. Ce temple, longtemps considéré comme le temple du sphinx, est le seul sanctuaire de ce type et de cette époque parvenu jusqu'à nous en bon état de conservation. Enfoui sous les sables, il fut redécouvert par Mariette en 1853.

Les noms de Khephren sont gravés au-dessus des portes du temple qui comporte deux entrées. Lorsqu'on y pénètre, on éprouve la curieuse impression de progresser dans un labyrinthe composé de pierres géantes. Les hautes colonnes de granit, taillées dans un seul bloc, élèvent l'âme. C'est probablement en ce lieu qu'on procédait à l'ouverture de la bouche de la statue du *ka* royal, son essence immortelle. Là avaient été installées vingt-trois statues de Khephren en albâtre, bénéficiant d'un éclairage savant. Ce temple, en effet, était à la fois un espace clos et ouvert, domptant la lumière du soleil de sorte qu'elle donne vie aux statues.

Le temple haut de Khephren, malheureusement détruit, devait être énorme, si l'on en juge à quelques vestiges comme un bloc de 425 tonnes. On estime que sa façade atteignait 130 mètres. Au nord et au sud, on avait creusé des fosses qui contenaient des barques utilisées par le pharaon pour ses pérégrinations célestes.

A ces œuvres réellement monumentales, Khephren ajouta peut-être le sphinx. Sur ce dernier, les textes anciens sont muets. Aucune inscription de l'Ancien Empire ne nous parle de lui. Situé au sud-est de la grande pyramide, face à l'orient, le sphinx est un lion à tête humaine, coiffé d'une perruque rituelle. Il atteint vingt mètres de haut et cinquante-sept mètres de long. Beaucoup d'analystes estiment que son visage est celui du pharaon Khephren, mais certains pensent qu'il fut construit auparavant. Le terme grec de sphinx proviendrait de l'égyptien *shesep ankh*, c'est-à-dire « image vivante », l'une des épithètes d'Atoum, le créateur et le maître de l'univers. Le sphinx fut considéré comme un protecteur de la nécropole de Guizèh, montant fièrement la garde pour assurer le repos des morts et écarter les esprits mauvais.

Le sphinx est un lion, autrement dit un symbole du roi. Le grand fauve était considéré comme l'être vigilant par excellence. Par sa puissance et par sa force, il était garant de l'ordre cosmique. Des lions étaient préposés au lever et au coucher du soleil afin que le cycle solaire s'accomplisse harmonieusement. On affirmait que le félin avait un regard perçant dans la nuit comme dans le jour et qu'il ne fermait jamais l'œil. C'est pourquoi des sphinx étaient placés devant temples et tombeaux.

Le Nouvel Empire identifie le sphinx au dieu Harmakhis, dont le nom signifie « Horus dans l'horizon ». On considérait que le monument possédait un *ka* auquel on apportait des offrandes. Une stèle exceptionnelle donne une représentation du sphinx derrière lequel se profilent les pyramides de Kheops et de Khephren. Il porte un large collier et veille sur une statue royale placée entre ses pattes. Au-dessus de sa tête vole un faucon tenant dans ses serres le symbole de l'univers.

Le sphinx fut constamment menacé par les sables. Le roi Thoutmosis IV le dégagea et l'on pense que Ramsès II fit effectuer des réparations par des tailleurs de pierre d'élite. Fait étrange, Hérodote ne parle pas du sphinx alors que son culte, à l'époque de la visite du voyageur grec en Egypte, était florissant. Pourquoi un tel silence ? Les prêtres interdirent-ils à l'étranger d'évoquer le gardien sacré de la nécropole ? Le sphinx bénéficia d'une ferveur populaire jusqu'à la fin du paganisme (IVe siècle après J.-C). Les Romains, au IIe siècle, restaurèrent les pavés de la cour située devant le monument ; on leur doit aussi le revêtement des pattes de l'animal. La mutilation du visage est due à un émir arabe qui bombarda le sphinx au canon. Par miracle, le vandalisme s'arrêta là.

Monument unique, le sphinx demeure très énigmatique. Certains se demandent encore s'il y a quelque chose à découvrir dans le sphinx ou en dessous de lui, malgré les dénégations des égyptologues. Il n'est pas évident, cependant, que les fouilles aient été menées d'une manière parfaitement satisfaisante. On peut espérer que des découvertes, d'ordre textuel ou archéologique, viendront un jour éclairer l'âge et la signification du protecteur du plateau de Guizèh.

*

* *

Succédant à Khephren, Mykerinos monte sur le trône vers 2490. Il règnera une vingtaine d'années. Il est le seul des trois constructeurs de grandes pyramides à trouver grâce aux yeux d'Hérodote : « Désapprouvant les actes paternels, Mykerinos rouvrit les sanctuaires et laissa la population, épuisée et réduite à l'extrême misère, libre de vaquer à ses travaux et d'offrir des sacrifices ; de tous les rois, il rendait au peuple les plus justes sentences... Tandis que Mykerinos traitait ses sujets avec douceur et observait ces règles, il lui arriva comme première infortune que sa fille, le seul enfant qu'il eût dans sa demeure, mourut... il arriva au roi un second malheur, que voici : un oracle lui vint de la ville de Bouto, annonçant qu'il n'avait que six années à vivre et mourrait la septième... Se rendant compte que son arrêt était dès lors prononcé, il fit faire un grand nombre de lampes ; dès que la nuit venait, il les faisait allumer, et il buvait, se livrait aux délices sans cesser ni le jour ni la nuit, se promenant dans les basses terres, dans les bocages, et partout où il entendait dire qu'on pouvait le mieux se divertir. Il arrangeait les choses de la sorte dans l'intention de convaincre l'oracle de mensonge, pour, de ses six années, en faire douze, les nuits se transformant en jours. » (*Histoires*, II, 129-133.)

A l'exception de ces fables dépourvues de tout fondement, nous n'avons pratiquement aucune indication historique sur le règne de Mykerinos. Les sculpteurs nous ont légué plusieurs portraits du roi, notamment des statues, conservées au musée de Boston, où il apparaît en compagnie de son épouse qu'il enlace tendrement. Il est également représenté au centre de triades, entouré de deux femmes, l'une étant une déesse et la seconde symbolisant un nome. Les corps sont beaux, vigoureux, exprimant une force tranquille, une majesté naturelle. Les femmes sont vêtues de tuniques très moulantes. Images d'un monde paisible, d'une royauté sûre d'elle-même, d'un pays qui communie dans une foi en sa propre éternité. La beauté n'a pas besoin d'être bavarde. Elle s'impose par son propre rayonnement. L'amour humain qui unit le roi et la reine est élevé à la hauteur d'une vertu divine.

Mykerinos, dont le nom égyptien signifie « stables sont les puissances vitales (ou : la puissance vitale) de Rê », ne mérite peut-être pas l'épithète de « géant », au même titre que Kheops et Khephren. Sans que nous puissions l'expliquer, sa pyramide, la troisième du plateau de Guizèh, est beaucoup plus petite que celle de ses deux prédécesseurs. Elle n'atteint qu'un peu plus de soixante-six mètres de hauteur et l'ensemble funéraire n'est pas terminé. Son volume est neuf fois moins important que celui de la pyramide de Khephren. On doit signaler qu'une énorme excavation, en un lieu du nom de Zaouiet el-Aryân, prouve qu'on avait creusé là les fondations d'une pyramide colossale. Le chantier fut abandonné. Cela prouve-t-il que les maîtres d'œuvre ne disposaient plus des ressources nécessaires pour construire de gigantesques pyramides ? Manquaient-ils d'hommes ou de matériaux, les ressources économiques du pays se révélaient-elles insuffisantes ? Sur ces points, la documentation est désespérément muette. Rien ne confirme une crise d'un ordre quelconque pendant le règne de Mykerinos. Sa pyramide témoigne d'une innovation en ce qui concerne le revêtement, ce dernier étant en granit jusqu'à un tiers de sa hauteur, puis en calcaire. La pyramide, dont le nom était « Mykerinos est divin », est citée dans un texte de l'Ancien Empire, inscrit dans la tombe de Debehen : « Cette tombe, Mykerinos ordonna qu'elle soit faite pour mon père, tandis que Sa Majesté était sur la route, vers le plateau des pyramides, afin de voir le travail accompli sur la pyramide nommée Mykerinos-est-divin. Sa Majesté ordonna de venir au commandant des bateaux, au grand maître des artisans et aux artisans. »

C'est le 29 juillet 1837 que Vyse découvrit l'entrée de la pyramide de Mykerinos après six mois de recherches. Comme pour les deux autres grandes pyramides, elle était située sur la face nord, là où les mamelouks avaient ouvert une énorme brèche. Dans la chambre funéraire, située au-dessous du monument et entièrement construite en granit, l'archéologue trouva un sarcophage en basalte, au couvercle brisé et au décor en « façade de palais ». Il y avait là, également, des vestiges d'un cercueil en bois et de pauvres restes d'un corps momifié. Peut-être s'agissait-il de la dépouille du roi que les prêtres avaient été obligés d'enterrer à nouveau à la suite d'une profanation qui, malheureusement, n'avait pas été la dernière. Le sarcophage de Mykerinos, destiné au British Museum de Londres, n'y parvint jamais. Le bateau qui le transportait fit naufrage et cette demeure symbolique où le corps momifié vivait pour l'éternité disparut à jamais.

*

* *

Les Egyptiens eux-mêmes considérèrent l'Ancien Empire comme l'époque bénie de leur histoire, l'âge de lumière où la civilisation atteignit sa perfection.

La société n'est-elle pas en forme de pyramide, avec le roi, sommet d'où partent tous les rayons, et le pays entier lui servant de base ? L'histoire anecdotique des pharaons, nous l'avons vu, est pratiquement inexistante. Un seul devoir, une seule passion : bâtir, élever des temples pour que le culte soit rendu aux dieux et que ces derniers habitent sur terre. L'Egypte est un immense chantier où architectes, artisans, tâcherons conjuguent leurs efforts pour embellir la « terre aimée ». Aucune préoccupation esthétique dans cette démarche, point d'art pour l'art : on construit pour assurer la survie du roi et de la nation.

Le plateau de Guizèh n'est pas une zone morte, sinistre, où règnent la mort et la détresse. En réalité, c'est là que s'établit un contact entre l'au-delà et la vie terrestre. Les tombes comprennent une chapelle où les vivants viennent banqueter en compagnie des âmes des défunts. Les prêtres funéraires veillent constamment à ce que les morts ne manquent de rien, animant les offrandes gravées sur les murs en les nommant, en les amenant à la réalité par le Verbe.

L'organisation rationnelle de l'exploitation des carrières fut, dans la perspective de l'art « utile » que nous évoquons, une tâche essentielle de l'Ancien Empire. Le calcaire fut employé aussi bien pour les pyramides que pour les tombes des nobles ; on l'extrayait des carrières de Toura, situées sur la rive droite du Nil, presque en face de Memphis. Les carrières du Ouadi Hammamât étaient moins faciles d'accès, mais offraient des matériaux d'admirable qualité qui ont su vaincre le temps. En partant de la vallée du Nil, à la hauteur de Coptos, il fallait marcher au moins trois jours sur les pistes du désert, en direction de la mer Rouge, pour les atteindre. Les expéditions étaient dirigées par des trésoriers, des chefs de travaux ou des militaires de haut rang, dont les troupes veillaient à la sécurité des ouvriers. On pouvait réunir deux mille hommes ; une cinquantaine de bœufs et deux cents ânes s'avéraient nécessaires pour transporter la nourriture et la boisson. On épannelait sur place les pierres extraites, ce qui impliquait donc une installation plus ou moins longue des architectes et des tailleurs de pierre dans cette contrée désertique et hostile. La renommée des carrières du Ouadi Hammamât était telle que les plus grands personnages s'y rendaient en visite, tels un fils royal, des grands prêtres ou des « amis uniques du roi ».

Le pharaon de l'Ancien Empire est un roi-dieu, chargé de puissance magique. Lors d'une procession, un courtisan se trouvait aux côtés du roi Neferirkarê. A la suite d'un faux mouvement, le sceptre du souverain heurta la jambe du courtisan. Heurt dramatique qui remplit les cœurs d'effroi. Le malheureux risque d'être tué sur le coup, d'être « électrocuté », en quelque sorte. Heureusement, pharaon a la présence d'esprit de dire aussitôt d'une voix forte : « Sois indemne ! » Comme sa parole devint aussitôt réalité, le courtisan ne ressentira aucun effet nocif de son choc avec le sceptre magique de Sa Majesté.

En tant que prêtre unique, chef des travaux, chef de guerre, chef de l'administration, pharaon résume en sa personne toutes les fonctions humaines et tous les états de la société. Dans la pratique, il s'entoure d'hommes compétents qui forment ce qu'on nomme la « cour », c'est-à-dire l'ensemble des personnages les plus importants du royaume. Il est à noter que des gens de condition modeste peuvent accéder à de très hautes fonctions. Scribes, prêtres et artisans de condition moyenne forment une classe intermédiaire alors que la « base » est constituée des paysans, dont la production est sévèrement contrôlée mais qui étaient moins malheureux que les fellahs contemporains car l'Etat leur assurait aide et assistance dans les périodes de crue excessive ou insuffisante. De plus, l'Egypte des pharaons n'a jamais souffert de surpeuplement. La description que nous venons de donner de la société égyptienne ne doit pas donner l'image d'un carcan rigide : on peut parfaitement, par exemple, être scribe et militaire ou bien prêtre et artisan. Un corps social très souple, par conséquent, sans barrières infranchissables.

Dans l'Egypte de l'Ancien Empire, les dieux sont sur la terre. Ils ont besoin d'un abri : le temple. Aussi le pharaon construit-il leur demeure et enrichit-il les divinités afin qu'elles enrichissent l'Egypte. Les prêtres chargés de l'administration des sanctuaires ne sont pas des croyants, comme dans la religion catholique, par exemple, mais des spécialistes : les uns de hiéroglyphes, les autres de la médecine, d'autres encore de la liturgie, de la boucherie, de la vêture et de tous domaines religieux ou économiques qui dépendent du temple. C'est vers ce dernier, en effet, que sont dirigés les produits à l'état brut, comme le bétail sur pied ou le grain ; ils sont « traités » à l'intérieur et ensuite redistribués. Aussi le temple n'abrite-t-il pas seulement des sanctuaires, mais aussi des magasins de stockage, des ateliers, des étables, des basses-cours, des abattoirs, des salles de purification. Il est essentiel que l'administration centrale dirigée par le roi surveille la nature et la quantité de denrées qui y pénètrent, de sorte que les richesses soient équitablement réparties dans le pays. Chaque temple possède d'ailleurs son propre personnel, sa gestion interne, est chargé d'exploiter un certain nombre de terres.

Lorsqu'on déchiffre, dans d'innombrables textes, la formule « une offrande que le roi donne », il ne s'agit ni d'une banalité ni d'un vœu pieux. Le pharaon est effectivement le maître de l'économie et le don ne peut être effectué que par lui. Des cas ponctuels prouvent que les faveurs royales conditionnent les activités les plus diverses ; c'est lui, par exemple, qui accorde l'autorisation d'employer telle quantité de granit ou de calcaire pour la construction du monument funéraire d'un noble.

Pharaon, bien entendu, ne pouvait veiller à tout personnellement. Chargé de concevoir des décrets à la fois administratifs et religieux, de présider des audiences de tribunal, de s'entretenir avec les grands dignitaires, allant rendre visite aux temples, constatant l'état des travaux sur les chantiers, inspectant les mines ou les routes du désert, pharaon ressemblait fort peu à un émir lascif se demandant comment remplir sa journée. Aussi s'était-il entouré d'un corps de fonctionnaires efficaces à la tête desquels se trouvait le vizir. A la IVe dynastie, c'est probablement un prince royal. Par la suite, il peut s'agir d'un noble choisi par le roi. Vers la fin de la VIe dynastie, la fonction, sans doute devenue trop lourde pour un seul homme, est partagée en deux : pharaon nomme un vizir pour le Sud, un autre pour le Nord. Le titre principal du vizir était « directeur de tous les travaux du roi », ce qui indique l'ampleur de ses responsabilités. Ceux qu'on nomme « les courtisans », « les amis », « les amis uniques » de pharaon sont ses conseillers les plus proches. Proches de la personne royale, ils sont chargés de l'habiller, de veiller sur les couronnes, de porter les sandales ; parmi eux se trouvent des médecins, des barbiers, des oculistes ; les repas de pharaon sont confiés à des cuisiniers dont la fonction est considérée comme majeure.

L'administration de l'Ancien Empire est remplie de titres dont certains sont très archaïques. Il est bien difficile de lire la réalité concrète qui se cache sous certains d'entre eux ; « gouverneur de la Haute-Egypte », par exemple, n'implique pas forcément que le possesseur du titre ait, de manière effective, exercé une autorité administrative sur le sud du pays. C'est une distinction que nous qualifierions aujourd'hui d'honorifique. Comme, de plus, les titres religieux sont mélangés aux titres profanes, il est encore bien difficile de tracer un tableau précis et détaillé de l'administration de cette époque. Il faut, en tout cas, abandonner la perspective purement matérialiste qui est la nôtre dans ce domaine, sous peine d'erreurs fondamentales. Pour donner un exemple précis, certains juges appartenaient aux « chefs des secrets » et s'occupaient à la fois d'affaires humaines et divines, ne pouvant donc nullement être assimilés aux juges tels que nous les connaissons à l'heure actuelle.

Le rouage majeur de l'Etat, du moins en ce qui concerne la diffusion et l'enregistrement des ordres royaux, est le scribe. Protégé par le dieu Thot, il dispose d'une palette, d'un étui à calames, d'un godet à eau et d'un sac avec de l'encre noire et de l'encre rouge. Son rôle est d'agir « conformément au désir du roi ». Mais il existe plusieurs catégories de scribes. Les uns ne sont que de petits fonctionnaires, les autres accèdent à la Maison de Vie où leur sont communiqués les secrets des écritures sacrées et où ils apprennent à créer des rituels.

Si l'Ancien Empire est une époque où les grands fonctionnaires, ceux que l'on voit représentés en majesté dans leurs tombeaux, occupent des positions majeures, il faut rejeter l'idée fausse selon laquelle ils constituent une caste de nobles oisifs, endormis sur leurs richesses. L'Ancien Empire a le culte du travail et de la construction. Parmi les grands personnages, il y en a beaucoup qui ont travaillé de leurs mains et plusieurs indices prouvent qu'ils ont effectivement et correctement rempli les fonctions dont le roi les avait investis. Phénomène important et caractéristique, ils pouvaient remplir une charge sacerdotale très humble lorsqu'ils venaient au temple. Les puissants du monde de l'Ancien Empire, dans le cadre du service religieux qu'ils doivent périodiquement accomplir, occupent de modestes postes comme veilleur de nuit dans le vestibule d'un sanctuaire ou sur une terrasse, ou bien économe s'assurant de la bonne réception d'un chargement de bois ou de briques. Exceptionnelle sagesse d'une époque où l'administrateur le plus haut placé accepte de servir la communauté sacrée sans se soucier de son rang profane.

Dans le monde ordonné de l'Ancien Empire, il existe une armée et une police. En ce qui concerne les forces militaires, il n'y a pas d'armée régulière mais des troupes levées par les nomarques dans leurs provinces et envoyées à la capitale quand le besoin s'en fait sentir. Il s'agit donc plus de milices temporaires que de régiments professionnels. Cette armée est nécessaire dans des circonstances précises : opérations de commandos en Libye, en Palestine, en

Nubie, au Sinaï. L'Ancien Empire ne cherche pas à conquérir des territoires étrangers, il se contente de maintenir l'ordre dans ses zones d'influence. Des corps d'élite ont une fonction paramilitaire : il s'agit essentiellement de la garde du palais, assurant la protection du roi, et des interprètes qui parlent des langues étrangères, remplissant la fonction de diplomates et de négociateurs. Ce sont eux qui sont chargés de conclure des traités commerciaux avec l'étranger. Dans l'armement des soldats, on trouve des lances, des poignards, des haches, des massues, des frondes, divers types d'arc, des boucliers de bois ou de cuir. Les matériaux courants sont la pierre, pour les massues héritées de la préhistoire, par exemple, et le cuivre.

Les forces de police étaient distinctes de celles de l'armée. La garde du palais jouait certainement le rôle de police d'Etat, alors que les nomarques disposaient de « gendarmes » locaux, indispensables pour régler les querelles villageoises et domestiques, arrêter les personnages douteux et faire régner l'ordre sur les routes. Il existe aussi des brigades spécialisées, comme celle des « chasseurs » – en fait, une véritable police du désert – qui assure la sécurité sur les itinéraires des confins orientaux et occidentaux du pays. Avec l'aide de leurs chiens dressés, ancêtres de nos « chiens policiers », ils repèrent les suspects et les rôdeurs qui cherchaient toujours à piller les caravanes ou à détrousser quelque voyageur aventureux. Le rôle politique de ces policiers du désert n'était pas négligeable ; ils avaient également pour mission de noter les déplacements des nomades dont certains ne songeaient qu'à pénétrer sur le territoire égyptien afin d'y entreprendre des razzias. La chasse proprement dite n'était qu'une activité complémentaire et probablement lucrative, car les grands seigneurs appréciaient le gibier de choix en provenance du désert.

A l'Ancien Empire, Memphis demeure la capitale et la grande cité. Elle gardera d'ailleurs une importance économique, variable selon les époques, mais jamais négligeable, durant toute l'histoire pharaonique. Héliopolis, dont l'influence fut accentuée par les pharaons de la Ve dynastie, est la capitale théologique du pays, située non loin de Memphis. Cité sainte, lieu où se dressait le temple du dieu Rê, Héliopolis sera vénérée par tous les pharaons, jusqu'aux Ptolémées. C'est là que battait le cœur religieux de la première Egypte, dont les racines plongeaient au-delà de l'histoire. Même au Nouvel Empire, quand Thèbes sera la première ville d'Egypte, Héliopolis ne sombrera pas dans l'oubli. De la splendeur de la cité solaire, de ses nombreux et magnifiques monuments, il ne subsiste aujourd'hui qu'un seul vestige, l'obélisque de Sésostris Ier.

Les capitales de province étaient des villes de moyenne importance disposant d'une certaine autonomie, puisqu'elles avaient leur juridiction, leurs greniers – symbole d'une relative indépendance économique – et leurs milices. Mais l'autorité du pharaon et la présence d'un pouvoir central fort se manifestaient par l'intervention des scribes du fisc qui contrôlent tout avec une minutie tâtillonne. L'office de « trésorier de dieu » n'est d'ailleurs pas une sinécure : ces fonctionnaires se déplacent sans cesse d'un nome à l'autre, voyagent par terre et par mer, étant même obligés d'emprunter les pistes du désert pour inspecter les travailleurs des carrières. Les revenus fonciers et agricoles sont surveillés par eux avec un zèle qui ne s'est pas démenti pendant les quatre dynasties de l'Ancien Empire. Les rapports sont centralisés au ministère des Finances, la « double Maison Blanche » où ont été réunies la maison blanche de Haute-Egypte et la maison rouge de Basse-Egypte.

Les chefs des provinces, les nomarques, mènent une existence assez fastueuse. Ils peuvent se prétendre « conducteurs du pays », dans la mesure où la prospérité de leur nome dépend de leur gestion. Certains d'entre eux se font représenter, sur les murs de leurs tombes, dans une posture quasi royale. Assis sur un fauteuil à pieds de lion, le maître du domaine s'autorise parfois le port de la barbe postiche, privilège des dieux et des rois ; il contemple la procession des porteurs et porteuses d'offrandes, chargés de bons produits de son domaine. Bonheur des dieux, bonheur des hommes : paysans, artisans, pêcheurs travaillent en chanson. Les tables d'offrande sont chargées de mets savoureux qui, par la vertu des paroles magiques, se perpétueront dans l'au-delà. Nourritures, boissons, étoffes, vases, mobilier, danses, musique, jeux,... on n'en finirait plus d'énumérer les plaisirs et les jours des grands domaines vivifiés par la chaleur du dieu soleil et la brise du nord. Si ces scènes de la vie quotidienne ont gardé leur fraîcheur, si elles sont impérissables, c'est parce qu'elles étaient déjà ancrées dans l'éternité par la volonté des Egyptiens eux-mêmes. Réglant leur existence de chaque jour sur les rythmes du cosmos, ils s'en pénétraient de manière naturelle et les reproduisaient avec une spontanéité non dépourvue d'une science rigoureuse du dessin et de la géométrie, dans leur art. Dans une tombe égyptienne, personne ne ressent la présence de la mort : c'est bien la vie, dans son éternité, que les génies artistiques de l'Ancien Empire nous ont transmise.

Parmi les richesses de cette époque, il en est une à signaler tout particulièrement parce qu'elle appartient en propre à l'Egypte ancienne et non à la culture arabe qui a recouvert aujourd'hui le pays : nous voulons parler de la vigne. Gros mangeurs de viandes, amateurs de légumes et de fruits, les anciens Egyptiens appréciaient beaucoup le vin. La production d'Etat était importante, les particuliers ne manquaient pas de planter des vignes dans leur jardin. La qualité était sévèrement vérifiée, du moins quant aux crus qu'on laissait vieillir dans les caves du roi et des grands ; la naissance de l'appellation contrôlée remonte à l'Egypte de l'Ancien Empire, puisqu'on lit, sur des étiquettes d'amphores contenant du vin : « L'année X du roi untel, vin de telle qualité provenant de tel vignoble. » Les principales régions de production étaient situées dans le Delta et dans les oasis, gérées par un gouverneur et fournissant également du natron. Certains crus exceptionnels furent conservés pendant deux siècles avant d'être consommés. On ne s'étonnera pas, dans ces circonstances, que la déesse Hathor ait été à la fois la patronne de l'amour et de l'ivresse – le thème de l'ivresse divine faisant d'ailleurs partie du plus vieux fond de la religion égyptienne – et que les banquets aient fait une large part au fruit ensoleillé de la vigne. Les Egyptiens de l'Ancien Empire n'avaient-ils pas convié les dieux à l'un des plus beaux banquets de l'histoire, où siégèrent côte à côte de grands pharaons, des bâtisseurs de pyramides, des sculpteurs inspirés et de simples mortels dont l'existence prenait un sens, parce qu'elle était intégrée dans l'harmonie d'une authentique civilisation ?

6

PEPI II : LE REGNE LE PLUS LONG DE L'HISTOIRE

La figure centrale de la VIe dynastie, qui recouvre une période allant de 2325 à 2155 avant J.-C. et comprend sept rois, est le pharaon Pepi II qui monta sur le trône enfant et y demeura quatre-vingt-quatorze ans ! C'est, à notre connaissance, le règne le plus long de l'histoire. Il prouve aussi que les Egyptiens pouvaient vivre fort âgés. Cet immense règne, nous le verrons, n'aura pas un terme des plus heureux. Il marquera la fin de l'Ancien Empire, âge d'or que peu de civilisations ont connu. Au début du règne de Pepi II, l'Ancien Empire est encore solide sur ses bases. Quatre-vingt-quatorze ans plus tard, il est sur le point de se désagréger. Nous essayerons de comprendre pourquoi.

Quand Pepi II, fils de Pepi Ier et demi-frère de Merenrê, prend le pouvoir, il n'est encore qu'un enfant de six ans. Une statue d'albâtre de quarante centimètres de haut, conservée au Brooklyn Museum de New York, nous fait assister à une scène touchante : la reine Ankhnesmeryrê tient sur ses genoux le petit pharaon, placé de manière perpendiculaire par rapport à elle, position exceptionnelle dans la statuaire égyptienne. Si la taille du monarque est celle d'un enfant, son visage, en revanche, est déjà celui d'un adulte ! Manière ingénieuse de montrer que les devoirs d'un pharaon confèrent une maturité rapide à celui qui est chargé de les remplir. Pendant les premières années du règne de Pepi II, c'est sa mère qui dirigea les affaires du pays. Lorsqu'une expédition est envoyée au Sinaï, lors de la quatrième année du règne, la mère et le fils sont mentionnés ensemble.

Une anecdote prouve que le très jeune pharaon se comportait encore comme un enfant malgré la lourde charge dont il était investi. Alors que Pepi II était âgé de huit ans, l'explorateur Hirkhouf entreprit sa quatrième expédition en Nubie. Ce dernier était un homme rude et courageux. Partant d'Eléphantine, il avait découvert des routes nouvelles dans les contrées nubiennes, pénétrant dans des zones jamais explorées avant lui, allant certainement jusqu'au sud de la deuxième cataracte et franchissant peut-être la troisième. Il ne fallait pas avoir froid aux yeux, car les indigènes pouvaient se montrer dangereux. Mais la chance sourit à Hirkhouf l'audacieux. Il ramena de ses voyages des centaines d'ânes chargés d'encens, d'ivoire, d'huiles rares, de peaux de léopard, de bâtons de jet et de quantités d'autres produits. Mais, cette année-là, il fait une découverte qui déclenche la passion du très jeune pharaon : un pygmée, un authentique pygmée bien vivant. Pepi II envoie une lettre à Hirkhouf dès qu'il apprend la nouvelle. « Ma Majesté, écrit-il, désire voir ce nain plus que les produits du Sinaï ou ceux de Pount. »

De plus, il demande à l'explorateur de venir au palais le plus vite possible et de lui amener ce pygmée qu'il a trouvé au bout du monde, en bonne santé. Surtout, qu'Hirkhouf prenne un maximum de précautions, qu'il s'occupe attentivement du pygmée, que des hommes triés sur le volet l'entourent dans la cabine du bateau où il voyagera, qu'ils fassent une ronde dix fois par nuit s'il le faut. Le trajet entre la Nubie et le palais royal se déroule sans incident. Le pharaon a la grande joie de découvrir enfin ce qu'est un authentique pygmée, lequel exécutera devant pharaon les danses du dieu, pour le plus grand plaisir du souverain.

Un autre héros est encore plus célèbre qu'Hirkhouf. Il s'agit du fonctionnaire Ouni dont la carrière fut exceptionnellement longue, puisqu'elle se déroule sous le règne de trois pharaons. On assiste à une ascension exemplaire, Ouni occupant d'abord des postes subalternes avant d'accéder à d'importantes fonctions. La hiérarchie administrative de l'Ancien Empire n'est d'ailleurs pas bloquée ; être de modeste condition n'est nullement un obstacle irrémédiable pour faire une brillante carrière. Petit officier, porteur de sceau, chambellan, détenteur d'un poste sacerdotal à la ville de la pyramide de Pepi Ier, Ouni devint confident du pharaon et lui servit d'homme de confiance dans une sombre affaire de harem. En tant qu'« ami » du roi, titre marquant une position remarquable de courtisan, il procéda à l'audition de témoins hors de la présence du vizir, pourtant chef suprême de la justice. Mais Pepi Ier n'avait nulle envie de voir s'ébruiter un incident dont nous ne connaissons pas la teneur. Il savait qu'Ouni garderait sa langue et résoudrait au mieux le problème. Au moment où il mena cette enquête, Ouni, quoique bien en cour, n'était pas encore un officiel de haut rang. Il sut admirablement se tirer d'affaire, aplanit les difficultés et resta discret sur ce qu'il avait vu et entendu.

Ouni eut un rôle militaire de la plus grande importance. Au nord-est de l'Egypte, des nomades sémites se montraient quelque peu turbulents, n'hésitant pas à pénétrer dans le Delta pour y faire des razzias, piller et inquiéter les habitants. La situation devenait intolérable. Le roi place alors Ouni à la tête de plusieurs milliers d'hommes et envoie cette armée combattre « ceux-qui-sont-sur-le-sable » pour montrer que pharaon reste maître chez lui. Ouni s'acquitte de cette nouvelle mission avec enthousiasme. Ses adversaires n'étaient probablement pas de pauvres Bédouins armés de bâtons ; il devait s'y mêler quelques tribus plus évoluées venant du sud de la Palestine. On a même pensé à une vague d'envahisseurs asiatiques, mais c'est sans doute forcer la réalité. Il apparaît que ces nomades insoumis faisaient régner l'insécurité dans les régions minières du Sinaï dont l'exploitation était indispensable à la bonne marche de l'économie égyptienne. Les milices des princes locaux n'ayant pas suffi à rétablir l'ordre, il avait fallu faire appel au pouvoir central et à une armée levée par pharaon. Les soldats engagés viennent aussi bien de Haute que de Basse-Egypte et on compte même des Nubiens dans leurs rangs. Ils sont probablement divisés en régiments, chacun d'eux placé sous le commandement d'un grand dignitaire. Il est à remarquer que Ouni, général en chef, donne des ordres à des grands du palais plus titrés que lui. Mais l'homme de confiance du pharaon fait preuve de qualités personnelles telles que personne ne conteste son autorité. N'évite-t-il pas toute querelle au sein de l'armée, n'instaure-t-il pas une discipline de fer parmi ses troupes, empêchant les soldats de voler du pain ou des sandales à un voyageur rencontré sur la route, ne garantit-il pas la sécurité la plus absolue dans les villages traversés par les régiments ? Grâce à lui, les hommes de troupe ne commettent ni exaction ni rapine. Après leur passage, il ne manquera pas un vêtement dans les maisons ni une chèvre dans les champs. Le brillant général est également dépositaire d'un secret d'Etat : n'est-il pas l'un des seuls à connaître le nombre exact des soldats du pharaon ?

L'expédition militaire est un plein succès. Dans son autobiographie, Ouni ne nous parle guère des combats ni de sa victoire, mais les résultats qu'il évoque sont éloquents : les postes fortifiés des ennemis sont détruits, leurs troupes exterminées, leurs demeures brûlées, leurs vignes et leurs figuiers coupés. On ramène de nombreux prisonniers. A la lecture de tels renseignements, on s'aperçoit donc que l'adversaire avait procédé à une véritable installation en territoire considéré comme zone d'influence de l'Egypte. C'est probablement ce qui causa sa perte. L'affaire ne fut pas d'ailleurs aussi rondement menée qu'il y paraît, puisque Ouni lui-même avoue que cinq expéditions furent nécessaires pour soumettre définitivement les habitants des sables.

Ouni n'en avait pas terminé avec ses voyages. Il lui fallut aussi se rendre au sud, en Nubie. Mais, cette fois, il s'agit davantage de surveillance et de commerce que de batailles. A cette époque, la Nubie est calme. On vient de voir, au demeurant, que des Nubiens sont engagés dans l'armée du pharaon. La région, cependant, n'est pas une partie intégrante de l'Egypte, la frontière étant située à la première cataracte, ni une colonie. Là encore, on peut estimer qu'elle est considérée comme zone d'influence privilégiée et source de produits exotiques appréciés sur la terre des pharaons. Le pharaon nomme Ouni « gouverneur des pays du Sud », sans doute pour affirmer de nouveau sa souveraineté sur cette région éloignée de la capitale où les princes locaux, en particulier les nomarques d'Eléphantine, se montraient par trop indépendants. En plaçant son homme de confiance à ce poste, le roi espérait sans doute leur montrer qu'il était le seul maître du pays. Mais cette mission-là n'eut pas le même succès que les autres, puisque le titre de « gouverneur des pays du Sud » fut également attribué à des nomarques. La tentative de réinstauration d'un pouvoir central absolu avait échoué.

Ouni procura d'autres satisfactions à son souverain. Dirigeant une expédition aux carrières de granit d'Assouan, il utilise douze bateaux de transport pour rapporter une importante quantité de pierres destinées à la construction de la pyramide de Merenrê. Ouni fut d'ailleurs un spécialiste de ce type de « transport de matériel », puisqu'il régla les formalités de déplacement d'un sarcophage provenant de Tourah, ainsi que d'un linteau et d'une table à libation, sans parler d'une table d'offrande issue des carrières d'albâtre d'Hatnoub et ramenée à Memphis en dix-sept jours, en pleine période de basses eaux. C'est Ouni, également, qui fut chargé de faire pratiquer cinq passages navigables dans la masse rocheuse de la première cataracte.

Chargé de l'administration de la Haute-Egypte à la fin de sa carrière, comblé de dignités, d'honneurs et de richesses, Ouni fit mener à bien un inventaire des propriétés du roi et de ses revenus. Cette ultime mission est peut-être l'expression d'une certaine inquiétude de la part du pharaon, désireux de faire un bilan sur son pouvoir réel dans le pays.

*
* *

Le début du règne de Pepi II se présente sous les meilleurs auspices. L'Egypte est puissante. Memphis est une capitale brillante. Il suffit de contempler les admirables mastabas des nobles, ces tombeaux aux bas-reliefs enchanteurs qui jalonnent la nécropole memphite, d'Abousir nord à Saqqarah sud. Tout, ici, respire l'ordre et la beauté. Les pharaons de la VIe dynastie continuent à faire construire des pyramides qui, bien que beaucoup moins hautes que celles de Kheops et de Khephren, n'en restent pas moins des monuments imposants. Ces pyramides, qui ont toutes les mêmes proportions régies par ce qu'on nomme « le triangle sacré », comportent, par exemple, de gigantesques dalles de voûte de près de deux mètres cinquante d'épaisseur et pesant jusqu'à quarante tonnes. Sur leurs parois, on continue à graver les *Textes des Pyramides*, conformément à la tradition inaugurée par Ounas, le dernier roi de la Ve dynastie. Ainsi, les pharaons dorment pour l'éternité à l'intérieur d'un livre ouvert, sous la voûte étoilée de leur demeure d'éternité.

Le nome d'Eléphantine, où se situe la frontière entre l'Egypte et la Nubie, pose des problèmes à Pepi II. Aussi lui donne-t-il un statut spécial. C'est un haut fonctionnaire spécialement chargé des affaires nubiennes qui le dirige, et non le nomarque lui-même. La frontière est étroitement surveillée et l'on entreprend des expéditions systématiques pour exploiter cette région, entretenir les routes ouvertes par Hirkhouf l'explorateur, découvrir de nouveaux itinéraires commerciaux. On décide d'installer des colonies égyptiennes en Nubie et de les faire protéger par l'armée. Des aventuriers, des commerçants, des militaires sillonnent la Nubie, des caravanes rapportent en Egypte des pierres précieuses, des onguents, des plumes d'autruche, du bois d'ébène. La Nubie est le rêve exotique de l'Egypte, une avancée réaliste et raisonnable vers l'Afrique noire.

Les activités commerciales de l'Egypte de Pepi II ne se résument pas aux expéditions nubiennes. Des contacts réguliers sont établis avec le pays de Pount (dans les parages de l'Erythrée moderne) et avec Byblos, contrées d'où sont importés des produits de luxe, des essences précieuses, des bois rares qu'apprécie particulièrement une cour raffinée. Tout cela ne va pas sans risques. Au départ d'un des voyages vers Pount, des Bédouins attaquent la délégation égyptienne et massacrent plusieurs de ses membres. La réaction de Pepi II est immédiate. Il envoie un contingent de soldats châtier les assassins et, surtout, ramasser les corps des victimes pour qu'ils soient enterrés en terre d'Egypte. De tout temps, en effet, le plus grand malheur est, pour un Egyptien, de mourir loin de son pays, « la terre aimée ».

En Palestine, l'armée égyptienne se manifeste par des raids de commandos. Elle renverse les enceintes de bourgs fortifiés et hostiles, fait des dégâts dans les vignes et les cultures en guise de représailles si besoin est, extermine les ennemis et ramène des prisonniers. Dans le temple de la pyramide de Pepi II, on voit même la représentation de plusieurs chefs libyens amenés devant pharaon. Mais on peut douter de la réalité historique de ces campagnes militaires. La dernière scène évoquée, en effet, est exactement la même que celle gravée dans le temple funéraire de Sahourê, roi de la Ve dynastie, et les chefs libyens portent les mêmes noms !

Une innovation plus réelle est sans doute l'envoi d'expéditions vers les lointaines oasis. Nous retrouvons encore l'infatigable explorateur Hirkhouf, décidément passionné par la découverte d'horizons nouveaux. A 250 km à l'ouest de Louxor, des oasis comme Khargeh ou Dakhleh sont de petits mondes refermés sur eux-mêmes, mais non négligeables. Khargeh, de nos jours, a 150 km de long sur une largeur variant entre vingt et quarante kilomètres. A Balat, dans l'oasis de Dakhleh où l'Institut français d'archéologie orientale vient d'entreprendre des fouilles qui s'annoncent prometteuses, on a découvert des tombes datant de la VIe dynastie. Il y avait là un homme important, du nom de Medou-Nefer, gouverneur, capitaine et haut dignitaire du clergé. Son tombeau a été découvert inviolé, car sa superstructure s'était effondrée. Il contenait de nombreux objets intéressants, dont des chevets de pierre, des palettes de scribe, des bijoux et des amulettes. Les architectes de la VIe dynastie avaient édifié là une ville d'assez grande taille. Dès cette époque, par conséquent, les oasis ne sont plus des terres perdues dans les immensités désertiques, mais des provinces d'Egypte habitées et civilisées.

Le roi fut surtout préoccupé de fondations religieuses qu'il exempta de taxes par des décrets. Imitant son prédécesseur Neferirkarê de la Ve dynastie, il mit certaines confréries religieuses à l'abri de l'impôt.

Cette politique ne va pas sans présenter quelque danger. En accordant de tels privilèges, en laissant à certains temples la jouissance de terres qui appartiennent de droit au pharaon, Pepi II entame un processus d'affaiblissement du pouvoir royal. Son autorité diminue fatalement. Pourquoi agit-il ainsi ? De sa propre volonté ou par obligation de rallier à sa cause certains nomarques ou potentats locaux qui sont loyaux à la couronne dans la mesure où elle se montre généreuse avec eux ? Quoi qu'il en soit, on a l'impression d'assister aux premiers pas d'une fuite en avant. A force d'exemptions, le territoire réel du roi diminue. Des castes se forment en province et s'attachent à leurs nouvelles richesses. Certes, il ne faut pas encore noircir le tableau : le pharaon n'est pas encore un noble parmi les autres, il demeure un roi-dieu dont la souveraineté n'est contestée par personne. Mais le ver est dans le fruit.

Le puissant royaume de Pepi II est un colosse aux pieds d'argile. Non point à cause de menaces extérieures, mais en raison même de sa structure interne. C'est le rapport entre pharaon et les nomarques qui est le point faible de l'Etat. Les rois de la Ve et de la VIe dynastie, pour s'assurer le loyalisme des nomarques, leur ont accordé trop de privilèges. Bien installés dans leurs provinces, les plus puissants des nomarques constituent peu à peu des états dans l'Etat. Tout en respectant le pouvoir central, ils s'en affranchissent. Deux indices : d'une part, le nomarque préfère se faire enterrer dans son nome plutôt que de rechercher une sépulture auprès de pharaon ; d'autre part, il tend à rendre sa charge héréditaire, à la transmettre à son fils sans demander l'avis du roi de manière à ce que les richesses acquises demeurent dans la famille. De fait, pharaon ne nomme que très rarement les nomarques. Certains d'entre eux goûtent ainsi à l'indépendance. Celui d'Abydos, par exemple, a sa propre cour et ses fonctionnaires dévoués, l'organisation de son palais étant certainement copiée sur celle du palais royal. Les nomarques sont d'ailleurs des hommes extrêmement compétents, à l'intelligence déliée, qui ne cherchent nullement à s'opposer au pouvoir central dont ils dépendent et qui leur apparaît comme indispensable pour assurer la stabilité en Egypte et, par conséquent, pour maintenir leur propre fortune. Mais, plus on s'éloigne de Memphis, plus les hauts fonctionnaires sont libres de prendre des initiatives dans leur domaine.

Cette analyse n'a pas un caractère absolu. Il est probable que l'idée selon laquelle la destinée posthume de tous les Egyptiens est liée à celle de leur pharaon est toujours bien vivante. A Saqqarah, les nobles continuent à se faire enterrer à l'ombre de la pyramide royale, sous la protection du roi-dieu. Il serait abusif d'imaginer des factions de nomarques se préparant à renverser le pharaon. Ce que nous soulignons est un état de fait, portant en lui-même un développement inévitable, et non un état d'esprit.

On a souvent écrit que Pepi II vieillissant n'avait plus l'autorité nécessaire pour gouverner l'Egypte, que ce grand vieillard de plus de quatre-vingt-dix ans avait abandonné les rênes du pouvoir à ses nomarques qui s'étaient entredéchirés, conduisant le pays à l'anarchie. Une littérature satirique accusa même Pepi II d'avoir entretenu des relations coupables avec un de ses généraux. Les deux amants, avec l'aide d'administrateurs corrompus, se seraient complus dans de sordides affaires de justice pour empêcher un plaignant d'obtenir réparation. Tout cela traduisait peut-être un mécontentement populaire à l'égard d'une dynastie finissante. L'activité économique s'est sans doute réduite peu à peu car, sur plusieurs chantiers, la brique crue remplace la pierre dont le transport devenait problématique, ce qui est toujours un signe de mauvaise santé économique et sociale en Egypte. Mais les tombes des nomarques, à Meir, à Assiout, à Assouan, par exemple, demeurent assez somptueuses et n'évoquent nullement un pays au bord du gouffre.

Parler d'une « fermentation sociale » sous le règne de Pepi II paraît tout à fait inadéquat. Pour comprendre cette fin de règne difficile, on a pensé à une invasion de Bédouins de Basse-Egypte, à une guerre civile, à une succession de famines, à l'abandon de travaux d'irrigation compromettant la prospérité du sol… mais ce sont là dangers supposés et non prouvés. La seule certitude que nous ayons est l'affaiblissement du pouvoir central, partiellement transféré à certains nomarques. Les provinces les plus riches purent ainsi acquérir une relative autonomie. S'il y eut un réel appauvrissement du pays, nous n'en connaissons pas les causes.

A la fin du règne de Pepi II, l'Ancien Empire s'effondre. Huit rois ou davantage succèdent au grand monarque. Aucune forte personnalité ne parvient à s'imposer. On peut songer à de graves problèmes de succession, à des querelles de palais conduisant à une instabilité politique dont les conséquences économiques, pour un pays comme l'Egypte, furent toujours des plus graves. Le dernier souverain de la Ve dynastie et de l'Ancien Empire est une femme, Nitocris, « la plus noble et la plus belle des femmes de son temps », d'après Manéthon. Hérodote ne manque pas de rapporter des bruits de couloir croustillants sur son compte : elle se serait suicidée après s'être vengée de ceux qui avaient tué son frère et lui avaient permis d'accéder au trône. Il applique ainsi à l'Egypte les tristes querelles meurtrières de la Grèce.

Nitocris, en réalité, eut à « gérer une crise », pour employer une expression moderne. Crise trop profonde pour être résolue et qui allait voir l'Ancien Empire s'enfoncer dans les brumes de la Première Période Intermédiaire, vers 2155 avant J.-C.

7

SESOSTRIS ET LE SOURIRE DU MOYEN EMPIRE

L'un des miracles archéologiques de l'immense chantier de Karnak est un kiosque, c'est-à-dire un temple reposoir du roi Sésostris Ier, l'un des pharaons du Moyen Empire qui recouvre les XIe et XIIe dynasties (2134 à 1785 avant J.-C.). Ce petit monument aux lignes d'une incroyable pureté avait disparu. Les Egyptiens eux-mêmes l'avaient soigneusement démonté, rangeant les pierres qui le constituaient dans les fondations du troisième pylône du grand temple de Karnak. C'est l'architecte français Henri Chevrier qui reconstitua patiemment ce chef-d'œuvre, offrant ainsi à la vue des hommes du XXe siècle une chapelle formée d'un cube de pierre percé de fenêtres laissant passer la lumière, et à laquelle on accède par des rampes en pente douce. J'ai souvent contemplé ce reposoir ressuscité, et j'ai constaté deux phénomènes : d'abord, les hiéroglyphes gravés sur ses murs sont d'une perfection absolue. Ils évoquent bien le Moyen Empire, époque littéraire par excellence où la langue égyptienne est considérée comme classique. Ensuite, il m'apparaît évident que cet édifice sourit.

Malgré sa gravité, malgré son caractère sacré, il est animé d'une joie intérieure, d'un goût si intense de l'harmonie vécue qu'un sourire s'est inscrit dans ses pierres, vivants symboles d'un temps où vécurent d'illustres pharaons.

La légende s'empara de la figure du roi Sésostris pour en faire un monarque universel. Sa renommée dépassa largement les frontières de l'Egypte, puisque Sésostris, béni des dieux, gouverna le monde. Il mena d'abord une guerre victorieuse contre les Libyens avant de s'élancer à la conquête de la terre. Pendant neuf ans, il batailla en Asie et en Europe, laissant derrière lui des stèles commémorant ses victoires. A son retour en Egypte, il échappa à un complot destiné à l'assassiner et dont son frère était l'instigateur. Il fit ériger beaucoup de temples, construire des barrages, creuser des canaux. On lui doit notamment le grand canal entre le Nil et la mer Rouge. Sous son règne, la fiscalité fut juste et la politique agricole efficace. S'appuyant sur un corps de lois très complet, il rendit une justice équitable. De tempérament généreux, Sésostris libéra nombre de prisonniers de guerre et d'endettés. Aussi devint-il le symbole de la paix et de la sérénité.

Une réalité historique se dissimule sous cette légende. Le Sésostris dont il est question recouvre deux grandes figures royales : Sésostris Ier (1971-1926) et Sésostris III (1878-1841), dont les règnes sont les sommets de la XIIe dynastie. Sésostris III fut d'ailleurs parfois confondu avec Ramsès II, les noms égyptiens des deux pharaons se ressemblant. Sésostris signifie « l'homme de la déesse Ouseret », sur laquelle nous sommes malheureusement mal renseignés. Sésostris Ier, dont le règne fut synonyme de paix profonde, fut aussi un grand militaire, un homme qui savait agir par la force de son bras. Respectueux de ses ancêtres, il dédicaça une statue à Antef le Grand, fondateur de la XIe dynastie, et un autel à Mentouhotep II. Il n'avait certes point perdu le souvenir des temps troublés de la Première Période Intermédiaire où l'Egypte avait failli basculer définitivement dans le chaos. Si les Sésostris se montrèrent particulièrement énergiques dans la conduite des affaires de l'Etat, c'était pour empêcher le retour d'une époque sombre où le mal était partout, où les voleurs de grands chemins détroussaient la population, où les servantes avaient dépouillé leurs maîtresses de leurs richesses, où l'anarchie avait remplacé l'ordre.

On appelait Sésostris Ier « étoile qui éclaire le double pays » (allusion à son rôle de maître spirituel), « faucon conquérant grâce à la puissance » (le chef de guerre), « fils d'Atoum » (héritier du Créateur), « Maître universel ». Sésostris III reçoit des louanges comparables ; on le qualifie de rempart contre le mauvais temps, d'abri protégeant le craintif contre son ennemi, de lieu chaud et sec à la saison d'hiver, d'asile où nul ne peut être poursuivi. Les Sésostris bénéficièrent donc d'une littérature destinée à tresser leurs louanges, à prouver leur aspect bienfaisant et protecteur. Chaque ville aimait davantage le roi Sésostris que son propre dieu local, hommes et femmes jubilaient pour lui. Le roi est décrit par Sinouhé comme « un dieu sans pareil, un maître de sagesse, parfait dans les plans ». Les Sésostris sont à la fois des sages et des hommes d'action qui font toujours face au danger. Ils sont les seuls à pouvoir bander leur arc. Aucun autre homme ne dispose de leur force, mais cette vigueur ne contrarie pas l'amour qu'ils portent à leur pays. Il est recommandé à chacun de vénérer le roi en son for intérieur, car il donne la vie à ses fidèles. Ses ennemis seront frappés par les dieux.

Sur le site de Kahoun, on découvrit un lot important de papyrus. Sur l'un d'eux était rédigé un hymne à Sésostris III vivant. On raconte notamment qu'une fête fut organisée à l'occasion de l'arrivée du roi dans l'une de ses résidences. La population était en liesse. On salua le souverain comme le défenseur de l'Egypte, comme le vainqueur qui abat l'adversaire. Les dieux, les ancêtres et le peuple étaient en joie. Sésostris est le berger qui donne le souffle vital aux Egyptiens. Ce n'est sans doute pas un hasard si le premier colosse connu, symbole du roi déifié, date du règne de Sésostris III.

*

* *

Sésostris Ier fut associé au trône par son père Amenemhat Ier qui avait été un grand pharaon. A l'époque où il occupait le poste de vizir, il avait été chargé par son souverain de diriger une expédition aux carrières du Ouadi Hammamât pour y chercher un grand sarcophage. Alors que les ouvriers étaient au travail, une gazelle vint vers eux. Chacun s'arrêta, interloqué. D'ordinaire, cet animal farouche ne s'approchait pas des humains. Les carriers n'étaient pas au bout de leur surprise. La gazelle mit bas ses petits sur une grande pierre qui se révéla être la plus parfaite pour fournir le couvercle du sarcophage.

Amenemhat Ier donna un enseignement direct à son fils sur le métier de pharaon. Ces paroles furent enregistrées sur des papyrus, des tablettes de bois, des ostraca et même un rouleau de cuir, s'inscrivant au nombre des chefs-d'œuvre littéraires de l'ancienne Egypte. Amenemhat Ier avoue que son règne ne fut pas facile. Il se heurta à certains potentats locaux. « J'ai avancé jusqu'à Eléphantine, explique-t-il ; rebroussant chemin, je suis allé jusqu'aux marécages du Delta ; ayant pris soin des frontières du pays, j'ai surveillé son intérieur. » Le roi recommande à son fils Sésostris de suivre ses conseils s'il désire avoir un règne heureux. Qu'il ne compte que sur lui-même car, lorsqu'on est en difficulté, on n'a plus d'amis. Qu'il soit toujours vigilant à l'égard de ses subordonnés, qu'il n'ait confiance en personne, pas même en ses intimes. Que son esprit continue à être lucide, même dans le sommeil. Le vieux roi a donné le nécessaire aux pauvres et aux orphelins, mais il n'a reçu en retour qu'ingratitude et malveillance. Tout au long de son existence, il s'est montré prudent, sauf en une seule occasion. C'était un soir, au palais. Il se reposait après dîner, tant son cœur était las. Soudain, il entendit un bruit d'armes. Son nom était prononcé par des hommes qui s'étaient introduits dans ses appartements privés. Se sentant en danger, il demeura immobile comme un serpent du désert. Il ne lui était pas possible de lutter seul contre ses assaillants. Même s'il avait réussi à s'emparer d'une épée, pharaon aurait succombé sous le nombre.

Le père de Sérostris Ier fut-il assassiné ou réussit-il à échapper au complot ? L'enseignement qu'il donne à son fils ne le précise pas. Le nouveau pharaon, quoi qu'il en soit, retint la leçon. Après avoir rempli les fonctions de chef de l'armée en Asie, en Libye et en Nubie pendant que son père était encore vivant, il découragea toute tentative de sédition. Il dompta à la fois les pays étrangers et l'Egypte. Législateur, il bénéficia des services d'un vizir très compétent, Mentouhotep, l'un des organisateurs des mystères religieux d'Abydos où il joua le rôle rituel du dieu Horus. Plus aimé du roi que tous les autres dignitaires, le vizir agit en sorte que son autorité soit reconnue en Egypte comme dans les autres pays. Ami unique de pharaon, Mentouhotep reçoit l'hommage des autres courtisans, éclaire chacun de ses lumières. C'est lui qui promulgue les décrets de lois après consultation du roi, met les fonctionnaires en place, veille sur le respect du cadastre, permet aux hommes de s'en retourner en paix après avoir entendu ses jugements au tribunal. Car le vizir est un juge protégé par le dieu Thot, il a les écrits du dieu sur la langue afin de ne pas prononcer de paroles iniques. Sachant ce qui est caché au fond des cœurs, il identifie le menteur et détourne de la personne de pharaon quiconque aurait des sentiments hostiles envers elle.

Sésostris Ier dirige le pays en s'appuyant sur un conseil privé. La cour royale dispose d'un budget étroitement surveillé par des scribes exigeant la justification de chaque dépense. On indique qui a donné les instructions, si elles furent transmises de manière orale ou écrite. La bureaucratie est partout présente, dans les villes comme dans les villages. On procède à des recensements. Le Trésor est riche, bien géré. Les « trésoriers du dieu » financent de grands travaux dûment répertoriés.

La prospérité de l'Egypte de Sésostris Ier est due, en grande partie, à la réforme administrative déjà commencée sous ses prédécesseurs. Pharaon a réussi dans une entreprise délicate : abolir les privilèges et les pouvoirs exorbitants acquis par les nomarques. Il reprend réellement en main les rênes de l'Etat, même si certaines familles de province demeurent riches et puissantes, comme celles de Beni Hassan où les dignitaires locaux possèdent une cour imitée de celle de pharaon et où les Libyens apportent des tributs comme ils le font en l'honneur du roi d'Egypte. Grâce à une révision du cadastre, les limites des nomes ont été fixées de manière précise. Les bornes frontières des domaines sont désormais aussi stables que les cieux. Le roi est apparu comme Atoum, le créateur. Il a chassé l'injustice, rétabli le pays dans son état d'origine, donné à chacun ce qui lui revenait. Les terrains volés à une cité par une autre cité ont été restitués.

Chefs de provinces, les nomarques deviennent de fidèles sujets du roi. Aimés dans leurs capitales régionales, comme ils le prétendent eux-mêmes, ils comptent leurs années de règne à la manière de pharaon. Ils se font construire d'admirables tombeaux : El Bersheh, Beni Hassan, Meir figurent parmi les hauts lieux de l'art égyptien. Les nomarques, dont la charge est héréditaire, disposent de milices, lèvent l'impôt pour pharaon et surveillent l'irrigation. Sous le règne des Sésostris, ils furent d'excellents administrateurs qui se vantèrent à juste titre d'avoir nourri ceux qui avaient faim, vêtu ceux qui étaient nus, pris les mesures nécessaires en cas de disette. Ils n'ont pas chassé les exploitants agricoles de leurs terres, ils n'ont pas opprimé les faibles.

Sésostris III semble avoir supprimé ce qui restait des prérogatives des nomarques. Après son règne, en effet, on note la disparition des somptueuses tombes provinciales. Le pouvoir royal s'affirme à nouveau dans sa toute-puissance. Les œuvres littéraires ne manquent pas de souligner ce retour à la tradition première de l'Egypte.

*
* *

Sésostris Ier ne fixe pas sa capitale à Thèbes, mais en Moyenne Egypte, d'où il peut plus aisément contrôler le Sud et le Nord. Il nomme un de ses proches « maire » de Thèbes afin de contrôler la grande cité. Il se concilie le clergé d'Amon et son dieu, sans négliger d'autre divinités, tel Ptah de Memphis. On connaît l'admirable relief où Sésostris reçoit de Ptah l'accolade fraternelle, le dieu accordant au pharaon le souffle vital.

Le roi fut un grand constructeur. L'exploitation des carrières lui fournit les matériaux nécessaires pour ériger un nombre important de monuments : à Lisht, la capitale, sa pyramide ; à Karnak, sa magnifique chapelle que nous évoquions au début de ce chapitre et d'autres édifices au temple d'Amon ; à Héliopolis, un temple dont il ne reste qu'un obélisque. Le texte relatant l'entrevue du roi avec ses conseillers, à propos des chantiers d'Héliopolis, a d'ailleurs été conservé. En l'an III de son règne, Sésostris Ier désira élever un temple à Rê-Horakhty. Le roi apparut dans la salle d'audience, portant la double couronne. Il consulte les compagnons du palais. Le dieu a mis le pharaon au monde pour exécuter ce qui doit être fait pour lui. Aussi Sésostris doit-il ériger un sanctuaire. « Il m'a désigné comme le pasteur de ce pays, explique-t-il, connaissant celui qui maintiendra l'Egypte en ordre. Il m'a donné ce qu'il protège (l'univers), ce qu'illumine son œil. » Pharaon est prédestiné : « dès l'œuf », il était destiné à régner. Le pays est sien dans sa longueur et dans sa largeur, son pouvoir atteint la hauteur du ciel. Le roi qui se survit par ses œuvres, en bâtissant un temple, n'est pas anéanti. « Ce qui appartient à l'éternité ne périt pas. » Les compagnons du palais approuvent le projet de Sésostris : « Le Verbe est dans ta bouche, la Connaissance est derrière toi, ô roi ! » s'exclament-ils. Après avoir consulté son chancelier et son ministre des Finances, le souverain les charge d'organiser les travaux et de planifier le chantier. Dans sa conclusion, le texte évoque la cérémonie de fondation dirigée par le pharaon. Le prêtre-lecteur en chef et le scribe des livres divins tendirent le cordeau pour tracer le plan du nouvel édifice, pendant que le peuple était dans la joie.

L'œuvre architecturale de cette époque brillante a presque complètement disparu. Le Nouvel Empire, en effet, réutilisa les pierres des édifices anciens dans les fondations des nouveaux temples. C'est le phénomène des remplois, qui marque la volonté de poursuivre une tradition sacrée en réintégrant l'œuvre passée dans l'œuvre présente. C'est ainsi que, dans des « démontages » de temples ou de pylônes, on a retrouvé des constructions du Moyen Empire en pièces détachées.

Séostris Ier, comme les pharaons de l'Ancien Empire, choisit pour son tombeau une pyramide (de soixante mètres de haut environ). Dans les appartements souterrains, on note des innovations techniques. Les pharaons du Moyen Empire aiment à compliquer le système de couloirs, créant de véritables labyrinthes peut-être destinés à décourager les voleurs. De plus, l'entrée de la pyramide ne se trouve plus au nord, ce qui marque sans doute un abandon de l'ancienne théologie stellaire axée sur le séjour de l'âme parmi les étoiles circumpolaires.

La grande œuvre du règne de Sésostris Ier et de la XIIe dynastie est l'aménagement et la mise en valeur de la région du Fayoum, au sud-ouest du Caire, là où un bras du Nil, le Bahr Youssouf, se déverse dans le fameux lac Moeris, l'actuel Birket Karoun. Sésostris Ier fit de cette région l'une des plus fertiles d'Egypte, développant également sa capitale, Shedet (c'est-à-dire « lieu formé par creusement ») que les Grecs nommèrent Crocodilopolis, la ville du crocodile, parce que le dieu Sobek à tête de saurien y était adoré. Pourvu d'un système d'irrigation remarquable, le Fayoum était une sorte de petit paradis terrestre avec d'agréables localités au bord d'un lac où la pêche était des plus abondantes. L'écluse d'Illahoun régularisait la montée des eaux, le lac servant de réservoir pour les cultures une fois la crue terminée. Aussi le Fayoum devint-il une vaste province très riche (2000 km^2 environ). Saules, acacias et tamaris égayaient un paysage où l'on cultivait le blé, le lin et la vigne. Jouissant d'un climat doux, les habitants de la région créaient des jardins abondamment fleuris où de nombreux oiseaux s'ébattaient.

Les ruines de la ville d'Illahoun ont été retrouvées. Le quartier royal occupe la moitié de la cité entourée de remparts. Une porte y donne accès. L'urbanisme est simple et clair. Les résidences des grands occupent des surfaces considérables (2500 m^2 en moyenne), les plus petites maisons atteignent 80 m^2 environ. Les artisans, tels les sculpteurs, les orfèvres ou les fabricants de sandales, étaient regroupés par corporations.

Beaucoup plus tard, à l'époque ptolémaïque, le Fayoum bénéficia de nouveaux embellissements. Les Ptolémées édifièrent les temples, créèrent des agglomérations nouvelles et augmentèrent encore la surface cultivable, améliorant le système de digues et d'écluses. A partir du IIIe siècle après J.-C., la région souffrit, comme le reste de l'Egypte, d'une mauvaise administration et dépérit peu à peu. Des zones de culture furent perdues.

L'importance économique du Fayoum ne doit pas faire oublier la signification mythologique de cette région. Elle était considérée, en effet, comme une image de l'Océan primordial, comme « la mère des dieux et des hommes » assurant la fécondité du pays. De plus, c'est à l'ouest d'Illahoun que fut édifié le célèbre labyrinthe, le temple funéraire du roi Amenemhat III. « Il comprend douze cours couvertes, écrit Hérodote, dont les portes se font face les unes aux autres, six tournées du côté du nord, six vers le sud, contiguës, enveloppées par un même mur extérieur. Il y a là deux séries de salles, les unes souterraines, les autres au-dessus du sol, sur les premières, au nombre de trois mille, chaque série étant de quinze cents. Nous avons vu et parcouru nous-mêmes les salles qui sont au-dessus du sol, nous en parlons d'après ce que nous avons constaté de nos yeux ; sur les salles souterraines, nous nous sommes renseignés verbalement ; car ceux des Egyptiens qui en ont la garde n'ont absolument pas voulu nous les montrer, alléguant qu'il s'y trouve les sépultures des rois qui, au début, construisirent ce labyrinthe et celles des crocodiles sacrés. Ainsi, des salles inférieures, nous parlons par ouï-dire ; mais nous avons vu de nos yeux les salles supérieures, qui sont chose plus grande que les ouvrages humains. Les chemins que l'on suit pour sortir des pièces qu'on traverse, les détours que l'on fait en traversant les cours, par leur extrême complication, nous causaient un émerveillement infini, tandis que nous passions d'une cour dans les salles, des salles dans des portiques, puis de ces portiques dans d'autres pièces, et de ces salles dans d'autres cours[1]... » Tel se présente le témoignage du voyageur grec sur ce temple complexe qui a totalement disparu.

Sésostris III, dont on possède des portraits datant de son âge mur, était un homme austère, grave, pénétré de l'importance de sa fonction. Un réel scepticisme se lit sur son visage. Le pharaon ne se fait pas d'illusion sur les vertus des hommes. Son expérience du gouvernement est grande, dépourvue de rêverie. Son règne ne fut pas très différent de celui de Sésostris Ier. D'esprit très religieux, il se préoccupa de la ville sainte d'Abydos qui connut son apogée au Moyen Empire. Là était vénéré le dieu Osiris dont on célébrait les mystères. Le roi envoya son trésorier en chef pour équiper le grand temple. Le haut fonctionnaire apporta de nombreux présents au clergé d'Osiris, notamment de l'or, de l'argent et du lapis-lazuli. Le dieu récompensa le pharaon en favorisant une exceptionnelle renommée.

Abydos occupe un rôle essentiel dans la politique religieuse de pharaon parce que ce dernier se confond

---

1. *Histoires*, II, 148.

avec le dieu de la ville sainte, Osiris. Chaque homme peut devenir à son tour un Osiris et jouir d'un au-delà heureux si son âme a été reconnue juste par le tribunal chargé d'éprouver les morts. Sur le site d'Abydos, on a répertorié un nombre considérable de stèles qui sont des sortes d'ex-voto. L'une des formules rituelles les plus fréquentes est « offrande que donne le roi à Osiris pour qu'il donne des offrandes à untel ». Le roi *et* le dieu conjuguent leurs pouvoirs pour assurer la survie des défunts.

Le message d'Abydos acquit l'immortalité. A la fin de la civilisation égyptienne, alors que Thèbes se meurt, l'ancien culte d'Osiris, complété par celui d'Isis, se répand en Europe où il continuera à vivre, à la fois dans une religion officielle comme le christianisme et dans une société initiatique comme la franc-maçonnerie.

Unie, cohérente, bien assise à l'intérieur de ses frontières, l'Egypte de Sésostris III n'oublie pas de regarder vers l'extérieur. Des voyages diplomatiques et des expéditions militaires sont organisés : opérations de négoce, recherche de l'or, exploitation de mines et de carrières, installation de places fortes en sont les motivations principales. On part de la cité de Coptos vers le pays de Pount pour en rapporter de l'encens. Les soldats protègent les missions commerciales, écartant les pillards qui écument les routes du désert. L'intendance est bien assurée, les voyageurs reconnaissent qu'ils sont bien nourris. On fore des puits pour faciliter l'itinéraire des suivants. Si les Bédouins et les tribus libyennes sont considérés comme des barbares, c'est parce que leur culture et leur code de civilité sont inexistants : n'attaquent-ils pas l'adversaire sans l'avertir du jour du combat ?

Sésostris III se montre très ferme dans sa politique nubienne. Lors de sa huitième année de règne, le roi conduit une expédition afin d'écraser « le vil de pays de Koush », le Soudan actuel. Pour faire passer ses bateaux, pharaon fait creuser un nouveau canal près de l'île de Séhel, à proximité de la première cataracte. Les possibilités d'une révolte nubienne sont prises au sérieux. Il est indispensable que la sécurité règne en Nubie pour que les expéditions commerciales y circulent librement et sans risque. En l'an XVI du règne, le roi place des stèles frontières dans l'île d'Ouronarti et à Semna. Il marque ainsi les limites de son expansion vers le sud. « J'ai établi la frontière, proclame Sésostris III, j'ai dépassé la limite atteinte par mes pères en amont ; j'ai augmenté ce que j'ai reçu. Je suis un roi qui émet le Verbe et qui agit ; ce que mon cœur conçoit est réalisé par mon action. » Pharaon n'a aucune pitié pour l'adversaire qui l'attaque. Il ne recule jamais. Parmi ses descendants, le roi reconnaît comme son fils celui qui défendra la frontière et renie celui qui ne s'en préoccuperait pas. La statue de Sésostris, placée en cet endroit, rappellera leur devoir à ses successeurs.

Sésostris III édifie ou agrandit treize forteresses entre Eléphantine et Semna, à l'extrémité méridionale de la seconde cataracte. Etablies sur des hauteurs ou sur des îles, elles permettent de surveiller les tribus nubiennes. Construites en brique, elles jouent un rôle défensif. L'Egypte est protégée par les enceintes, les bastions, les tours, les chemins de ronde de places fortes comme Bouhen, Mirgissa, Semna dont l'aspect général n'est pas très éloigné de celui des châteaux forts du Moyen Age. Parallèlement à leur fonction stratégique, il n'est pas impossible que de telles installations aient également favorisé l'implantation d'un contrôle douanier. La notion de frontière, quoi qu'il en soit, est particulièrement ressentie puisque aucun Nubien ne peut franchir cette zone sans autorisation égyptienne.

Bien que Sésostris III proclame avoir capturé des Nubiens, ramenés captifs en Egypte, et brûlé des récoltes pour châtier des factieux, son administration fut certainement appréciée puisque ce pharaon fut, plusieurs siècles après sa mort, adoré comme un dieu en Nubie. Avec le sens du gouvernement qui caractérise ce roi, n'avait-il pas mis à l'honneur le culte de Dedoun, vieux dieu nubien apprécié des populations locales ?

Sésostris III, comme beaucoup d'autres pharaons, fit preuve d'un remarquable courage physique lorsque les circonstances le nécessitèrent. Il eut, en effet, à conduire personnellement la seule expédition militaire importante du Moyen Empire. Il emmena son armée en Syrie et en Palestine où il extermina son adversaire sans coup férir et lança ses flèches avec puissance et précision. Asiatiques et Bédouins, toujours installés aux abords du Delta, avaient probablement tenté des incursions sur le territoire égyptien qu'un monarque comme Sésostris III ne pouvait tolérer. L'intervention fut rapide et efficace. L'armée atteignit la région de Sichem, allant combattre les Palestiniens au cœur même de leur région. Un des soldats, nommé Sebekkhou, accomplit de magnifiques exploits qui méritèrent d'être rapportés par le texte d'une stèle. On connaît bien l'allure des Asiatiques, à cette époque, car trente-sept d'entre eux sont représentés, avec force détails, dans la tombe d'un nomarque de Beni Hassan ; hommes et femmes ont les cheveux noirs, des vêtements bariolés, portent des sandales. Les femmes mettent des rubans dans leurs cheveux, ornent leurs chevilles de bracelets ; les hommes sont armés de lances, de haches, d'arcs et de bâtons de jet. L'un d'eux joue de la lyre.

Sésostris III fortifie donc le pays à l'est et au sud, prolongeant d'ailleurs l'œuvre de Sésostris Ier. L'armée comporte des corps spécialisés dans des missions de surveillance aux frontières. Dans leurs provinces, les nomarques recrutent des hommes de troupe si la situation l'exige mais utilisent aussi des étrangers, tels les archers nubiens, présents sous la forme de « modèles » en bois dans les tombes de grands personnages, notamment dans celle d'un prince d'Assiout qui partit pour l'autre monde environné de ses soldats. Les fantassins sont munis d'arcs et de flèches, de boucliers en bois revêtus de peau de bœuf, de lances, d'épées.

Outre leurs armées, les pharaons du Moyen Empire ont un autre moyen de combat tout à fait surprenant : la magie. Les ennemis de l'Egypte, en effet, sont considérés comme l'incarnation des forces du mal et non comme des adversaires profanes. Il est donc indispensable d'utiliser contre eux la magie religieuse, car la force des armes ne serait pas suffisante. Aussi inscrit-on sur des vases ou sur des statuettes de prisonniers, les mains liées derrière le dos, le nom des Asiatiques ou des Nubiens qui doivent être réduits à néant. Une fois envoûtés, ces objets sont brisés, de même que les adversaires de l'Egypte. On possède ainsi des listes de princes et de peuples étrangers, responsables d'une disharmonie que fait cesser l'intervention de magiciens compétents. Il serait vain de céder à un rationalisme facile et de se moquer de telles coutumes qui, comme l'ont constaté les ethnologues, sont encore pratiquées dans certaines civilisations et témoignent d'une efficacité qui, tout en ne correspondant pas à nos critères en ce domaine, n'en a pas moins une forme de réalité.

*
* *

L'Egypte des Sésostris est un monde de culture. En ce Moyen Empire dont tant d'aspects sont souriants et lumineux, le génie artistique s'est souvent exprimé avec bonheur. La joaillerie, notamment, connut son âge d'or. A Dahchour et à Illahoun, on a découvert de véritables trésors dans les tombes de princesses où les bijoux tiennent la première place. Exécution, choix des formes, coloris témoignent d'un goût et d'un raffinement proches de la perfection. Or et pierres semi-précieuses sont les matières les plus employées, chacune d'elles possédant un sens symbolique précis. La turquoise, par exemple, incarne la joie céleste dispensée par la déesse Hathor. Pectoraux, pendentifs, amulettes, perles, diadèmes, colliers, bracelets chatoient dans la lumière d'un art où l'élégance n'a rien de précieux ni de frivole.

Il n'est point étonnant, par conséquent, que cette période ait été considérée comme celle où la langue égyptienne atteint son âge « classique ». Lorsqu'on s'initie aux hiéroglyphes, on commence les lectures de textes par des écrits du Moyen Empire, tels que le *Conte du naufragé* ou le *Roman de Sinouhé* dont la lecture et l'interprétation sont d'ailleurs loin d'être faciles. On s'accorde à dire que l'expression littéraire atteint une sorte de plénitude, reposant sur une grammaire d'une grande subtilité dont on continue aujourd'hui à scruter les mille et unes nuances. De nombreux genres sont illustrés : le tragique, par le *Dialogue du désespéré avec son âme*, où un homme médite en termes admirables sur sa mort ; l'aventure, avec *Sinouhé* et sa vie d'exploits et de dangers ; le merveilleux, avec le *Naufragé ;* l'humour et la satire, avec le *Conte du Paysan* où sont déployés les trésors de la rhétorique et la *Satire des métiers* où le scribe, dénigrant systématiquement les autres professions, montre que la sienne est la meilleure ; la prophétie, où des sages décrivent les événements terribles qui mettent l'Egypte en danger mais annoncent la venue d'un roi sauveur ; les « sagesses », où un roi enseigne à son fils la manière de gouverner et de se comporter avec les hommes.

Parmi ces œuvres passionnantes à divers degrés, la plus célèbre est le roman de *Sinouhé*. Il s'agit d'une histoire complète reconstituée à l'aide de divers papyri et ostraca. Le récit est à la première personne. Sinouhé, dont le nom signifie « fils du sycomore », raconte sa vie. Né dans un milieu modeste, éduqué à la cour de Lisht, ce fonctionnaire était serviteur du harem de la reine Snefrou, épouse de Sésostris Ier. Au moment où le roman débute, le pharaon est dans sa dixième année de règne. Il partage le pouvoir avec son père Amenemhat Ier. Sésostris Ier conduit une opération militaire sur le territoire libyen. Sinouhé, qui a fait le voyage, va se trouver mêlé à une situation compliquée qui décidera de son destin.

L'année 30, le troisième mois de la saison de l'inondation, le septième jour, le roi Amenemhat Ier monta dans son horizon, s'unissant au disque solaire. A la cour, c'est la tristesse. On porte le deuil. Les grandes portes du palais sont fermées. Les courtisans ont la tête sur les genoux, signifiant ainsi leur peine. Ces tristes nouvelles parviennent à Sésostris Ier. Des messagers, envoyés en toute hâte, réussissent à l'avertir. Le roi part aussitôt avec une suite de quelques fidèles pour regagner la capitale au plus vite.

Le malheur de Sinouhé est de surprendre, pendant la nuit, une conversation secrète qui semble révéler un complot se tramant contre le roi. Prépare-t-on une guerre civile ? Une usurpation ? On ne le sait pas exactement, car Sinouhé, envahi par une formidable panique, prend la fuite. « Mon cœur se troubla, avoue-t-il, mes bras se détachèrent de mon corps, un tremblement s'étant abattu sur tous mes membres. Je m'éloignai d'un bond pour me chercher une cachette. » (Traduction G. Lefebvre.)

Sinouhé part vers le sud-est, passe par la pointe méridionale du Delta, traverse le Nil et atteint « les murs du prince ». Il s'agit d'une célèbre forteresse construite par le pharaon Amenemhat Ier sur la frontière nord-est de l'Egypte, afin de protéger le pays d'éventuels raids asiatiques dans le Delta. Ces « murs du prince » étaient si impressionnants qu'ils donnèrent naissance à une légende ; on parla, en effet, d'une grande muraille d'Egypte allant de Péluse jusqu'à Héliopolis. La réalité fut moins extraordinaire. Il s'agissait de fortins établis de place en place, pourvus de garnisons permanentes. C'est d'ailleurs à cette époque que semble apparaître la notion de « frontière », les pharaons ayant le désir de préserver l'intégrité territoriale de l'Egypte où résident « les hommes », entourés d'étrangers dont le degré de civilisation est, il est vrai, très inférieur.

Sinouhé se dissimule pour éviter d'être repéré par les sentinelles. Il marche pendant la nuit. Mais ses forces diminuent. « Une attaque de soif m'assaillit, de sorte que j'étouffais et que ma gorge était desséchée ; je me dis : "C'est le goût de la mort". » Soudain, il entend le mugissement d'un troupeau. Des Bédouins s'approchent. Un cheikh, qui avait séjourné en Egypte, reconnaît Sinouhé. Il lui donne de l'eau, du lait, puis l'emmène chez lui.

La vie errante se poursuit. Sinouhé passe d'une contrée à l'autre, parcourt la Syro-Palestine qui, à cette époque, est calme. Bien qu'il n'y ait pas d'alliance profonde et véritable avec l'Egypte, la région se maintient dans une paix relative surveillée par les armées de pharaon. Sésostris Ier a choisi la voie de la diplomatie. Parvenu à Qedem, au sud de Byblos, Sinouhé y séjourne un an et demi. Il est alors emmené par le prince du Retenou supérieur, une principauté palestinienne, qui lui pose une question gênante : « Pourquoi donc es-tu venu ici ? » Sinouhé arrange quelque peu la vérité. Au retour d'une expédition à l'étranger, explique-t-il, son cœur a été troublé et l'a entraîné sur le chemin des déserts, à cause d'une information qu'il avait reçue. Mais il n'est coupable de rien. En réalité, son long voyage est dû à une fatalité : « C'était comme un dessein de Dieu », affirme-t-il. Pour bien marquer sa fidélité au roi

Sésostris Ier, qui est entré dans le palais pour y recevoir l'héritage de son père, Sinouhé en fait l'éloge. Il vante sa sagesse, ses excellents commandements, son courage, sa bonté.

Le prince du Retenou marie Sinouhé avec sa fille aînée, lui donne une position prééminente à sa cour et lui offre une terre magnifique : « Elle produisait des figues et du raisin ; le vin y était plus abondant que l'eau ; elle avait beaucoup de miel et de l'huile d'olive en quantité ; des fruits de toute sorte étaient sur ses arbres. Il y avait là encore de l'orge et du froment, et les bestiaux de toutes espèces étaient innombrables. » Sinouhé passe plusieurs années dans ce petit paradis où les nourritures ne sont pas comptées. « Mes enfants étaient devenus des forts, dit-il, chacun d'eux dominant sa tribu. » L'Egyptien exilé, devenu prince à l'étranger, sait se montrer généreux : il secourt celui qui a été dévalisé sur les routes, donne de l'eau à l'altéré et remet sur la bonne voie celui qui s'était égaré. Homme d'action, Sinouhé est devenu général des Bédouins et les aide à écarter les assauts des tribus adverses. Il remporte de nombreuses victoires, sa réputation ne cesse de croître dans la région.

La quiétude de Sinouhé est troublée par un défi. Un « fort de Retenou », une sorte de géant que personne n'a réussi à vaincre, provoque l'Egyptien. « Il disait qu'il se battrait avec moi : il pensait qu'il me pillerait et se proposait de dérober mes bestiaux. » Sinouhé proteste. Il ne connaît pas cet homme. Il ne comprend pas sa hargne. Mais il se prépare au combat singulier qui l'attend. Pendant la nuit, il bande son arc, manie l'épée, fourbit ses armes.

Au matin, un grand rassemblement de population attend les deux héros. Tous les cœurs brûlent pour Sinouhé. Brandissant son bouclier, sa hache et sa brassée de javelots, le géant marche sur Sinouhé. Ce dernier, plus rapide et plus agile, évite les assauts. Aucune des flèches lancées par son adversaire ne l'atteint. Au moment où, rageur, il se rue sur lui, Sinouhé décoche une flèche qui se fixe dans son cou. Blessé à mort, le géant tombe sous son nez. Sinouhé l'abat avec sa propre hache et pousse un cri de victoire. David a vaincu Goliath.

Tous les Asiatiques hurlent de joie, on congratule le héros qui devient propriétaire des biens du vaincu. Possesseur d'une belle demeure, d'un vaste domaine, admiré de tous, Sinouhé est un homme riche et comblé.

Mais Sinouhé n'est pas heureux. « O Dieu, quel que tu sois, implore-t-il en son cœur, qui as prédestiné cette fuite, sois clément, ramène-moi à la cour. » Les anciens Egyptiens obligés de séjourner à l'étranger n'avaient qu'un seul désir : retourner en Egypte. L'idée de ne pouvoir y être enterré était insupportable. Des expéditions furent parfois organisées pour ramener le corps de soldats ou de fonctionnaires décédés loin de la Terre aimée.

Sinouhé souffre. Il est un exilé. Il désire vivre de nouveau par la grâce du pharaon, saluer la reine, entendre la voix des enfants royaux. « Ah ! soupire-t-il, que mon corps redevienne jeune, car la vieillesse est descendue sur moi, la langueur m'a envahi ; mes yeux sont pesants, mes bras sont sans vigueur, mes jambes refusent de servir, mon cœur étant fatigué ; je suis proche du départ, du moment où l'on me conduira aux demeures éternelles. » Le grand vizir Ptahhotep, qui rédigea son enseignement à l'âge de cent dix ans, estimant qu'il était temps de transmettre son expérience, éprouvait les mêmes maux. Mais lui se trouvait en Egypte. La sérénité était dans son âme.

Le miracle se produit. La prière de Sinouhé parvient au pharaon. Il envoie une missive à l'Egyptien exilé. Le roi n'a rien à lui reprocher. Sinouhé n'a commis aucune faute. « Reviens en Egypte, écrit Sésostris, pour que tu revoies la cour où tu as grandi, pour que tu baises la terre à la double grande porte et que tu te joignes aux Amis. » Une belle sépulture et un enterrement selon les rites seront accordés à Sinouhé.

A la réception de ces nouvelles, Sinouhé ne peut contenir sa joie. Il se met à plat ventre, puis parcourt son campement en tous sens, s'agite, pousse des cris. La clémence du roi le sauve de la mort. Il rédige sa réponse expliquant une fois encore que sa fuite n'était pas préméditée. « Ce fut comme une manière de rêve, comme quand un homme du Delta se voit à Eléphantine ou un homme des marais en Nubie. »

A l'heure du départ, Sinouhé distribue ses biens à ses enfants. Le roi a envoyé des cadeaux aux Bédouins. Sinouhé est pris en charge par des militaires et conduit jusqu'à la capitale, Licht, au sud de Memphis. Il est conduit au palais. Il est accueilli par les enfants royaux et les Amis. Le roi est sur son trône d'or. Sinouhé est impressionné au point de perdre connaissance. Il redoute encore un châtiment. Mais Sésostris se montre amical et bienveillant. Il dit même à la reine, sur le ton de la plaisanterie : « Vois un peu, Sinouhé ressemble à un Asiatique, à un vrai fils de Bédouins ! » On s'esclaffe, certains protestent : Sinouhé ne peut avoir changé à ce point-là. Mais Sésostris affirme : « C'est lui, en vérité. »

La sentence royale est proclamée : Sinouhé est de nouveau introduit dans le cercle des nobles, des proches du monarque. Il est installé dans une maison de fils royal. Il est âgé d'une soixantaine d'années et il a passé au moins vingt-cinq ans à l'étranger. Le temps du repos et de la quiétude est venu. Dans sa nouvelle et somptueuse demeure, il apprécie la salle fraîche, il trouve des vêtements de lin royal qui sont doux à son corps, de l'oliban et de l'huile fine. Sinouhé s'adapte vite à sa nouvelle condition : on l'épile, on soigne ses cheveux, on fait disparaître ses vêtements grossiers, la trace des ans.

Des ouvriers sont chargés de restaurer une maison de campagne qui avait appartenu à un noble. Sinouhé y terminera son existence. Des arbres sont plantés. Trois fois par jour, on apporte au courtisan des plats provenant de la cuisine royale. Un maître d'œuvre prépare le tombeau de Sinouhé, son domaine funéraire est aménagé avec grand soin. « Il n'y a pas d'homme du commun pour qui on en ait fait autant, reconnaît-il. Et j'ai été l'objet des faveurs royales jusqu'à ce que vînt le jour du trépas. »

Ainsi se présente ce fort beau texte qui évoque à merveille le temps de Sésostris et la civilisation raffinée des pharaons du Moyen Empire. Le monde syro-palestinien est décrit avec une certaine précision et sans parti pris ; il apparaît néanmoins en fort contraste avec l'Egypte et sa cour royale où s'affirment les valeurs spirituelles et culturelles. Elégance de la langue dans laquelle le texte est rédigé, charme de l'aventure, profondeur des pensées et des symboles : le roman de Sinouhé mérite bien le qualificatif de chef-d'œuvre.

8

AHMOSIS LE LIBERATEUR

Le renom du pharaon Ahmosis n'a guère dépassé les cercles de spécialistes et, pourtant, les plus grands pharaons du Nouvel Empire, universellement connus, ont envers lui une dette immense : Ahmosis fut le libérateur d'une Egypte occupée par des envahisseurs étrangers. Aussi mérite-t-il, ainsi que son prédécesseur le bouillant Kamose, quelques pages destinées à rappeler leurs exploits.

La gloire du Moyen Empire s'était abîmée dans les ténèbres d'une époque très mal connue, la Deuxième Période Intermédiaire (1875-1552, de la XIIe à la XVIe dynastie). A un temps d'anarchie succède une invasion. Vers 1650, des étrangers, les « Hyksos », envahissent le Delta. Selon l'historien juif Josèphe, qui prétend citer Manéthon, ce fut un châtiment de Dieu qui s'abattit sur l'Egypte. Venus de l'Est, les Hyksos y entrèrent presque sans coup férir. Ils brûlèrent les villes, rasèrent les temples, massacrèrent les Egyptiens ou les réduisirent en esclavage, ne ménageant ni les femmes ni les enfants. Ils se donnèrent un chef qui organisa des troupes armées. Partout, ils levèrent des tributs, exploitant durement leurs vaincus. Le qualificatif de « rois pasteurs » attribué à ces envahisseurs est une erreur ; il procède d'une mauvaise étymologie de « Hyksos », terme transposé de l'égyptien et qui signifie en réalité « princes des pays étrangers ». Au Moyen Empire, on désignait ainsi des chefs bédouins.

Ce tableau apocalyptique doit probablement être corrigé dans d'importantes proportions. Pendant la faible XIIIe dynastie, des bandes de pillards sémites, parmi lesquels on trouvait beaucoup de Palestiniens, poussèrent des raids de plus en plus profonds dans le Delta. Ils constatèrent, au fil des ans, que les pouvoirs réels des pharaons s'amenuisaient et que la capacité de défense de l'Egypte diminuait. S'enhardissant, ces Hyksos s'implantèrent progressivement à l'intérieur même des Deux Terres, faisant main basse sur des domaines entiers que l'armée et la police égyptienne s'avérèrent incapables de récupérer. Il apparaît donc certain que les Hyksos ne furent pas une race d'envahisseurs venue de très loin, mais simplement une sorte de confédération de nomades sémites qui profitèrent de la décadence de l'Egypte pour s'emparer d'une partie de ce grand pays dont ils connaissaient les richesses.

Les Hyksos fondèrent leur propre capitale, Avaris, une place forte édifiée dans le Delta. Contrairement à une légende très répandue, ils ne parvinrent pas à conquérir l'Egypte grâce à l'utilisation d'une cavalerie, car ils n'étaient, comme leurs adversaires, que des fantassins. A Avaris, ils adoraient le dieu Seth, dont le nom est orthographié sous la forme de Soutekh et dont le caractère se rapproche du Baal asiatique. Mais ils ne persécutèrent pas pour autant les autres divinités.

S'il est acquis que les Hyksos régnèrent sur le Delta et sur la Moyenne Egypte, il est fort peu probable qu'ils aient étendu leur domination à la Haute-Egypte où régnaient probablement plusieurs princes incapables de s'unir. Thèbes était indépendante alors que, plus au sud, la Nubie n'était plus sous protectorat égyptien.

Les historiens modernes n'accordent guère de crédit au témoignage de Josèphe que nous rappelions plus haut. Ils ne croient pas que le bilan matériel de l'occupation Hyksos ait été catastrophique. Ravages, destructions, incendies semblent faire partie d'une thématique littéraire destinée à mettre en valeur la venue d'un roi sauveur qui arracha son pays à l'odieuse emprise étrangère. Le réel chaos, ce fut l'absence d'un grand pharaon. Les Hyksos ont été des profiteurs et non des destructeurs. Adoptant l'écriture hiéroglyphique, les coutumes égyptiennes, prenant même des noms égyptiens, ils ne dépassèrent probablement jamais la ville de Gebelein. Ces « envahisseurs » s'égyptianisèrent très vite et ne se comportèrent nullement en révolutionnaires. Aussi la population s'habitua-t-elle à leur présence et à leur gouvernement, qui ne devait pas changer grand-chose par rapport à celui des monarques falots de la XIIIe dynastie. Apportant avec eux des armes perfectionnées, comme des poignards, des épées en bronze ou des arcs, ayant l'idée de faire tirer des chars par des chevaux, dressant des fortifications assez perfectionnées autour de leur cité, ils donnèrent des idées aux militaires égyptiens qui en tireront avantage pour moderniser leur armée.

« L'invasion » Hyksos ne doit donc pas être imaginée comme une guerre de conquête mais plutôt comme une occupation progressive de l'Egypte du Nord sans beaucoup de conflits armés. Il en alla ainsi pendant un siècle environ, le pays s'enlisant dans une sorte de torpeur politique et économique. Pour la seconde fois, la conscience nationale s'éveilla à Thèbes.

Vers 1650, la XVIIe dynastie thébaine – qui règne parallèlement à la XVIe dynastie Hyksos, dans le Nord – commence à supporter difficilement la présence d'étrangers sur le sol d'Egypte. Les princes thébains regroupent sous leur autorité les provinces du Sud. Une tentative militaire est décidée. Un premier affrontement a lieu, au cours duquel le Thébain Sekennenrê-Taâ est tué. Sa momie, qui a été retrouvée, porte plusieurs blessures à la tête. Les Egyptiens furent sans doute repoussés, mais certainement pas vaincus par les Hyksos car le mouvement de révolte, au lieu de cesser, s'amplifie. Vers 1555, Kamose prend le pouvoir à Thèbes, bien décidé à continuer la lutte.

Choisi par le dieu Rê, le roi Kamose réunit un grand conseil dans son palais pour examiner la situation. Avec amertume, il constate qu'il y a « un puissant » à Avaris, c'est-à-dire le souverain Hyksos et un autre à Koush, c'est-à-dire en Nubie. Kamose est donc pris en tenaille, entre un Nord et un Sud qui lui sont hostiles. Mais son cœur désire délivrer l'Egypte, et cette passion est plus forte que les dangers encourus. Par bonheur, le Sud sur lequel il règne est prospère. La base de départ pour l'attaque est solide. Mais les courtisans sont inquiets. Ils conseillent la prudence à Kamose qui ne veut pas les entendre. Pour lui, toute l'Egypte doit être reconquise.

Kamose part en campagne. « Je descendis le courant, dit-il, afin de renverser les Asiatiques sur l'ordre d'Amon, le Juste-de-conseils ; mes braves soldats devant moi, comme un souffle de feu. » Le premier rôle de Kamose, soutenu par une intendance minutieusement réglée, est de faire rentrer dans le giron national les collaborateurs égyptiens qui avaient pris fait et cause pour les Hyksos. C'est ainsi qu'il combat contre un prince Teti : « Je passais la nuit dans mon bateau, explique Kamose, mon cœur était heureux. Quand la terre s'éclaira, je fondis sur lui comme un faucon. » A midi, l'affaire était entendue. L'adversaire s'incline, les murs de sa cité sont renversés, ses gens sont capturés. Ressemblant à des lions, les soldats de Kamose se partagent le butin où figurent du bétail, du lait, du miel.

Kamose montant vers le nord, les Hyksos sont obligés de battre en retraite et de se réfugier dans leur capitale d'Avaris où ils sont assiégés. Kamose se présente comme un impitoyable vengeur : il fait raser les villes favorables aux Asiatiques. Ainsi ont péri les ennemis de l'Egypte, ceux qui avaient oublié la toute-puissance du pharaon. Le roi bénéficie d'ailleurs de beaucoup de chance. Ses hommes capturent un messager qui partait pour la Nubie, porteur d'une lettre écrite par le souverain Hyksos. Ce dernier appelait les Nubiens au secours contre Kamose qu'il jugeait très dangereux. « S'il réussit à m'abattre, prévient-il ses alliés du Sud, il vous abattra aussi. Venez, supplie-t-il, remontez immédiatement vers le nord, n'hésitez plus. Voyez, il est ici, à côté de moi… je ne m'en débarrasserai pas avant que vous n'arriviez. Alors, nous partagerons les cités d'Egypte entre nous. » Non contente d'avoir recouvré son indépendance, la turbulente Nubie trahissait donc l'Egypte. Mais elle ne put apporter aux Hyksos le secours qu'ils escomptaient. Eléphantine, à la frontière égyptienne, était une place forte fidèle à Kamose. Les troupes nubiennes, à supposer qu'elles fussent envoyées, ne réussirent pas à passer. Il n'y eut donc pas d'alliance asiatico-nubienne contre l'Egypte. Kamose rentra victorieux à Thèbes où il fut acclamé par une population en liesse. Pourtant, la victoire n'était pas totale et Kamose ne fut pas considéré comme le libérateur de l'Egypte. Ce titre de gloire devait revenir à son successeur, Ahmosis, le fondateur de la XVIIIe dynastie et du Nouvel Empire.

*

* *

Ahmosis (1552-1527) peut être considéré à la fois comme le dernier pharaon de la XVIIe dynastie et comme le premier de la XVIIIe dynastie. Homme de la fin d'un monde, il incarne l'aube de la période la mieux connue de l'histoire égyptienne, le Nouvel Empire, qui recouvre les XVIIIe, XIXe et XXe dynasties (1552-1070 avant J.-C.).

Kamose n'avait sans doute pas réussi à briser la forteresse d'Avaris. Les Hyksos étaient repoussés loin dans le Nord, mais leur capitale restait debout. Ahmosis, dont le nom signifie « la lune est née », poursuit la lutte jusqu'à son achèvement. C'est lui qui prendra Avaris, l'événement étant considéré comme si important qu'il justifia un changement de dynastie. Nous sommes informés de la chute d'Avaris par une inscription gravée sur un mur de la tombe d'Ahmes, fils d'Abana (sa mère) dans la ville d'El-

Kâb. Cet Ahmes était un brillant militaire entré tôt dans une carrière qui fut fort longue. D'une bravoure exceptionnelle, il eut la chance d'accomplir maints exploits guerriers sous le regard du roi Ahmosis qui le combla de récompenses et de décorations, notamment du très envié « or de la vaillance ».

Nous n'avons malheureusement que peu de détails sur l'épisode proprement militaire de la prise d'Avaris, qui fut longue et difficile. L'armée d'Ahmosis ne se contenta pas de ce splendide succès, puisqu'elle entreprit un autre siège, long de trois ans, pour s'emparer de Sharouhen, une place forte au sud-ouest de la Palestine. Nul doute que le roi ait voulu extirper définitivement le germe Hyksos en poursuivant l'envahisseur jusque dans la tanière d'où il était issu. Cette fois, le danger asiatique est conjuré. L'Egypte est à l'abri d'une invasion venue de l'est.

L'épuration n'était pas terminée. Nous avons vu que la Nubie soutenait plus ou moins intensément les Hyksos. Ahmosis emmène ses troupes vers le sud de l'Egypte et ramène la Nubie dans le giron égyptien après avoir chassé un usurpateur qui y avait pris le pouvoir. Lyrique, Ahmès, fils d'Abana, qui accompagne partout le pharaon, chante ses victoires. Le vaillant guerrier ne manque pas de dire qu'il reçut de nombreuses récompenses honorant sa conduite. Un autre soldat, qui fit également une longue carrière, rapporte les mêmes événements. Il en ressort que les soldats d'Ahmosis possédaient une arme essentielle : l'enthousiasme. Ils formaient une armée de libération, luttant pour redonner à l'Egypte la splendeur des temps anciens qui, bientôt, seraient des temps nouveaux. La Nubie, au demeurant, n'opposa guère de résistance. Les potentats nègres, qui avaient cru un temps à leur indépendance, baissèrent vite la tête. Il fallut néanmoins trois campagnes pour que les Nubiens cessent toute opposition.

Le prince thébain Ahmosis, devenu pharaon, avait donc mené son entreprise à bien. Libérateur de son pays, quel plus beau titre de gloire ? Originaire de Thèbes, il en fait la capitale de l'Egypte rendue à elle-même. Partout, il restaure les temples. Il lance l'idée d'une force divine agissant dans et par le roi : s'il a vaincu, c'est que la divinité a favorisé ses desseins. Bientôt, les puissants pharaons du Nouvel Empire tiendront un langage identique en insistant sur les faveurs accordées par leur père Amon.

Les femmes appartenant à la famille royale thébaine qui guerroya contre les Hyksos jouèrent un rôle essentiel dans la libération de l'Egypte. Ce sont elles, ne l'oublions pas, qui sont détentrices du principe de légitimité ; ce sont elles qui font des prétendants au trône des pharaons authentiques. La mère d'Ahmosis, nommée Aahotep, fut vénérée après sa mort. Elle avait maté une rébellion à Thèbes et rétabli l'unité dans les rangs de l'armée en lui redonnant confiance. Après la mort de Kamose et le relatif échec du roi devant Avaris, la reine avait su insuffler un courage nouveau dans l'âme des combattants avant qu'Ahmosis ne les emmène jusqu'à la victoire. Cette forte femme mourut à plus de quatre-vingts ans ; sa momie est conservée au musée du Caire.

Ahmosis épousa Ahmès-Nefertari, reine encore plus célèbre que la précédente. Son nom est cité dans un nombre important d'inscriptions. Le roi n'hésitait pas à s'entretenir avec elle pour lui demander des conseils. Un jour, Ahmosis songea à ses ancêtres bien-aimés, se demandant comment les honorer. Pour commémorer leur mémoire, il souhaiterait construire des monuments en leur honneur. La reine, le voyant soucieux, l'interrogea sur les pensées qui agitaient son cœur. Il se confia à elle. Elle l'engagea à suivre son désir de maître d'œuvre qui, aussitôt, se trouva accompli. La reine assista le roi dans nombre de ses actions publiques ; elle l'accompagna, par exemple, aux carrières de Tourah pour y ouvrir de nouvelles galeries. L'Egypte libérée pouvait à nouveau bâtir.

Le Nouvel Empire semble s'être toujours souvenu, avec plus ou moins d'intensité, de l'invasion Hyksos. Si la Première Période Intermédiaire marqua un déchirement interne de l'Egypte, la Seconde fut le temps de la première grande occupation étrangère. L'installation des Hyksos dans le Delta fut comme un cauchemar qui se fit de plus en plus épais, de plus en plus réel. Les nomades d'Asie s'étaient sédentarisés. Même égyptianisés, ils n'étaient pas des Egyptiens. Longtemps après leur expulsion, ils furent encore considérés comme une peste, une maladie rongeant le corps de la nation.

Dans cette lutte de libération, l'Egypte acquit une conscience aiguë de sa singularité et de son originalité irréductible aux autres peuples. De plus, une classe nouvelle – ou, du moins, relativement nouvelle dans sa manière d'agir – apparut au faîte de la société égyptienne : celle des militaires. Les fortifications construites par les puissants monarques du Moyen Empire n'avaient pas été suffisantes pour arrêter les envahisseurs. Rester sur la défensive ne constituait pas une méthode infaillible. Les pharaons du Nouvel Empire en tiendront compte, préférant parfois passer à l'attaque plutôt que d'attendre les coups de l'agresseur. Le Nouvel Empire est militariste parce qu'il veut protéger l'Egypte de toute invasion étrangère, parce qu'il souhaite lui éviter de revivre l'expérience Hyksos. Alternant la guerre et la paix, l'usage du glaive et la vie luxueuse du palais, il forma la troisième période glorieuse de l'histoire égyptienne dont les noms brillent encore dans nos mémoires comme d'immenses lumières : Hatchepsout, Thoutmosis III, Aménophis II, Thoutmosis IV, Aménophis III, Akhenaton, Ramsès II, Ramsès III… C'est leur aventure que les documents nous convient maintenant à revivre.

9

HATCHEPSOUT, REINE-PHARAON

Pendant plus de vingt ans (1490-1468), une femme, Hatchepsout, va régner sur l'Egypte. Elle n'est pas le premier pharaon féminin, puisque la situation s'était déjà présentée, une fois à l'Ancien Empire et une seconde fois au Moyen Empire. Mais les deux femmes pharaons précédentes avaient régné à la fin d'époques illustres, dans des périodes de crise. Hatchepsout, au contraire, est le chef d'une Egypte riche et puissante. Intelligente, habile, dotée de capacités administratives probablement exceptionnelles, tête politique, Hatchepsout était l'une des deux filles d'un grand monarque, Thoutmosis Ier (1506-1494). C'est lui qui forma sa fille à l'exercice du pouvoir. Elle lui témoigna d'ailleurs une profonde affection, le considérant comme un exemple.

Thoutmosis Ier, qui maintint fermement la Nubie sous le joug égyptien, conduisit une importante expédition militaire en Asie. Accompagné d'un officier célèbre pour la longueur de sa carrière, Ahmès fils d'Abana, le roi se risqua jusqu'au territoire de Naharina, à l'est de l'Euphrate, où étaient installés les Mitanniens. Après les avoir vaincus, il commémora ce haut fait d'armes en faisant ériger une stèle frontière au bord de l'Euphrate. Thoutmosis III, le grand conquérant, la retrouvera intacte une cinquantaine d'années plus tard quand son armée atteindra cet endroit. Sur le chemin du retour, le roi prend du bon temps. Il organise une chasse à l'éléphant en Syrie. A la cour, il décore pour la dernière fois Ahmès fils d'Abana qui, à sept reprises, avait reçu l'or récompensant les braves. La première fois, les Hyksos occupaient encore l'Egypte ! Le vieux soldat, admiré de tous, ne repartira plus sur les routes, décidé à goûter un repos bien mérité. C'est à Thoutmosis Ier que l'on doit également l'ouverture d'un grand chantier à Karnak. Le maître d'œuvre Ineni dirigea les travaux sur ce site où les architectes du Nouvel Empire allaient rivaliser de génie.

Hatchepsout hérita du caractère énergique de son père. Elle épousa le fils de ce dernier né d'une concubine, Thoutmosis II, dont le règne fut bref (1493-1490). En sa première année de gouvernement, une révolte éclata en Nubie. Pharaon devint furieux comme une panthère. Ne lui apprend-on pas que des pillards ont volé du bétail, que des tribus ont osé attaquer des forteresses ? Sa colère est terrible. Il remonte le Nil avec son armée, extermine les rebelles. Il n'épargna qu'un seul d'entre eux : un fils de chef, ramené comme prisonnier à Thèbes qui acclama les soldats vainqueurs. A peine le Sud est-il calmé que la Syro-Palestine connaît des troubles à son tour. Thoutmosis II intervint avec promptitude.

Le jeune roi, dont la carrière semblait prometteuse, meurt prématurément. Ce décès place l'Egypte dans une situation difficile. Thoutmosis II avait donné naissance à deux filles et à un fils, le futur Thoutmosis III. Mais ce dernier n'était alors qu'un enfant, incapable de remplir la lourde fonction à laquelle il était promis. Hatchepsout assure la régence. « Fille du roi, sœur du roi, épouse du dieu, grande épouse royale », elle dirigera le pays d'après la propre volonté de son neveu, affirme-t-elle.

Mais ce gouvernement larvé ne correspond pas à la mentalité égyptienne. Aussi Hatchepsout se décide-t-elle à être roi. Nous disons bien roi, et non reine, car elle prendra les caractéristiques masculines qui feront d'elle un pharaon comme les autres. La mutation s'accomplit par étapes. Au début, tout en étant représentée comme une femme, elle s'affirme en tant que pharaon. Puis elle prend le costume masculin, adopte le protocole des rois, supprime la désinence féminine dans ses noms et dans ses titres, porte la barbe postiche, la double couronne. Deux ans après la mort de Thoutmosis II, Hatchepsout agissait déjà en tant que chef d'Etat. Elle a le souci de légitimer son pouvoir, expliquant que son père, le bien-aimé Thoutmosis Ier, l'avait choisie comme reine.

Les textes affirment que Hatchepsout, fille du dieu Amon qui cautionnait également sa prise de pouvoir, dirigea les affaires d'Egypte selon ses propres plans. Le pays courba la tête devant elle. Elle était le câble halant la Basse-Egypte, le poteau où l'on amarre la Haute-Egypte, le gouvernail du Delta. Ces images empruntées à la langue des marins font penser à l'expression « le navire de l'Etat » dont Hatchepsout orienta effectivement la route. Grâce à ses ordres excellents, les Deux Terres vécurent en paix.

Hatchepsout était une très belle femme. L'un de ses plus beaux portraits est offert par un sphinx à tête humaine, conservé au Metropolitan Museum of Art de New York. Les traits du visage sont à la fois fins et volontaires. La momie d'Hatchepsout est l'une des plus poignantes. Elle a conservé ses cheveux longs. Malgré le masque de la mort, on devine une forte personnalité, une énergie farouche alliée au charme d'une féminité rayonnante.

Grâce à l'œuvre de ses précédesseurs, Hatchepsout vit un temps de paix. Elle en profite pour se consacrer à la gestion économique du pays et surtout à une intense activité architecturale. Assise sur son trône, dans son palais, elle pense à son créateur, Amon. Son cœur lui demande d'ériger deux obélisques en l'honneur du dieu. Aussi son esprit se met-il en mouvement. Elle imagine déjà l'étonnement des hommes quand ils verront ces monuments. Hatchepsout est consciente de son entreprise : c'est elle qui rendra son nom durable et éternel. La reine fit effectivement dresser quatre obélisques à Karnak, où elle entreprit plusieurs constructions, dont une salle de la barque sacrée entourée de chapelles annexes. Si son activité dans le nord du pays est encore mal connue, on sait qu'elle créa un temple dédié à Horus à Bouhen, en Nubie. Il était caractérisé par des colonnes cannelées, proches du style dorique. Son plan est celui qu'adopteront les temples grecs, un millénaire plus tard.

Mais le chef-d'œuvre de la reine, le temple qui permet d'ailleurs de « lire » son règne à travers ses reliefs, est Deir el-Bahari, construit dans la région thébaine sur un site consacré à la déesse Hathor. L'une des plus grandes émotions ressenties lors d'un premier voyage en Egypte est la découverte de ce temple, de cette architecture à la fois aérienne et enracinée dans l'éternité, dont la force céleste est soulignée par la verticale de la falaise contre laquelle s'adosse le sanctuaire. Le nom de ce dernier était « merveille des merveilles ». « Le contempler, affirmaient les Egyptiens, surpasse tout au monde. »

Un sanctuaire existait déjà au Moyen Empire. Mais la reine, confiant la direction des travaux à son architecte Senmout, conçut un projet très original. Deir el-Bahari présente un plan unique dans l'architecture égyptienne : une chaussée qui monte en pente douce vers le temple, composé de terrasses superposées.

La reine eut l'immense bonheur de voir son temple funéraire achevé. Thoutmosis III, une fois sur le trône, fit disparaître certains des cartouches d'Hatchepsout sans pour autant entreprendre la destruction de l'édifice qui glorifiait sa mémoire. Ramsès II, comme partout en Egypte, marqua sa présence en faisant inscrire son nom et des textes vantant son action. Il semble que le temple ait été plus ou moins abandonné à la fin de la XXe dynastie, en un temps où l'Egypte s'affaiblissait. L'aire sacrée servit de cimetière aux prêtres et aux prêtresses d'Amon. On y cacha des momies royales. Le sable et la poussière recouvrirent une grande partie du monument. A l'époque ptolémaïque, les autorités religieuses s'occupèrent à nouveau de Deir el-Bahari. Le culte d'Hatchepsout n'était plus célébré depuis longtemps, mais on aménagea des chapelles où les pèlerins vénéraient deux sages divinisés, Imhotep, le maître d'œuvre de Djeser, et Amenhotep fils de Hapou, celui d'Amenophis III. Moines et anachorètes choisiront Deir el-Bahari, « le couvent du Nord », pour s'y retirer en méditation. Au Ve siècle après J.-C., un monastère s'installa sur les ruines du sanctuaire égyptien, définitivement abandonné vers le IIe siècle. Au VIIIe siècle, toute vie s'éteignit en ce lieu qui ressuscita avec les fouilles du XIXe siècle. Nous avons la chance, aujourd'hui, d'apprécier « la merveille des merveilles » dans un état qui n'est pas trop éloigné de son aspect primitif. Mais déblaiement et restaurations exigeront encore au moins cinquante ans de travaux.

Il faudrait un livre entier pour parler du temple, en décrire l'architecture, en parcourir les salles, en traduire les textes, en détailler les scènes. Ce monde de pierre, où la déesse de la joie et de l'amour, Hathor, tient une grande place, est un hymne immortel à la beauté. La reine y honora son père, Thoutmosis Ier, le grand dieu Amon-Rê, mais aussi le dieu solaire Rê-Horakhty et le dieu funéraire Anubis.

Dans les dépôts de fondation, aux angles de l'édifice et sous le seuil, on découvrit des symboles religieux comme des scarabées, mais aussi des outils tels que maillets, ciseaux, ou bien encore des instruments pour le rite de l'ouverture de la bouche et des jarres portant l'inscription : « La fille de Rê, Hatchepsout, a fait ce monument pour son père Amon, au moment de tendre le cordeau pour le temple d'Amon, la merveille des merveilles. »

Pour accéder au temple, on empruntait une allée de sphinx représentant Hatchepsout qui accueillait donc en personne les pèlerins. Devant l'édifice se trouvait un magnifique jardin, planté d'allées de sycomores, de rangées de tamaris, de palmiers, d'arbres fruitiers, d'arbustes à encens. Il y avait également une vigne et des bassins de papyrus où se déroulaient des rites de chasse et de navigation. Deux perséas marquaient l'entrée du temple.

Dans la cour inférieure, le portique consacré aux scènes de chasse montre le pharaon en fauve à tête humaine écrasant ses ennemis au nombre de neuf, c'est-à-dire la totalité des pays étrangers. Lors de la célébration du rite des quatre veaux, le maître de l'Egypte est assimilé au bouvier qui donne la vie. Le pharaon Hatchepsout procède aussi à la cueillette des papyrus, en l'honneur de la déesse Hathor, et chasse les oiseaux aquatiques avec des bâtons de jet et un filet. Le portique des obélisques évoque la taille, le transport et l'érection des gigantesques monolithes de granit rose destinés au temple de Karnak. Un chaland en bois de sycomore, de plus de soixante mètres de long, fut utilisé. Lors de l'arrivée du convoi à Thèbes, le ciel est en fête. Amon promet à sa fille Hatchepsout un règne heureux. Prêtres, nobles, fonctionnaires, soldats forment un cortège. On célèbre des sacrifices, notamment le dépeçage du bœuf, puis l'on procède à la dédicace des obélisques à Amon. Hatchepsout accomplit des rites lors de la donation du terrain où ils seront érigés, notamment la course sur l'aire sacrée, exactement dans la posture adoptée par Djeser.

Quittons la cour inférieure, empruntons la rampe d'accès vers la terrasse intermédiaire. Au nord, la chapelle du dieu à tête de chacal, Anubis, qui conduit la reine vers le fond du sanctuaire. C'est, pour Hatchepsout, la certitude de ne pas s'égarer dans le royaume des morts. Au sud, la chapelle d'Hathor, dame de l'Occident, qui accueillait les défunts dans la nécropole. On lui offrait des fleurs, des fruits, des ex-voto tels que perles ou scarabées. Le sanctuaire hathorique est précédé d'une salle hypostyle dont les colonnes sont couronnées par des chapiteaux représentant une tête de femme avec des oreilles de vache. Hathor, considérée comme la mère de la reine-pharaon, est tantôt représentée sous la forme d'une vache qui lèche les doigts d'Hatchepsout assise sous un dais, tantôt comme une femme splendide. La déesse accueille sa fille qui a bâti sa maison et garni ses autels de nourriture. La salle la plus sacrée, étroite et profonde, est creusée dans la falaise. La vache sacrée y allaite Hatchepsout, offrant ainsi à la souveraine un liquide d'immortalité. Le tableau du fond montre une triade, composée d'Amon, qui offre le signe de vie à Hatchepsout, de cette dernière divinisée, et d'Hathor qui affermit sa couronne, tandis qu'un disque ailé plane au-dessus de la scène.

Sur cette terrasse intermédiaire, le portique de la naissance fut conçu pour expliquer l'origine divine d'Hatchepsout et légitimer son pouvoir. Avec l'appui des prêtres thébains, elle mit au point le mythe de la théogamie selon lequel le dieu Amon en personne fut son père. Amon, honoré par les Amenemhat de la XIIe dynastie dont le nom signifie Amon-est-en-avant, est le dieu de Thèbes, cité où naquit le mouvement de libération de l'Egypte, s'achevant par l'expulsion des Hyksos. En glorifiant Amon, on remerciait Thèbes. L'origine du dieu est obscure. Son nom signifie « le caché ». Assez rapidement, il prendra des caractéristiques solaires, se rapprochant ainsi de Rê, jusqu'à devenir tout-puissant au Nouvel Empire sous le nom d'Amon-Rê, roi des dieux.

Les scènes du portique de la naissance nous font assister à un conseil des dieux présidé par Amon-Rê qui a décidé de s'unir à la reine Ahmès, plus belle que toutes les autres femmes. Avec l'assentiment du collège divin, Amon prend la forme du pharaon et entre dans la chambre de son épouse. Il la trouve endormie. Elle s'éveille en sentant le doux parfum émanant du corps de son mari. Il lui sourit, l'amour envahit leurs êtres, ils s'unissent. Enceinte, la reine se réjouit de donner naissance à une fille qui détiendra le pouvoir. Les dieux interviennent pour favoriser la naissance : Khnoum modèle l'enfant et son *ka* sur le tour de potier, afin qu'ils aient vie, force, santé, des nourritures abondantes, une pensée juste, l'amour, toute joie, toute durée. La déesse grenouille Heket anime les figurines ainsi formées par Khnoum. Thot annonce la future naissance de l'heureuse mère qui est conduite à la chambre d'accouchement. Hatchepsout naît en présence d'Amon et de neuf divinités. Elle est présentée à son père divin qui salue l'enfant né de sa chair et le berce. Viennent ensuite des scènes d'allaitement, la présentation d'Hatchepsout à la déesse Sechat qui trace ses cartouches. « Sa Majesté croissait mieux que toute chose, dit un texte. Sa forme était celle d'un dieu, son éclat était celui d'un dieu. Sa Majesté devint une belle jeune fille, florissante comme le printemps. »

Hatchepsout, après avoir été présentée aux dieux du Sud et du Nord, voyage dans toute l'Egypte. Elle se fait reconnaître comme pharaon par les divinités locales et leurs clergés, accomplissant ainsi une sorte de pèlerinage politico-religieux. Il est temps, alors, de procéder au couronnement dans la capitale. Hatchepsout est placée devant son père, Thoutmosis Ier, assis sur un trône. Il présente sa fille, dont le nom signifie « la première des nobles », comme son successeur. C'est elle, désormais, qui donnera les ordres. Que chacun écoute sa parole et qu'on s'unisse sous son commandement. Les dieux la protègent magiquement. Les grands d'Egypte écoutent ce discours et s'en réjouissent. Ils sont persuadés qu'Hatchepsout saura entendre la voix des Egyptiens comme l'avait fait son père. Lors de la scène finale, la reine reçoit les couronnes de Haute et de Basse-Egypte. Il est à noter que certains cartouches d'Hatchepsout ont été martelés et que le rite ultime du couronnement est fort dégradé. On a voulu y voir l'effet de la volonté de vengeance de Thoutmosis III. Mais, si l'on accepte cette interprétation, pourquoi laissa-t-il intact certains cartouches et ne détruisit-il pas l'ensemble des représentations ?

L'aventure d'Hatchepsout aurait été impossible sans l'appui du clergé d'Amon qui, paradoxalement, avait désigné Thoutmosis III comme roi. Elle trouva notamment un allié fidèle dans la personne du grand prêtre Hapouseneb dont l'influence politique était considérable. C'est lui qui favorisa la création du mythe de la naissance divine et justifia théologiquement la légitimité d'Hatchepsout. Elevé au rang de chef des prêtres du Sud et du Nord, Hapouseneb dirigeait tous les cultes et, par la maîtrise de l'oracle, faisait connaître la volonté d'Amon. Hatchepsout lui donnera le rang de vizir, le plaçant ainsi à la tête de l'Etat.

Sur cette même terrasse intermédiaire du temple de Deir el-Bahari, le portique de Pount retrace les épisodes d'une expédition commerciale qui fut considérée par Hatchepsout comme l'un des grands moments de son règne pacifique. Pendant ce dernier, la politique d'intervention des énergiques pharaons de la XVIIIe dynastie connut une pause. La reine, cependant, se donne une image de marque assez surprenante : souveraine de la lumière, c'est elle qui a effacé le chaos de la Deuxième Période Intermédiaire. Elle se félicite d'avoir restauré les monuments ruinés au temps où les Asiatiques occupaient Avaris et où des pillards rançonnaient les provinces du Nord, agissant dans l'ignorance du dieu Rê. Une fois de plus, Hatchepsout insiste sur sa légitimité. C'est parce qu'elle est pharaon que ce désordre a cessé.

Sa politique étrangère fut certainement trop faible. En Asie, les populations ne se montrèrent pas moins turbulentes qu'auparavant. Le non-interventionnisme égyptien encouragea même les projets de révolte. Quant Thoutmosis III prendra le pouvoir, il trouvera une situation relativement explosive dont Hatchepsout était en partie responsable.

La reine s'est avant tout attachée à entretenir des relations commerciales avec l'étranger. Le voyage à Pount marque l'apogée de cette politique. Le pays de Pount, dont la localisation exacte est encore discutée (dans les parages de la Côte des Somalis, près de l'Erythrée, très probablement), fut visité par les Egyptiens dès l'Ancien Empire. Les deux pays semblent avoir toujours vécu en bonne intelligence. C'est Amon de Thèbes qui inspira à Hatchepsout, sa protégée, l'idée d'une mission exceptionnelle vers la contrée de l'encens dont les prêtres faisaient une large consommation dans leurs rituels.

La flotte égyptienne comprend cinq grands bateaux de trente rameurs chacun. Découvrant la merveilleuse terre de Pount, encore embellie par les légendes, elle jette l'ancre dans une eau remplie de poissons. Une embarcation chargée de victuailles se détache pour aller vers le rivage. Les marins de pharaon déballent de nombreux cadeaux pendant que le chef de l'expédition, protégé par une escorte militaire, salue le roi et la reine de Pount. Cette dernière est difforme, souffrant d'un éléphantiasis prononcé. Perles, colliers, armes sont distribués. Les grands de Pount s'inclinent et rendent hommage à Amon-Rê.

Les Egyptiens admirent une enchanteresse flore tropicale. Les indigènes vivent au milieu des palmiers, dans des huttes rondes auxquelles on accède par des échelles. Ils portent les mêmes vêtements qu'au temps de Kheops. En cette contrée, la mode ne varie guère : les cheveux sont tressés en nattes, les barbes taillées en pointe.

Les affaires sont conclues dans la bonne humeur. Une tente est plantée pour l'envoyé du roi et les dignitaires égyptiens. Les discussions s'engagent. Les Egyptiens emporteront du bois d'ébène, de l'or, de l'encens, des défenses d'éléphant, des singes, des peaux de léopard et des fauves vivants. Ils prennent particulièrement soin des arbres à encens aux racines enveloppées dans des nattes. Le chargement est l'affaire exclusive des marins égyptiens qui ne laissent pas les gens de Pount monter à leur bord.

La fin des tractations commerciales est fêtée par un joyeux banquet où le pain, les fruits, la viande, le vin et la bière sont abondants. Les textes officiels ne parlent pas de troc, mais d'un tribut versé par Pount à Hatchepsout. L'expédition, par ailleurs, n'est pas seulement profane : son but est également de faire une offrande à Hathor, souveraine de Pount. Sur les rivages de ce pays, la reine fait ériger une statue la représentant en compagnie du dieu Amon.

Pendant le voyage de retour, des singes facétieux grimpent le long des câbles. On les laissait en liberté, puisqu'ils étaient appelés à devenir les animaux domestiques des nobles. L'arrivée à Thèbes est triomphale. Elle rappelle l'accueil offert aux marins du roi Sahourê (Ancien Empire). Debout sur les bateaux aux mâts abaissés, aux voiles carguées et aux avirons relevés, les marins levaient les mains et acclamaient le pharaon. On remarquera que les bateaux étaient protégés de manière magique, proue et poupe étant ornées de la « clef de la vie », le signe *ankh*, et de l'Œil d'Horus.

La reine préside la cérémonie d'accueil dans les jardins du temple de Deir el-Bahari où les arbres à encens ont été plantés. On mesure l'encens frais, on pèse l'or et les autres métaux. C'est Hatchepsout elle-même qui se porte garante de l'exactitude de ces pesées. Lors de la belle fête de la vallée, Amon visitait les temples de la nécropole thébaine. En arrivant à Deir el-Bahari, le dieu se réjouit que l'encens qui lui est offert soit frais et pur. C'était la raison essentielle pour laquelle il avait ordonné une expédition à Pount. Son cœur y trouve plaisir, ciel et terre sont inondés d'encens.

Dirigeons-nous à présent vers la terrasse supérieure. Son portique extérieur est ruiné. Là se trouvaient des colosses momiformes à l'effigie de la reine. Un portail de granit rose donne accès à la cour. Cette partie secrète du temple était consacrée au culte d'Amon, de Rê et d'Hatchepsout divinisée. Le sanctuaire principal est situé dans l'axe du temple. L'image d'Hatchepsout a parfois été remplacée par celle de Thoutmosis III, mais pas partout. En ces lieux, deux familles associent leur renom aux grâces divines : Hatchepsout et ses parents, d'une part, Thoutmosis III et son père, d'autre part.

La chapelle funéraire d'Hatchepsout elle-même est malheureusement mal conservée. On y voyait la navigation de la barque solaire pendant les heures du jour et les heures de la nuit, des scènes d'offrandes d'animaux, d'étoffes, de fleurs. Hatchepsout disposait ainsi de tout ce qui était nécessaire à sa survie. Au fond de la chapelle, la stèle de culte était l'élément sacré par excellence, permettant à l'esprit de la reine de vivre éternellement.

Dans une autre chapelle de cette terrasse supérieure, consacrée au culte de Thoutmosis Ier, une extraordinaire surprise nous attend. Sur l'un des murs, un homme s'est fait représenter agenouillé, en adoration. Son nom est précisé : Senmout. Senmout est l'architecte de génie qui a conçu le temple de Deir el-Bahari. Lui, une personnalité non royale, a eu l'audace – ou l'autorisation – de commémorer ainsi son souvenir. Vouant un culte particulier à Hathor, Senmout est également présent dans un autre endroit de l'édifice. De naissance modeste, il eut une carrière rapide, n'occupant pas moins de vingt postes différents. Chargé d'une partie de la gestion du grand temple de Karnak, deuxième prophète d'Amon, il fut aussi précepteur de la princesse héritière et chef du conseil privé d'Hatchepsout. Des statues le montrent tenant la fille de la reine enveloppée dans son manteau.

Le nom de Senmout disparaît des inscriptions après la seizième année du règne d'Hatchepsout. Certains, qui font de l'architecte l'amant de la reine, estiment qu'il était peut-être tombé en disgrâce. La vérité est sans doute différente ; il est probable que le maître d'œuvre de Deir el-Bahari était mort. Non loin du temple, près d'une carrière, se trouvait une tombe préparée pour Senmout. Le caveau était situé sous l'angle nord-est de la terrasse inférieure du temple, Senmout comptant ainsi reposer sous son chef-d'œuvre et demeurer éternellement auprès de sa souveraine. Mais il ne fut pas enterré là, pour des raisons que nous ignorons.

*
* *

Comment se termina l'aventure d'Hatchepsout, femme d'exception, la plus grande des reines d'Egypte ? Nous ne le savons pas avec certitude. On a souvent écrit que le jeune Thoutmosis III, accédant au pouvoir à la mort de sa tante, la haïssait. Il fit marteler son nom sur les monuments afin d'effacer son souvenir de l'histoire. Ces affirmations doivent être nuancées. Thoutmosis III ne donna pas l'ordre de raser le temple de Deir el-Bahari, qui était pourtant le plus pur symbole du règne d'Hatchepsout. Sa pseudo-haine, de plus, semble s'être déclenchée bien tard, une quinzaine d'années après la mort de la reine. S'il est vrai que les martelages et les mutilations symboliques de certaines statues visent à rattacher le règne de Thoutmosis III à celui de Thoutmosis II, la destruction du nom ou de l'image d'Hatchepsout est loin d'être systématique. Thoutmosis III tient davantage à légitimiter son propre pouvoir qu'à anéantir le règne d'Hatchepsout.

Il est certain qu'Hatchepsout et Thoutmosis III possédaient des personnalités aussi fortes l'une que l'autre. L'histoire, dans ce cas précis, s'est admirablement organisée pour les laisser s'exprimer toutes les deux. Quand Hatchepsout mourut, le nouveau pharaon n'était plus un enfant. Pressé de prouver sa valeur et sa compétence, il devait devenir le plus grand génie militaire de l'Egypte ancienne.

La tombe d'Hatchepsout a été retrouvée. C'est la première qui fut creusée dans la Vallée des Reines. Elle s'enfonce à plus de cent mètres dans la terre et ne comporte ni textes ni figurations. Elle contenait les sarcophages d'Hatchepsout et de son père Thoutmosis Ier. Mais Hatchepsout, devenue pharaon, s'était fait creuser une autre tombe dans la Vallée des Rois. Hapouseneb, grand prêtre d'Amon, s'occupa de son aménagement. L'axe principal de cette « demeure d'éternité » était en direction du temple de Deir el-Bahari, reliant ainsi de manière abstraite les monuments essentiels de la reine-pharaon.

Nous devons au père d'Hatchepsout une innovation fondamentale : le choix de la Vallée des Rois, pour y creuser les dernières demeures des pharaons. Cette vallée, un ouadi sauvage et désertique à l'ouest de Thèbes, est dominée par une cime, sorte de grande pyramide naturelle, dont certains se demandent si elle n'a pas été taillée de main d'homme pour ressembler aux pyramides des anciens rois et servir de protectrice aux pharaons entourés au-dessous d'elle. La Vallée des Rois, gardée par des fortins, n'était pas accessible aux profanes. Les tombes étaient creusées par des artisans initiés et leurs accès bloqués. Dans les périodes de troubles, ce lieu magique deviendra un centre attractif pour les voleurs et les pillards, décidés à s'emparer de l'or des monarques.

Les créateurs des tombes royales étaient installés à Deir el-Medineh, en un lieu nommé « la place de vérité », « la place de l'harmonie ». Ces hommes, qui ne furent jamais très nombreux (de trente à cinquante environ), sont directement placés sous l'autorité du roi lui-même et du vizir. Leur présence est bien attestée aux XIXe et XXe dynasties, mais leur communauté fut certainement opé-rative dès la XVIIIe dynastie. Cette confrérie formait un collège initiatique dont la règle de vie présente des affinités avec celles d'autres communautés de bâtisseurs.

*

* *

Règne heureux, années de paix et de sérénité, beauté d'une civilisation traduite par le temple de Deir el-Bahari : le bilan de l'œuvre accomplie par Hatchepsout est des plus positifs. Mais déjà, au loin, résonne le fracas des armes. L'heure de Thoutmosis III est venue.

10

THOUTMOSIS III, LE NAPOLEON EGYPTIEN

Promis à la royauté, le jeune fils de Thoutmosis II ne régna donc que théoriquement, laissant le pouvoir à sa tante Hatchepsout. Pourtant, ses droits sont clairement affirmés. Amon lui-même n'a-t-il pas indiqué sa préférence ? Alors que le jeune homme se trouvait dans le temple de Karnak, le dieu se déplaça pour aller le chercher. Il l'identifia, s'arrêta devant lui et le désigna comme roi. L'oracle ne pouvait être réfuté. Mais l'inscription qui relate ces faits date de plus de quarante ans après la prise de pouvoir de Thoutmosis III. Comme Hatchepsout, il légitime son action en lui donnant l'indispensable justification religieuse, toujours fondée sur l'intervention directe d'Amon.

Pendant le brillant règne d'Hatchepsout, Thoutmosis III reste dans l'ombre. Les assertions selon lesquelles il aurait été emprisonné sont fantaisistes. Eduqué au palais royal, il profita de ces longues années pour se préparer à un métier de roi qu'il n'avait jamais désespéré d'exercer. Officiellement pharaon depuis presque un quart de siècle, il n'occupe réellement ses fonctions qu'à partir de 1468 avant J.-C.

Le temps perdu est vite rattrapé. Son vizir dit de lui : « Le roi savait tout ce qui arriverait : il n'y avait pas de difficulté qu'il ne parvînt à résoudre, il n'était rien qu'il ne menât à bonne fin. » Les événements prouveront que le haut dignitaire n'avait pas tort.

*

* *

C'est le dieu Seth en personne qui avait appris le tir à l'arc à Thoutmosis III. On le croit volontiers, quand on constate la vigueur militaire du roi le plus conquérant de l'histoire d'Egypte, au point de mériter l'épithète de « Napoléon égyptien ». D'après l'examen de sa momie, que l'on retrouva brisée en trois fragments et restaurée par des prêtres qui la sauvèrent de la destruction, Thoutmosis III était un homme de taille et de corpulence moyennes. Lorsqu'il monte sur le trône, le danger asiatique se fait réel et pressant. Le non-interventionnisme d'Hatchepsout, s'il a préservé la paix, n'a pas empêché les Mitanniens de former une coalition contre l'Egypte, pays prospère aux richesses convoitées. Le Mitanni a réuni sous sa bannière les turbulents chefs de tribus et de clans qui ont rarement réussi à s'entendre dans le passé. C'est le roi de Kadesh qui prend la tête du mouvement.

Thoutmosis III entreprend une guerre de longue haleine contre les Asiatiques puisqu'il lui faudra dix-sept campagnes pour assurer la victoire égyptienne. Elles sont, il est vrai, d'inégale importance. Certaines sont des combats, d'autres de simples tournées d'inspection. Elles forment ce qu'on appelle les « Annales » de Thoutmosis III, sorte de journal de guerre inscrit sur les murs de Karnak.

La première campagne a lieu pendant les vingt-deuxième et vingt-troisième année du règne théorique, en réalité la première et la seconde année du règne réel de Thoutmosis III. C'est donc très peu de temps après la disparition d'Hatchepsout que le roi inaugure sa vigoureuse politique extérieure. Le huitième mois de la vingt-deuxième année, Thoutmosis III, sur l'ordre de son père Amon-Rê, part en campagne pour étendre les frontières de l'Egypte et abattre ses vils ennemis. Après une dizaine de jours de marche, il atteint la cité de Gaza dont il s'empare le jour anniversaire de son accession au trône. La marche reprend jusqu'à Yehem où se déroule un conseil de guerre. Le prince de Kadesh et les coalisés se sont rassemblés à Megiddo, une ville forteresse. Pour l'atteindre, on peut emprunter trois routes : deux d'entre elles sont larges et faciles ; la troisième, celle du milieu, est étroite, malaisée. Les soldats seront obligés de marcher en file indienne. Si l'ennemi a eu l'idée de dresser une embuscade, l'armée égyptienne sera anéantie. Les conseillers de pharaon optent pour la prudence : il faut éviter la route médiane. Mais le roi est d'un avis opposé à celui de son état-major. C'est précisément cette dernière voie qui lui paraît la plus rapide. « Comme je vis, dit-il, comme Rê m'aime, comme mon père Amon me favorise, et comme je suis rajeuni avec la vie et la puissance, Ma Majesté ira sur cette route. » Personne ne dira que pharaon a eu peur d'un danger. Les conseillers s'inclinent, bien que leurs craintes ne soient pas apaisées. « Le serviteur suivra son maître » est leur conclusion.

Le symbole d'Amon ouvre la route. Thoutmosis est à la tête de ses hommes, sur son char de combat resplendissant d'or. Derrière lui, l'armée s'engage dans l'étroit passage, un soldat derrière un autre. L'angoisse se lit sur les visages, mais personne ne recule. Quand il parvient à l'autre extrémité du défilé, Thoutmosis III sait qu'il a gagné son pari. Les ennemis avaient bien dressé une embuscade, mais sur les deux autres routes.

L'armée égyptienne, sortant de la passe, se déploie dans la vallée de Megiddo. Le roi fait reposer ses troupes avant d'avancer vers le sud de la place forte où l'on dresse le camp vers sept heures du soir. Les soldats sont sommés de se préparer pour la bataille qui aura lieu le lendemain matin. Un rude affrontement en perspective, car les troupes coalisées rassemblaient plus de trois cents princes de Syrie et de Palestine. Le choc, cependant, n'eut lieu que quelques jours plus tard, sans que la raison de ce retard soit précisée. Lorsque le combat proprement dit s'engage, il est probable que les coalisés ont manœuvré de telle manière que les Egyptiens aient le soleil dans les yeux. Thoutmosis III, habile tacticien, évite de poursuivre l'attaque dans des conditions aussi mauvaises et déroute l'adversaire par un mouvement qui lui permet de pénétrer par surprise dans Megiddo. Sur son char d'or, pharaon est un dieu protégé par Horus et Montou. Au milieu de ses corps d'armée, il paye de sa personne et montre l'exemple. Beaucoup d'ennemis, cependant, ont eu le temps de se réfugier dans la place forte qui est alors assiégée.

Les textes égyptiens présentent la victoire comme totale. Mais on se demande si, en raison même de la stratégie adoptée par Thoutmosis III, le combat ne fut pas évité. Un long siège de sept mois débute. Le roi tient à ce que la forteresse rende les armes, car sa prise « équivaut à celle de mille villes ». La quasi-totalité des princes gouvernant les cités de Syro-Palestine se trouvent enfermés là. A Karnak, chacune des cités vaincues est symbolisée par un prisonnier aux mains ligotées derrière le dos : il n'y en a pas moins de trois cent cinquante. Affamés, les coalisés furent obligés de se rendre. Le butin obtenu par Thoutmosis III aurait été remarquable. On parle de plus de neuf cents chars et de deux mille chevaux, ainsi que de masses considérables de métaux précieux qui enrichiront le Trésor égyptien. Il ne semble pas que le roi ait fait exécuter les princes asiatiques, se contentant de les renvoyer chez eux, non sans leur avoir adressé de sévères avertissements.

Après ce grand succès, Thoutmosis III ne demeure pas inactif. Il comprend qu'un simple coup d'éclat n'aurait pas servi à grand-chose et qu'une coalition se serait inévitablement reformée. Aussi, pendant les campagnes suivantes, organise-t-il la mainmise égyptienne sur la Syro-Palestine. La conquête économique suit la conquête militaire. Les parties riches de la Syrie sont divisées en districts. Chaque année, le roi se rend personnellement en pays soumis où l'on perçoit des impôts. Discrète, la puissance égyptienne est bien présente. Protifant de ces voyages, pharaon rapporte des spécimens d'une flore et d'une faune qui n'existent pas en Egypte ; ils seront représentés dans les reliefs qui composent le célèbre « jardin botanique » de Karnak.

Le roi mène une politique subtile pour implanter la culture égyptienne dans les régions colonisées. Il installe comme administrateurs des hommes choisis par lui, emmène en Egypte des membres de la famille des princes asiatiques pour les éduquer à l'égyptienne avant de les renvoyer dans leur province.

S'apercevant que la liaison par mer entre l'Egypte et la Syrie s'avérerait beaucoup plus facile que le trajet terrestre, Thoutmosis III s'assure une base militaire en Palestine. C'est l'objet de sa cinquième campagne. Le pays est riche : jardins, vergers, blés le rendent attrayant. L'armée égyptienne jouit de délices de Capoue avant la lettre, appréciant les excellents vins locaux et ne manquant pas de festoyer à satiété. Mais le roi ne relâche pas son effort dans les mirages d'une conquête facile. Il marche vers l'Oronte, sans rencontrer de grandes oppositions. Il soumet définitivement Kadesh, dont le prince avait été le chef de la coalition vaincue à Megiddo. Lors de la septième campagne, pharaon mate une révolte en Phénicie.

En l'an 33 du règne, celui de la huitième campagne, le roi décide une grande expédition qui a pour but d'atteindre l'Euphrate. Il ne lésine pas sur les moyens matériels, faisant construire de nombreux bateaux de cèdre placés sur des chariots que tirent des bœufs. Ce sont ces embarcations qui serviront à traverser l'Euphrate. Une bataille a lieu près de Karkémish, à l'ouest d'Alep. Vaincu, l'ennemi s'enfuit en ordre dispersé. Non sans émotion, Thoutmosis III fait ériger une stèle à côté de celle de son ancêtre, Thoutmosis Ier, qui l'avait précédé en ces lieux. Le roi du Mitanni est défait, mais ses troupes ne sont pas exterminées puisque, deux ans plus tard, pharaon devra reprendre la lutte.

En rebroussant chemin vers le sud, l'armée égyptienne se heurte à une révolte de princes syriens. Une trentaine de villes seront détruites. Mais, en cette glorieuse année 33, il y a également place pour la détente : Thoutmosis III s'offre la joie d'une chasse à l'éléphant. Le roi en débusque cent vingt près d'un lac. Fougueux, il se rue sur les pachydermes qui se désaltèrent et se rafraîchissent. Mais il se montre imprudent et provoque la fureur des animaux qui mettent sa vie en danger. Le roi sera sauvé par un militaire de renom, Amenemheb, qui se vante d'être descendu dans l'eau du lac et d'avoir coupé la trompe du plus gros des éléphants qui menaçaient le souverain. Le même homme avait d'ailleurs accompli un autre exploit sensationnel lors d'un combat contre le prince de Kadesh qui avait eu l'idée de lancer une jument affolée dans les rangées de chars égyptiens pour y semer la panique. Déjouant le piège et n'écoutant que son courage, Amenemheb s'était jeté sur l'animal dont il avait rapporté la queue au roi.

A la fin de l'an 33, le prestige du pharaon est considérable au Proche-Orient. Il apparaît comme un chef de guerre exceptionnel, s'appuyant sur une armée d'une rare efficacité. Assyriens, Babyloniens, Hittites lui envoient des tributs pour se concilier ses bonnes grâces. De l'an 34 à l'an 42, Thoutmosis III affermit son empire. Les campagnes qu'il entreprend alors assurent la présence égyptienne en terrain conquis et découragent les tentatives de révolte. Plusieurs séditions locales sont étouffées dans l'œuf.

Un conte, intitulé *La Prise de Joppé*, rappelle l'une des campagnes de Thoutmosis III en Syrie. Un général, nommé Djehouty, ne réussit pas à briser la résistance de la citadelle palestinienne de Joppé. Comprenant que les assauts répétés ne donneront aucun résultat, il décide d'employer la ruse. Il fait introduire de grandes jarres à huile dans la cité. A l'intérieur se sont dissimulés des soldats égyptiens qui, une fois dans la place forte, s'emparent aisément de leurs ennemis. On aura reconnu la préfiguration du fameux cheval de Troie.

Les campagnes d'Asie n'eurent pas que des aspects guerriers. En l'an 27, un haut fonctionnaire, barbier du roi, avait reçu comme serf un asiatique fait prisonnier lors d'une victoire de Thoutmosis III. Le barbier le maria à l'une de ses nièces et dota le couple. De nombreux prisonniers de guerre s'installèrent ainsi en Egypte et s'intégrèrent à la société pharaonique où ils obtinrent parfois des postes importants.

Le roi épousa des Syriennes, qui occupèrent le rang d'épouses secondaires. On connaît le trésor de trois d'entre elles, dont la tombe commune fut découverte à la suite de fortes intempéries ayant provoqué des éboulements. L'heureux inventeur, un fellah, s'était emparé de l'or et avait aussitôt pris une seconde femme, signe non équivoque de richesse. Dénoncé, il confia le magot à cette seconde épouse. Alors qu'elle tentait d'échapper aux forces de l'ordre, elle fut identifiée par un policier qui avait été amoureux d'elle. Une fouille rapide permit ainsi de sauver le trésor funéraire des épouses étrangères de Thoutmosis III.

Il est à noter que le butin des dix-sept campagnes n'était peut-être pas énorme : 6 500 captifs, 4 000 têtes de gros bétail, 1 000 chevaux, 100 kilos d'or sont des chiffres avancés par certains spécialistes. Aucune destruction totale, pas de pillage, peu de tués de part et d'autre. Les victoires de pharaon ne débouchaient pas sur un anéantissement de l'ennemi, mais sur une mainmise de l'Egypte sur des contrées turbulentes.

Ces victoires autorisèrent Thoutmosis III à se présenter comme l'instrument de Dieu, auquel appartient l'univers. Amon-Rê lui accorde la puissance, la domination sur les nations, il a mis sa gloire et la crainte de lui en tous pays, la terreur qu'il inspire jusqu'aux quatre piliers du ciel. Il vainc les hordes rebelles qui refusent l'ordre du monde. Si Thoutmosis est devenu maître de la terre dans sa longueur comme dans sa largeur, de l'occident à l'orient, c'est parce que Dieu a été son guide. L'uraeus qui est à son front illumine sa souveraineté, lui donne le feu qui extirpe la révolte des êtres maléfiques. Comme Dieu l'a ordonné, les peuples sont venus se prosterner devant pharaon, le dos chargé de tributs.

Si Thoutmosis III s'est beaucoup occupé de l'Asie, il n'a pas oublié pour autant le sud de l'Egypte. Lors de sa cinquantième année de règne, il entreprend une campagne en Nubie. Il ne s'agissait pas de livrer bataille, mais d'inspecter une région calme et soumise. Le Nubien est alors le prototype même du vaincu, de l'étranger qui s'incline devant la puissance de pharaon. Thoutmosis III restaura l'ancien temple de Semna et ouvrit des chantiers à Amada, à Bouhen. Au Gebel Barkal, une stèle raconte qu'une étoile apparut dans le ciel : signe favorable d'Amon-Rê qui approuvait ainsi l'action du roi. Le Gebel Barkal, en aval de la quatrième cataracte, voit d'ailleurs s'édifier un beau temple d'Amon-Rê. Protégé par des installations militaires, un marché florissant accueille des produits d'Afrique noire acheminés par caravanes. Un autre événement exceptionnel se produisit : la capture d'un rhinocéros, animal rarement cité dans les sources égyptiennes.

Les nombreuses expéditions de Thoutmosis III réclamèrent, bien entendu, une armée nombreuse et disciplinée. Elle jouait un rôle proprement guerrier mais servait aussi à protéger les ouvriers se rendant aux carrières ou transportant des matériaux. Pendant le Nouvel Empire, les pharaons qui pratiquent une politique de conquête et d'intervention à l'étranger forment une véritable armée de métier encadrée par des officiers de valeur dont certains, comme Ahmès fils d'Abana, eurent une fort longue carrière. Thoutmosis III disposa de troupes bien entraînées, capables de pratiquer rapidement des manœuvres difficiles et qui ne rechignèrent jamais devant l'effort.

L'armée devint une caste quelque peu privilégiée, ses membres acquérant une gloire indiscutable, d'autant plus que le butin rapporté des campagnes enrichissait les temples et, partant, la société tout entière. Parmi les corps d'élite, il faut surtout citer la charrerie. Le roi lui-même combattait debout sur un char magnifique. On notera aussi l'existence d'un génie, nécessaire pour dresser un siège devant les cités ennemies. L'assaut ultime se faisait à l'aide de béliers et d'échelles.

Les soldats qui ont vécu dans les provinces d'Asie découvrirent des modes de vie différents du leur, des coutumes religieuses particulières, un luxe qu'ils rapportèrent en Egypte. La société égyptienne s'en trouvera peu à peu modifiée.

La guerre, au Proche-Orient ancien, est un phénomène très complexe. On ne se livra jamais aux effroyables boucheries des conflits modernes qui se produisirent dans un monde se considérant pourtant comme « civilisé ». L'affrontement sur le terrain est un phénomène assez peu fréquent et très ponctuel où les pertes en vie humaine sont très rarement élevées. Le combat n'est qu'une petite partie des opérations de guerre où entrent de nombreux palabres, des intrigues, des marchandages entre Etats adverses, des démonstrations de puissance faites pour impressionner l'adversaire, des déclarations formidables allant dans le même sens, des échanges de messages, des trafics d'influence avec achat des alliés, et un espionnage relativement bien organisé. Dans le cas de batailles aussi célèbres que Megiddo, la victoire repose sur une réussite tactique bien plus que sur le massacre d'adversaires. N'oublions pas, également, l'importance des formules de politesse, des rites, des exigences religieuses, même entre ennemis.

Les grands officiers de l'armée égyptienne – le fait est capital – sont des scribes royaux, donc des lettrés, des hommes de culture et de connaissance, qui n'ont jamais eu le goût de la cruauté et du sang. Les chefs du corps d'élite des archers ne sont nullement des soudards ignares ; leurs aptitudes intellectuelles et morales en ont souvent fait des dignitaires occupant des postes administratifs de premier plan après leur passage dans l'armée. Il en est de même d'un autre corps d'élite, les conducteurs de char, où plusieurs fils de rois et des diplomates firent leur apprentissage d'hommes de gouvernement.

La charrerie joue un rôle capital dans les conflits du Nouvel Empire. Le char égyptien est monté par deux soldats, il est tiré par un attelage de deux chevaux. Cette arme est divisée en plusieurs groupes de vingt-cinq chars commandés par des capitaines recevant leur ordre d'un commandant en chef. La charrerie exige une intendance qui utilise des chefs de chevaux, des chefs d'écurie, une administration spécialisée veillant sur l'entretien des « véhicules » et des animaux.

Cette armée de métier employait à la fois des Egyptiens et des étrangers qui ne sont pas encore des mercenaires. Le Nouvel Empire est né de la lutte contre l'envahisseur Hyksos. Aussi les pharaons tiennent-ils à organiser de la manière la plus parfaite qui soit cet instrument de liberté que constitue l'armée nationale. Pharaon en est le chef suprême. Il est assisté par le vizir, qui connaît au jour le jour l'état exact des forces, et par un général en chef.

Le gros des troupes est formé par l'infanterie. La plus petite unité est la section de cinquante hommes. Une compagnie en comprend deux cents. Chacune d'elles est pourvue d'un étendard. Les fantassins portent un pagne court et se protègent le ventre par une pièce de cuir. On commence à utiliser des cuirasses de cuir et de bronze. Les soldats étrangers qui servent dans les régiments égyptiens ont leur armement particulier, notamment des boucliers ronds, de longues épées et des casques. Dans *la Satire des métiers*, un scribe se livre à une critique en règle de toutes les professions afin de prouver que seul le scribe jouit d'une situation enviable. Le soldat, bien entendu, a une existence affreuse : arraché enfant à ses parents, il est enfermé dans une caserne, reçoit des coups, est envoyé en Syrie où il risque sa vie, mange du mauvais pain, boit de l'eau polluée, souffre de la chaleur, du froid, revient malade ou blessé en Egypte. Si ces inconvénients font effectivement partie des risques de la vie militaire, ce ne sont pas les seules caractéristiques du métier. Bien des campagnes, nous l'avons vu, furent pour les soldats l'occasion de goûter aux délices de Capoue et de prendre du bon temps dans des provinces asiatiques riches et agréables. A la fin de leur carrière, de retour en Egypte, ils reçurent des récompenses en nature – la décoration de la « mouche d'or » étant accordée aux plus courageux – ainsi que des champs et de petits domaines. On assista probablement à la formation d'une sorte d'aristocratie militaire fondée sur la possession de terres et sur l'exemption de certaines taxes.

Le cheval, importé d'Asie vers 1600 avant J.-C., fut utilisé à la guerre dans la charrerie mais servit aussi à une entreprise plus pacifique, celle des postes, qui fonctionnaient par relais de ville à ville. Les particuliers, quant à eux, ne montent pas à cheval, mais continuent à circuler à pied ou à emprunter le bateau.

*

* *

Comme ses ancêtres, Thoutmosis III est un bâtisseur. Il fait de Karnak le plus grand chantier d'Egypte. Honorant son père Amon-Rê et le remerciant des victoires qu'il lui a permis d'obtenir, il orne son temple de monuments magnifiques.

Avant Thoutmosis III, les pharaons s'étaient déjà occupés de l'embellissement du temple d'Amon. Mais ce dernier, devenu dieu d'empire, mérite un sanctuaire à sa mesure de Puissance divine accordant la victoire : immense, colossal, reflet de sa souveraineté céleste et terrestre. Obélisques pointés vers les nuées pour dissiper les influences nocives et protéger l'aire sacrée, pylônes massifs où les scènes rituelles racontent les batailles victorieuses, salles à colonnes : Karnak chante un hymne de pierre au roi des dieux.

Thoutmosis III fait dresser des statues colossales illustrant la présence réelle de la divinité dans la personne du pharaon conçu comme un symbole. Conformément à la règle, il démonte les constructions des pharaons précédents et réemploie les pierres dans de nouveaux édifices. Il crée la célèbre salle des Annales où sont narrés ses hauts faits d'armes, le « jardin botanique » dont les scènes exposent les plantes exotiques vues pendant les expéditions en Asie, la « chambre des ancêtres » dont les bas-reliefs, où le roi fait offrande à ses prédécesseurs, furent transportés au Louvre au XIXe siècle. L'art du sculpteur est chaud, vibrant ; il communique la vie à ces murs qui enregistrent à jamais la splendeur du règne. La plupart des inscriptions, semble-t-il, ne sont pas gravées avant l'an 40. L'activité militaire a cessé, la période des combats est terminée. C'est désormais le temps du souvenir, Thoutmosis III illustrant ses exploits les plus marquants.

Le chef-d'œuvre du règne est sans conteste ce qu'on nomme la « salle des fêtes », l'*akh-menou* dont le nom égyptien signifie « brillant de monuments ». Cet ensemble de constructions, qui forme un tout cohérent à l'intérieur de Karnak, était le temple de régénération de Thoutmosis III. Trois parties essentielles le composent : une grande salle à piliers et à colonnes, des chapelles consacrées à la symbolique de la renaissance et d'autres chapelles exprimant la renaissance de la nature sous l'effet bienfaisant du soleil. Pour le roi, ce temple, dont la théologie profonde et complexe mériterait de longs développements, représentait un enjeu essentiel : un renouveau de son pouvoir assuré par les rites. Il est d'ailleurs intéressant de constater que l'*akh-menou* fut, comme le note l'égyptologue Paul Barguet qui a tout particulièrement étudié ce monument, le lieu d'initiation aux mystères pour les prêtres d'Amon. Le sanctuaire de Thoutmosis III est assimilé à un ciel dont on ouvre les portes à qui est digne d'y pénétrer.

En enrichissant Karnak, Thoutmosis III enrichit aussi son clergé, donnant une importance considérable à celui qui le dirige, le grand prêtre d'Amon. Parmi les présents faits à Amon et à ses serviteurs, on peut citer de l'or, de l'argent, des prisonniers asiatiques et nubiens, des champs, des jardins, des vergers, des troupeaux, des offrandes spéciales s'ajoutant à l'ordinaire, des tributs versés par les villes conquises : bref, le temple d'Amon-Rê à Karnak devient une gigantesque entreprise dont la structure économique est gérée par le grand prêtre.

Or, Thoutmosis III, dont le caractère énergique n'a pas à être souligné, ne fut pas toujours en très bons termes avec le haut clergé d'Amon. C'est le grand prêtre Hapouseneb qui a permis la prise du pouvoir par Hatchepsout et relégua dans l'ombre le jeune Thoutmosis III. Lorsque celui-ci régna, il nomma grand prêtre l'un de ses amis d'enfance, Menkheperreseneb, dont il fit la fortune, exigeant sa docilité en échange. Thoutmosis III se méfie du pouvoir grandissant des prêtres d'Amon et ne tolère pas de partage : c'est pharaon qui règne, personne d'autre.

Avec une grande habileté, le roi redonne un certain lustre au très ancien culte d'Héliopolis. Il fait reconstruire des édifices ruinés ou tombés dans l'oubli, notamment un temple de Rê à Sakhebou, dans le Delta. Les cultes solaires de la région memphite bénéficient des largesses du roi qui essaie d'établir un subtil équilibre entre les grands clergés d'Egypte, de manière à ce que celui d'Amon n'obtienne pas une prépondérance absolue. Cette sage politique religieuse ne sera pas toujours suivie.

Thoutmosis III fut secondé par un Premier ministre de grande classe, le vizir Rekhmirê. Ce dernier, dont la tombe thébaine est l'une des plus belles de toute l'histoire égyptienne, fut installé dans son office par le roi en personne lors d'une grandiose cérémonie. Pharaon indiqua à Rekmirê ses futurs devoirs avec beaucoup de solennité. « Prends garde à tout ce qui se passe dans ton bureau, dit pharaon, c'est l'ordre du pays tout entier qui en dépend. La tâche du vizir n'est pas un plaisir, mais un devoir. Ton rôle ne consiste pas à te montrer d'une faiblesse partisane envers les princes et les grands. Tiens-t'en à la loi. » Cette loi est Maât, l'harmonie du monde, la fille de la Lumière. Elle est toujours présente sur la poitrine du vizir, sous la forme d'une amulette. Qu'il accueille quiconque se présente avec une requête valable et ne favorise pas ses parents ou ses amis. Qu'il ne commette pas non plus d'excès inverse, comme ce vizir qui refusait d'écouter ses proches, même si leurs demandes étaient justifiées, de peur d'être taxé de partialité. L'honneur d'un puissant comme le vizir est d'être l'incarnation même de la justice : « Telle est la loi depuis le temps des dieux. » Le vizir lui sera fidèle s'il n'est pas esclave de ses sentiments et de son intérêt personnel, s'il a la connaissance des traditions séculaires de l'Egypte et de la règle divine.

L'intronisation du vizir, on le voit, dépasse de beaucoup un cadre profane. Les responsabilités qui pèsent sur ses épaules sont considérables. Chef de l'administration, il doit prouver des compétences très variées. Lorsque nous disons « le vizir », il faut préciser que la tâche était, en réalité, répartie en deux offices : un vizir du Nord qui siégeait à Héliopolis et administrait l'Egypte de Siout à la Méditerranée et un vizir du Sud qui siégeait à Thèbes et administrait le pays de Siout à la première cataracte.

Accompagné du responsable du Trésor, le vizir se rend tôt le matin au palais royal. Il s'entretient en secret avec le pharaon, lui donnant son rapport quotidien sur les affaires de l'Etat. Après avoir reçu les instructions du roi, le vizir donne ses propres directives au chef du Trésor. Les bureaux sont ouverts et l'on examine les rapports provenant des différents nomes d'Egypte. Le vizir fait expédier ses ordres aux capitales provinciales. Il doit ensuite accorder audience à ceux dont les requêtes sont jugées suffisamment fondées. Parfois, il est obligé de se déplacer, soit pour aller inspecter les administrations provinciales, soit pour juger des affaires dépassant la compétence de tribunaux locaux.

A cette époque, les nomarques n'ont plus qu'un rôle réduit, car ils sont entièrement soumis à un pouvoir central qui exerce son autorité avec beaucoup de fermeté. Si les grandes dynasties familiales de province possèdent toujours des richesses considérables, leur influence politique s'est beaucoup affaiblie.

Le bureau du vizir est, en réalité, une énorme administration où sont centralisées les archives du royaume. On y apporte les documents sur lesquels est apposé le sceau du vizir. Responsable de l'organisation de la justice et des finances publiques, le vizir est également chargé de l'organisation des grands travaux dont il assure le financement. Il veille aussi sur l'entretien des canaux d'irrigation, sur le cadastre, sur les greniers et le stockage des récoltes. Ses prérogatives militaires ne sont pas non plus négligeables : il forme l'escorte personnelle du roi, donne son avis sur la nomination des officiers de haut rang, connaît avec précision l'état des troupes et de l'armement.

La fin du règne de Thoutmosis III est calme. Pendant les douze dernières années, il n'y a plus mention d'expéditions en Asie. Les territoires soumis envoient régulièrement leurs tributs à la cour d'Egypte. Les richesses s'accumulent, le goût du luxe se répand. Le prestige de pharaon est si considérable que l'Egypte est devenue la maîtresse du monde antique, la plus grande puissance militaire que personne ne tient à affronter, la civilisation la plus rayonnante avec laquelle chacun désire entretenir de bonnes relations commerciales.

Thoutmosis III associe au trône son fils Aménophis II pour le former à l'exercice du pouvoir. Lorsque le Napoléon égyptien meurt vers 1436, âgé de soixante ans ou davantage, l'Egypte est réellement un empire qui s'étend de l'Euphrate jusqu'au Soudan. C'est la plus grande expansion territoriale jamais atteinte par le Double Pays. Dans un hymne, il est dit que le dieu a promis au roi de lui donner la terre jusqu'à ses extrémités. Le pourtour de l'océan est enfermé dans son poing. Le roi est un taureau au cœur fier qui domine l'univers : « Sa frontière sud s'étend jusqu'au sommet de la terre, sa frontière nord jusqu'aux confins de l'Asie, jusqu'aux piliers du ciel. »

La tombe de Thoutmosis III, creusée dans la Vallée des Rois, célèbre environ sept cent quarante divinités représentées dans la grande salle. Le pharaon rend ainsi hommage à la quasi-totalité des forces divines qui ont facilité son œuvre. Parmi les diverses scènes, on note l'allaitement du roi par Isis, dans une chambre à deux piliers qui présente une surprenante caractéristique : comme ses angles sont arrondis, elle a la forme d'un cartouche géant à l'intérieur duquel l'esprit du grand Thoutmosis III vit pour l'éternité.

11

AMENOPHIS II, LE ROI SPORTIF

Aménophis II, le fils de Thoutmosis III, règne environ un quart de siècle (1438 à 1412 avant J.-C.). Moins illustre que son père, ce pharaon mérite néanmoins la citation en raison de traits de caractère particulièrement marqués qui lui ont conféré une réputation de roi « sportif ».

Né à Memphis, il fut très jeune chargé de superviser les livraisons de bois au débarcadère de Perounefer, près de la ville. Il occupa aussi des fonctions religieuses avant d'être associé au trône par son père. Dès la première année de son règne, le roi est appelé à prouver ses compétences : espérant que la mort du grand Thoutmosis perturbera l'Egypte, des agitateurs fomentent une révolte en Syro-Palestine. C'est compter sans la vigueur du nouveau pharaon. Il intervient avec promptitude et brutalité. Les chefs syriens sont faits prisonniers et exécutés.

Aménophis II a la connaissance des travaux du dieu Montou, c'est-à-dire de toutes les opérations guerrières. La tradition fait de lui un athlète doté de qualités physiques hors du commun. Il était un rameur infatigable, aussi puissant et rapide que deux cents hommes. Excellent cavalier et grand amateur de chevaux, il parcourait de très grandes distances sans fatigue. A la course, il se montrait le plus rapide. Lui seul était capable de tendre son arc et de transpercer de ses flèches d'épaisses plaques de cuivre, tant sa puissance était grande. Aménophis II répond au type idéal de l'homme fort, aux larges épaules, bien campé sur ses jambes, au ventre plat, tel qu'il fut souvent représenté dans la statuaire égyptienne. Les textes insistent sur le caractère « sportif » du roi pour montrer qu'il symbolise la force juste qui abattra l'ennemi, le révolté, celui qui trahit la loi d'harmonie.

On peut supposer, néanmoins, que le roi fut réellement un athlète et qu'il aima l'atmosphère des combats et de la guerre. La sévérité avec laquelle il mata les révoltes prouve un caractère entier qui n'est prêt à concéder aucune parcelle de la souveraineté égyptienne. Représenté sur son char, lancé à grand galop, il participa en personne aux affrontements d'avant-garde. Il aurait même gardé, seul, un nombre considérable de prisonniers une nuit durant. Les troupes étaient loin, à l'exception de la garde du palais. Mais le roi ne craignait personne. Après avoir prié les dieux, il aurait fait brûler les captifs, avant de traverser l'Oronte. Ils avaient été entassés en monceaux qui, embrasés, formèrent une lueur fantastique. Ces récits ne sont pas à prendre au pied de la lettre. Aménophis II aime effrayer l'ennemi. La légende le dépeint aussi comme un jouisseur et un franc buveur. Au cours d'un banquet généreusement arrosé, il aurait exprimé son total mépris pour ses adversaires étrangers qu'il aurait qualifiés de « vieilles femmes ».

Energique, peut-être cruel, Aménophis II maintint intact l'empire de Thoutmosis III malgré les soubresauts qui agitèrent l'Asie. Lors de sa première campagne syrienne, le roi acquit seul une grande victoire, ramenant une soixantaine de prisonniers vivants attachés à son char. Derrière la légende se cache une bataille probablement assez violente au cours de laquelle fut détruite la forteresse de Shamash-Edom. Le roi traverse l'Oronte, aux eaux tumultueuses comme celles d'un dieu. Les Asiatiques se sont regroupés afin d'attaquer l'armée égyptienne. Mais leur cavalerie se révèle insuffisante pour repousser les troupes de pharaon qui s'élance au combat avec la puissance du faucon. Devant lui, les ennemis tombent les uns sur les autres. Vainqueur, Aménophis II se présente devant la cité de Niy. Il est prêt à entamer un nouveau siège. Mais les habitants, prudents, montent sur les remparts et acclament le roi d'Egypte. Aménophis II accepte la reddition de la place. A Kadesh, il reçoit la soumission du roi de cette ville ainsi que de plusieurs princes asiatiques. Certains villages sont rasés, en signe de représailles. A cause de la vigoureuse intervention du pharaon, la tentative de coalition asiatique a échoué. Le butin est énorme. Beaucoup de prisonniers sont ramenés en Egypte, dont un nombre considérable de hauts dignitaires syriens parmi lesquels certains feront carrière au pays des pharaons. Le cœur de Sa Majesté est semblable à celui d'un taureau sauvage ivre de joie. Conformément à la tradition, Aménophis II, sur le chemin du retour, prend le temps de chasser la gazelle, le renard, le lièvre, l'âne sauvage et même de faire quelques promenades d'agrément.

En l'an 9 de son règne, Aménophis II est obligé d'entreprendre une seconde campagne d'Asie. Une révolte a éclaté dans le Retenou, une province syrienne. L'affaire est moins grave que les événements qui ont provoqué la première campagne, mais Aménophis II intervient avec autant d'énergie. Alors que le roi se reposait dans sa tente, le dieu Amon lui apparut en rêve et lui promit la victoire. Confiant en son étoile, guidé par la divinité, pharaon n'eut effectivement aucune peine à réduire les villages rebelles. Là encore, le butin est important. De plus, le roi installe des hommes de confiance à la place des chefs révoltés. On a l'impression qu'il mène une sorte de croisade, l'Egypte incarnant les forces du bien alors que les Asiatiques révoltés sont assimilés aux forces du mal, de la destruction, qui cherchent à ruiner l'harmonie du monde. Sans aller jusqu'à parler de guerre sainte, on ne doit pas mésestimer l'aspect théologique et sacré des combats livrés par pharaon.

Dans sa politique très dure vis-à-vis des pays syriens, le roi exige de très lourds tributs. Le Retenou, par exemple, est obligé de livrer plus de six cents kilos d'or et quarante-cinq tonnes de cuivre. Le rôle économique de la guerre, qui enrichit les Deux Terres, est évident.

Le nombre des prisonniers est toujours considérable, mais on ne doit pas se fier à la lettre à ce type de renseignement. Le total des captifs d'une campagne, en effet, peut être, en réalité, la somme des totaux des campagnes précédentes. D'après une stèle de Karnak, Aménophis II aurait fracassé, de sa propre massue, le crâne de sept chefs syriens. Six cadavres auraient été pendus aux murs de l'enceinte de Thèbes, et le septième emmené jusqu'à Napata pour impressionner les populations nubiennes.

La coalition asiatique, formée de Bédouins, de Palestiniens, de Syriens, d'Indo-Iraniens et peut-être d'Hébreux, comprend qu'Aménophis II est trop fort pour elle. Plusieurs princes d'Asie se réunissent et décident de conclure la paix avec l'Egypte. Portant des tributs sur leur dos, ils se rendent humblement à la cour de pharaon et lui demandent de leur accorder le souffle de vie.

Le règne d'Aménophis II ne fut pas seulement consacré à la guerre. Si les militaires reçoivent de nombreux dons du palais en hommage aux services rendus, si le roi accorde beaucoup d'importance à se voir présenter les nouvelles recrues après que leur chevelure a été ordonnée selon la coupe réglementaire, il est aussi un grand bâtisseur. Karnak, en premier lieu, est l'objet de ses soins. Il y poursuit l'œuvre gigantesque entreprise par son père Thoutmosis III. Mais, comme lui, il ne néglige pas d'autres sites. Dans le Delta, il envoie son maître d'œuvre Minmose pour s'occuper des chantiers. Des travaux sont également exécutés en Nubie, notamment à Amada, à cent quatre-vingts kilomètres environ du haut barrage. On y voit des cérémonies de fondation du temple dirigées par Aménophis II qui mena à terme l'œuvre commencée par Thoutmosis III. Le roi guerrier fit placer à Amada une stèle où il rappela ses campagnes victorieuses en Asie. En construisant un autre temple nubien, à Kalabcha, Aménophis II inaugura une tradition architecturale qui connaîtra son plein épanouissement sous Ramsès II.

Après la paix conclue avec l'Asie, la puissante Egypte connaît le règne d'une lumière sereine où la brillance de la haute société rivalise avec celle de la cour royale. Les tombes des grands dignitaires sont splendides. Songeons à celle du vizir Rekhmirê, déjà en fonction sous Thoutmosis III. Parmi les scènes qui la décorent, l'apport des tributs par des Crétois, des Soudanais, des Syriens, des Assyriens est un parfait symbole du règne, les peuples étrangers faisant acte d'allégeance à pharaon et à ses représentants. La tombe de Kenamon, grand intendant royal, comprend un vestibule à dix piliers et une chambre funéraire à huit supports. C'est lui qui était chargé d'organiser les somptueuses fêtes du Nouvel An où étaient présentés de magnifiques cadeaux, les plus parfaits produits des ateliers, des statues, des vases, des chariots, des colliers en matière précieuse, des armes d'apparat. La dernière demeure de Sennéfer, prince de la ville du Sud, fut nommée « tombe des vignes » parce que sa voûte est exceptionnellement décorée d'une vigne chargée de lourdes grappes. Elle évoque les moments délicieux où les hommes de ce temps jouissaient des fruits de la nature, de la paix après la guerre.

On suppose qu'Aménophis II mourut âgé d'une cinquantaine d'années. Sa momie intacte était couverte de feuillages et de fleurs ; un bouquet de mimosa avait été posé sur la poitrine. Sa tombe de la Vallée des Rois est très impressionnante. Le couloir d'accès s'enfonce profondément sous la terre. Il est soudain barré par un puits symbolique qui était en relation avec le *Noun*, l'océan des origines qui entoure la terre. La première salle à deux piliers est dépourvue de tout décor. Par un escalier, on descend dans une salle à six piliers. Sur les murs se déroulent les scènes d'un livre funéraire, l'*Am-douat*, dont le but est de permettre la régénération de l'être dont le destin est lié à celui du soleil, mourant au soir et renaissant au matin. Le plafond de la tombe est identifié au ciel, peint en bleu sombre, d'où se détachent des étoiles d'or à cinq branches. Le sol s'abaisse, et l'on pénètre dans le caveau où fut découvert le sarcophage qui contenait encore la momie du roi. Le tombeau d'Aménophis II servit d'ailleurs de cachette à d'autres momies royales avant qu'elles ne fussent transférées en lieu sûr.

Au-delà de sa mort physique, le vaillant Aménophis au bras vigoureux avait encore veillé sur la sécurité de la lignée royale. Protecteur de son peuple, il pouvait s'enorgueillir d'avoir préservé la puissance de son pays et prolongé la tradition de ses pères.

12

THOUTMOSIS IV ET LE SPHINX

Fils d'Aménophis II, Thoutmosis IV fut associé au trône par son père et régna une dizaine d'années (1412 à 1402). Période de calme et de splendeur. Le temps semble s'être immobilisé. L'Egypte est au cœur d'un empire en équilibre.

La momie du roi, mort vers quarante ans, a été retrouvée en mauvais état de conservation. Mais le visage de Thoutmosis IV est demeuré très beau. Il est radieux, serein, exprime une intelligence vive, une réelle vie intérieure. Le raffinement et la séduction de ce temps béni semblent s'être inscrits dans ses traits.

Ce roi heureux et bienfaisant vécut une étrange aventure qui mérite d'être racontée. Avant d'accéder au trône, le jeune Thoutmosis prenait plaisir à chasser dans le désert, près du grand sphinx de Guizèh, presque complètement ensablé. Les Egyptiens du Nouvel Empire le nommaient Harmakhis, c'est-à-dire Horus dans l'horizon et le considéraient comme le gardien de la nécropole. On l'appelait aussi Khepri-Rê-Atoum, c'est-à-dire soleil du matin, du midi et du soir, autrement dit la lumière créatrice dans tous ses aspects. Le futur souverain est comparé au jeune

Horus. Plein de vigueur, il tirait à l'arc sur une cible de métal, chassait les lions, faisait des courses folles sur son char, grâce à des chevaux plus rapides que le vent.

A l'heure de midi, Thoutmosis éprouva une certaine fatigue. Il considéra le sphinx avec respect. Des pèlerins venaient l'honorer, en faisant des offrandes en son *ka*. « Or, dit le texte de la stèle du sphinx qui a conservé le souvenir des événements, la très grande statue de Khepri se dressait en ce lieu, grande de puissance, sainte de majesté ; l'ombre de Rê planait sur elle. »

Thoutmosis s'assit sous la protection du dieu et s'endormit entre ses pattes. Alors que le soleil se trouvait à son zénith et qu'un sommeil sacré envahissait le futur pharaon, le sphinx lui apparut en songe. Il lui parla comme un père à son fils. « Si tu me dégages des sables qui m'étouffent, annonça-t-il, je ferai de toi un roi. » Thoutmosis portera la couronne blanche et la couronne rouge, le pays lui appartiendra dans sa longueur comme dans sa largeur, ainsi que tout ce qu'illumine l'œil du maître de l'univers, sa vie sera riche en années. « Mon visage t'appartient, affirme le sphinx, mon cœur t'appartient. Je souffre, le fardeau qui pèse sur moi va me faire disparaître. Sauve-moi, mon fils. »

Très impressionné, Thoutmosis donna sa parole. Il fit entreprendre les travaux de déblaiement. Le sphinx retrouva sa splendeur passée. Lui aussi tint sa promesse, faisant de Thoutmosis IV un grand pharaon. Une stèle de 3,60 m de haut, en granit rose, fut placée entre les pattes du sphinx pour commémorer le pacte passé entre le dieu et le roi. Elle fut retrouvée *in situ* en 1818.

Sous cette légende se dissimule la continuation de la très habile politique religieuse inaugurée par Thoutmosis III. Thoutmosis IV, en effet, était conscient de l'importance de son rôle. Pharaon est le seul maître de l'Egypte. Le grand prêtre d'Amon est nommé par lui et il remplit des tâches spécifiques. Aussi le roi ne lui donne-t-il aucune charge dans le gouvernement du pays. Rê-Harmakhis, le sphinx, est un dieu solaire directement lié au culte d'Héliopolis.

C'est donc le clergé de la plus ancienne ville sainte du royaume qui légitime le pouvoir de Thoutmosis IV, et non celui d'Amon thébain. Pharaon préserve ainsi un équilibre entre les diverses formes religieuses et les pouvoirs temporels qu'elles recouvrent.

Dans le domaine international, Thoutmosis IV mena une politique de paix active avec les principales puissances étrangères. Certes, il conduisit des campagnes d'inspection en Asie et prit même une forteresse syrienne où quelques séditieux s'étaient révoltés, mais il n'y eut aucun combat notable. On se livre plutôt à des opérations de police et à une surveillance « musclée ». Les Syriens fournissaient, paraît-il, de bons maçons. Ils construisirent des forteresses en Egypte.

Des risques de déstabilisation menacent l'Asie. Les Mitanniens se sentent en danger. Un peuple nouveau, les Hittites, manifeste des tendances belliqueuses. Après s'être tant battu contre l'Egypte, le Mitanni recherche à présent une alliance défensive contre les Hittites. Thoutmosis IV accepte de favoriser cette politique. Des messagers et des ambassadeurs sont échangés.

Pour sceller l'alliance, pharaon émet l'intention d'épouser une princesse mitanienne, Moutemouia. Six fois de suite, le roi du Mitanni refuse. Mais la persévérance égyptienne, après force échange de politesses, est la plus forte. Un grand mariage est célébré.

De la part de Thoutmosis IV, c'est une attitude révolutionnaire. Les étrangères, selon la règle, devenaient des épouses secondaires. Moutemouia la Mitanienne, en revanche, est élevée au rang de « grande épouse royale » et sera la mère d'Aménophis III. La reine d'Egypte étant la gardienne du sang divin, on voit que la faveur accordée par le pharaon à ses nouveaux alliés était d'importance. Thoutmosis IV conclut également un traité d'amitié avec le roi de Babylone, lequel fut respecté avec beaucoup de rigueur des deux côtés.

Quant à la Nubie, elle n'est guère turbulente. Le roi y effectue un voyage en l'an 8 de son règne. Une inscription gravée sur un rocher, près de Konosso, nous apprend que pharaon s'entretint avec son père Amon à propos d'une révolte de Nubiens. S'étant rendu au temple de Karnak, Thoutmosis IV avait fait une grande offrande au dieu, lui demandant de le conseiller et de le guider sur la bonne voie. Amon se montra bienveillant envers son fils qui sortit « le cœur dilaté » du sanctuaire, c'est-à-dire au comble du bonheur.

En ce temps où la vie coule entre les doigts comme le jus abondant de la treille, où les costumes des nobles sont somptueux, où les élégantes adoptent des modes d'un extrême raffinement, le spectre de la guerre s'est éloigné. Dans la tombe du roi, cependant, on a retrouvé un char d'apparat dont la caisse était intacte. Les pièces métalliques sont dorées. Sur la paroi extérieure du char, on voit pharaon au cœur d'une mêlée adverse qu'il domine de toute sa stature, tirant des flèches meurtrières. Parfaitement calme, il est l'ordre dominant le désordre. Cette machine de combat, passée par les mains des artisans les plus habiles du royaume, est devenue une œuvre d'art, une fête pour les yeux. C'est sa valeur rituelle qui est mise en valeur, non son utilité guerrière.

C'est à cette époque que vécut le célèbre Nakht, scribe et astronome d'Amon, dont la tombe est l'une des plus visitées de la nécropole thébaine. Curieusement, les scènes qui la décorent ne sont pas en rapport avec son métier, mais évoquent la chasse, la pêche, les vendanges, le banquet qui se situe à la fois dans ce monde-ci et dans l'autre. La tombe de Menna, scribe du cadastre, est également fort bien conservée. Les scènes de la vie agricole côtoient les représentations religieuses, notamment l'adoration au soleil levant et au dieu des morts, Osiris. On y voit un pèlerinage par bateau à la cité sainte d'Abydos et la scène de la psychostasie où les juges de l'au-delà examinent l'âme du mort.

La tombe du roi lui-même contenait un sarcophage en calcaire, décoré des deux yeux du défunt ressuscité. La momie, déplacée, avait été mise à l'abri dans la tombe d'Aménophis II. Lorsqu'on la découvrit, de nombreux objets et des éléments de mobilier gisaient brisés sur le sol. Il est toujours difficile d'interpréter de tels indices. L'idée d'une persécution spéciale contre Thoutmosis IV semble exclue. Peut-être s'agissait-il des traces d'un pillage ancien.

C'est sous le règne de Thoutmosis IV que fut érigé le plus grand obélisque connu (45 mètres de haut environ), lequel se trouve aujourd'hui devant l'église Saint-Jean-de-Latran à Rome. Il constitue un parfait symbole de ce temps, cohérent et stable, comme ce fascinant monolithe qui perce les cieux face à la gloire de la lumière divine.

13

AMENOPHIS III
OU LE REGNE DE LA LUMIERE

Pendant les trente-six années du règne d'Aménophis III (1402-1364), l'Egypte atteint le sommet de sa puissance et de sa richesse. Le Nouvel Empire est à son apogée. Les guerres de conquête, à l'origine des tributs régulièrement versés par les vaincus, ont fait de Thèbes une opulente capitale. L'Egypte est riche, très riche. Le commerce, qu'il soit extérieur ou intérieur, fonctionne à merveille. Fait remarquable : on possède une unité de valeur, le *deben* (une pièce de cuivre pesant environ quatre-vingt-dix-grammes), mais on ne crée pas « l'argent », sous quelque forme que ce soit. Le troc, en réalité, demeure la règle. Si tel objet vaut tant de *deben*, on se le procure en l'échangeant contre un autre objet dont la valeur en *deben* est équivalente. Mais le *deben* lui-même ne circule pas. Un de mes collègues disait un jour : « Je ne comprends pas pourquoi cette prodigieuse civilisation, qui a tout trouvé, tout compris, n'a pas inventé l'argent. » Cette invention-là, l'Egypte, à notre sens, a préféré ne pas l'exploiter, témoignant ainsi d'une grande sagesse. Ce sont les Grecs qui, en important une économie monétaire, feront perdre sa pureté à la civilisation pharaonique.

Quant Aménophis III débute son règne, il devient le Crésus du monde civilisé, le pharaon le plus fortuné de l'histoire des Deux Terres. Le Trésor public n'a jamais été aussi rempli. Des millions d'hommes sont placés sous l'autorité du monarque. Pharaon est le soleil qui se lève sur son trône, selon l'image symbolique souvent évoquée dans les textes égyptiens. C'est lui qui illumine de sa clarté les Egyptiens, mais aussi les autres races. La nature de ce pouvoir, cependant, reste religieuse. Comme l'écrit Jacques Pirenne dans son *Histoire de la civilisation de l'Egypte ancienne*, II, 208, « la théorie du "bon plaisir" envisagé comme source de l'autorité royale n'a jamais existé en Egypte. Le pouvoir, et le pouvoir royal plus que tout autre, est l'expression d'un droit. Il ne se justifie que parce que voulu par le grand dieu créateur. En réalité, le pouvoir appartient à Dieu. Le roi ne fait que l'exercer sur la terre, au nom de Dieu ; et c'est pourquoi il est porteur du *ka* divin. »

Aménophis III a été l'un des pharaons les plus calomniés par les égyptologues. Beaucoup l'ont qualifié de despote oriental au caractère mou, de jouisseur se contentant de mener une vie luxueuse et dissolue dans de magnifiques palais. La seule énergie qu'il consentait à déployer se manifestait lors d'énormes chasses au lion. Pendant les dix premières années de son règne, il aurait tué plus de deux cents de ces fauves. Au cours d'une seule chasse, cent taureaux sauvages seraient tombés sous ses coups.

Ce très grand roi mérite d'être réhabilité. Un pharaon d'une telle stature ne pouvait se comporter en satrape décadent. Les devoirs de sa charge très lourde, où les éléments religieux et rituels sont prépondérants, ne le permettaient pas. En réalité, Aménophis III fut le gestionnaire de la paix et de la richesse. Très pieux, il fut lui-même un homme d'une haute spiritualité. Un fonctionnaire, chargé de l'administration des domaines, déclare qu'il a reçu un enseignement de la bouche même du roi qui était capable de se comporter comme un maître spirituel. Des études récentes ont démontré que les chasses au lion et au taureau sauvage n'étaient pas des distractions de monarque blasé à la recherche d'émotions fortes, mais des actes authentiquement rituels qui marquaient la prédominance de l'ordre sur le chaos, souci constant de la monarchie pharaonique.

L'épouse d'Aménophis III, la reine Tiy, fut une femme d'une très grande personnalité, influençant la conduite des affaires de l'Etat. Le roi et la reine vécurent une remarquable communion de pensée qui ne fut d'ailleurs pas unique dans l'histoire de la monarchie égyptienne. Leur mariage fut commémoré par la fabrication et la diffusion de scarabées, petits objets portant un texte qui relatait l'événement et le faisait connaître à toute l'Egypte. Dans un grand nombre d'activités officielles, le roi et la reine sont associés. Aménophis III offrit d'ailleurs un somptueux cadeau à son épouse, digne des fastes de là XVIIIe dynastie : il ordonna qu'on crée pour elle un lac de plaisance, le Birket Habou, au sud du temple de Medinet Habou et à l'est du palais de Malgatta. Les architectes royaux se montrèrent si diligents et leurs ouvriers si habiles que le lac aurait été creusé en quinze jours. La reine l'inaugura par une promenade en barque, cette dernière portant le curieux nom de « splendeur d'Aton », un dieu dont la renommée alla croissante jusqu'au moment où il fut brusquement placé au pinacle par le pharaon Akhenaton.

Les portraits de Tiy révèlent un caractère grave, très ferme. Le visage est parfois presque fermé, les traits sont durs. Sans nul doute, la reine était une « femme de tête » Fait surprenant, Tiy était roturière. Peut-on imaginer, au travers du choix fait par Aménophis III, une authentique histoire d'amour qui amena la jeune femme à la plus haute des dignités ?

La présence politique de Tiy est prouvée par une lettre qu'un roi du Mitanni envoya à Aménophis IV après la mort d'Aménophis III. On lit ces phrases : « Tous les mots que j'ai échangés avec ton père, ta mère Tiy les connaît. Personne d'autre qu'elle ne les connaît et c'est auprès d'elle que tu pourras en prendre connaissance. » Tiy n'était donc pas une reine frivole, confinée dans son harem, mais une personnalité de premier plan qui avait accès aux secrets d'Etat. La reine joua un rôle fondamental dans la formation de la pensée du futur Akhenaton et lui inspira certainement une partie de ses options en politique étrangère. Profondément attachée à la grandeur de l'Egypte, elle ne se confina pas dans un nationalisme étroit mais s'attacha à maintenir des liens avec les autres nations.

Le centre des splendeurs, c'est Thèbes aux cent portes. La ville du dieu Amon n'a jamais été aussi somptueuse. Elégants et élégantes se promènent dans les jardins. Les fêtes rythment une fastueuse vie de cour. Seuls paysans et ouvriers portent encore le simple pagne qui constituait le vêtement le plus répandu dans l'Ancien Empire. Désormais règnent les fastes d'une mode compliquée où les grandes robes plus ou moins transparentes rivalisent de raffinement avec des coiffures très élaborées. On fait venir des produits étrangers très appréciés, tels des objets de toilette, des amphores, de la verrerie. De Crète, de Mycènes, des provinces d'Asie et de Nubie arrivent des richesses de toute nature.

Les demeures des grands affichent une très grande aisance. Devant chaque maison, un jardin clos de murs. A l'intérieur, un bassin à lotus et à papyrus où le maître et ses hôtes venaient prendre le frais. Les jardins étaient plantés d'arbres, tels acacias, grenadiers, palmiers. Des kiosques et des tonnelles les agrémentaient. Ces habitations somptueuses se composaient de très nombreuses pièces, salles à manger, chambres à coucher des propriétaires et de leur famille, chambre d'amis, salles de bains, loggia, chapelles privées. Les grands domaines sont de véritables entités économiques, abritant un assez grand nombre d'ouvriers et d'artisans qui travaillent aux pressoirs, aux celliers, aux étables, aux écuries, aux boucheries, aux boulangeries ou aux silos à grain.

Les banquets sont éblouissants. Mais, ne l'oublions pas, les scènes qui en dépeignent l'atmosphère joyeuse et raffinée sont dessinées sur les parois des tombeaux. La mort fait partie de la vie. On apporte des offrandes aux morts dans les tombes, on y célèbre même des banquets, passant ainsi la nuit dans la chapelle funéraire. Les demeures d'éternité des riches Thébains sont autant de chefs-d'œuvre. Dans l'Assassif, nécropole au sud de Deir el-Bahari, le tombeau d'Amenemhat, conseiller privé du roi, contient une salle soutenue par soixante-seize piliers. Dans celui de Kherouef, intendant de la grande épouse royale, d'admirables scènes évoquent la fête de l'érection du pilier-*djed*, symbole de la stabilité divine. Dans la vallée dite « des nobles », le tombeau de l'inspecteur des greniers de Haute et de Basse-Egypte mêle, comme partout, le profane et le sacré. Si le grand fonctionnaire présente ses comptes au roi, installé sous un dais, il ne manque pas pour autant d'accomplir des sacrifices. Le riche univers symbolique et artistique de ces tombes thébaines, où l'on déchiffre à la fois la vie éternelle et la vie quotidienne, mériterait un volume entier.

Aménophis III s'était installé dans le palais de Malgatta, sur la rive gauche du Nil, au sud de Medinet Habou. L'édifice a presque totalement disparu, mais le peu qui demeure tend à prouver qu'il fut sans doute le plus luxueux de tous les palais royaux égyptiens. Les couleurs vives y régnaient en maîtresses. Les décors naturalistes abondaient. Partout, des plantes, des paysages, des oiseaux. Dans la salle des fêtes, Aménophis III célébra ses « jubilés » ou fêtes-*sed*, lors des trentième, trente-quatrième et trente-septième années de son règne, retrouvant ainsi une énergie nouvelle, indispensable pour continuer à gouverner. Des somptueux palais royaux du Nouvel Empire, peu de vestiges subsistent. Construits en brique, et non en pierre, ils n'étaient pas destinés à durer.

Thèbes la richissime est aussi une ville théologique. Elle est plus sainte que les autres cités. C'est là que l'eau et la terre vinrent à l'existence pour la première fois. Thèbes est l'œil du dieu Rê. Tout lui appartient. C'est pourquoi le clergé thébain, grand bénéficiaire de la richesse de l'Egypte, revendique une place de choix dans la vie nationale.

Aménophis III et Tiy ne sont pas aveugles. D'un côté, ils tiennent à la cohésion interne du pays et ne peuvent isoler le grand prêtre d'Amon dans un ghetto. De l'autre, ils se méfient du contre-pouvoir qu'il détient. Dans un premier temps, Aménophis III suit la politique subtile de ses prédécesseurs en maintenant un équilibre entre Héliopolis, Memphis et Thèbes, au moins sur le plan religieux. Rê d'Héliopolis est le créateur, mais la création est assurée par Ptah de Memphis. Rê est un, l'unique qui seul est, mais Amon-Rê est le dieu mystérieux, celui qui n'a ni forme, ni nom, le père des dieux. La « circulation des idées » entre les différentes mythologies et les différents cultes est ainsi assurée avec beaucoup de finesse. Aménophis III ne peut oublier que son prénom est « Rê-est-maître-de-vérité », ce qui implique des devoirs particuliers par rapport à Héliopolis. Non seulement le roi accorde des faveurs aux prêtres du soleil, contrebalançant ainsi l'influence thébaine, mais encore il retire certains privilèges administratifs aux prêtres de Karnak. Nulle trace de conflit ouvert, cependant. Si le roi joue sur la multiplicité des cultes, la situation ne tourne nullement en affrontements doctrinaux.

Quand Aménophis III fait du grand prêtre Ptahmosé le vizir de la Haute-Egypte, il répond sans doute à des exigences amicales. Ptahmosé a eu une brillante carrière parce qu'il a toujours agi selon la vérité que le roi aime et dont il vit. Il a beaucoup travaillé, passant des nuits sans dormir pour remplir sa fonction. Chaque jour, il est le premier à saluer le roi. Il pressent ses intentions. Il a exécuté ses ordres sans négligence. Il a su garder le silence et se montrer modéré.

L'administration de l'Egypte est devenue si complexe que le pharaon est obligé de déléguer une partie de ses pouvoirs à de hauts dignitaires comme les vizirs, le vice-roi de Nubie et le grand prêtre d'Amon. Aucun problème ne se pose si la personnalité du roi régnant est assez forte pour assurer la cohérence du système. Dans le cas contraire, des ambitions peuvent se révéler et mettre en danger l'unité de l'Egypte.

Le grand prêtre d'Amon, qui est le premier « prophète » du dieu, est nommé à son poste par Amon lui-même. Lors d'une procession, la statue du dieu s'incline devant celui qu'il élève à la dignité de chef du clergé. Les rois de la XVIIIe dynastie, cependant, interviennent dans cette nomination. C'est pharaon, en effet, qui confie ses trésors au grand prêtre, le nomme responsable du temple, lui annonce que tout sera désormais placé sous son sceau. En contrepartie, il arrive que le grand prêtre d'Amon, devenu un personnage politique de première importance, exerce son influence dans la nomination des rois. C'est ce qui se produisit lorsque Hapouseneb favorisa la montée sur le trône de la reine Hatchepsout. Le grand prêtre règne sur un nombreux personnel ecclésiastique et laïque, sur une très grande superficie de terres cultivables. C'est Amon qui donne au pharaon la possibilité de vaincre ses ennemis à la guerre : aussi le roi remercie-t-il le dieu en enrichissant son domaine temporel.

Malgré la place prise par Thèbes, Memphis demeure la capitale administrative de l'Egypte et le restera jusqu'à la Basse Epoque. Là, on trouve temples, palais, harem royal. Les pharaons s'y rendent volontiers. Memphis est également une place économique et stratégique essentielle, pourvue d'un port et d'un arsenal. On y croise beaucoup d'étrangers ; la vie y est des plus animées.

Aménophis III aimait la Nubie. Il s'y rendit pour chasser et voyagea jusqu'au sud de la quatrième cataracte. Une révolte nubienne avait eu lieu pendant la cinquième année du règne et elle avait été matée par une armée que commandait le vice-roi de Nubie. Les textes affirment qu'Aménophis III en personne était présent et que son bras puissant captura plus de mille ennemis. En réalité, cette « révolte » dut être très localisée et de fort peu d'ampleur. La Nubie était suffisamment calme pour que les artisans de pharaon y travaillent en paix et édifient des monuments aussi imposants que Soleb et Sedeinga ; c'est également dans cette contrée, loin des regards des prêtres thébains, que le roi fonda un sanctuaire en l'honneur du dieu solaire Aton.

La Nubie est divisée en deux provinces et administrée par un vice-roi qui est représenté avec la crosse, la hache et le flagellum à la droite du pharaon. Le territoire dont il a la charge est grand producteur d'or, indispensable pour orner les temples. Dans les bourgades nubiennes se sont installés des prêtres, des fonctionnaires, des soldats égyptiens qui, cependant, gardent leur identité première et ne se mêlent à la population locale que de manière assez superficielle. Pour donner un exemple significatif, ces militaires affirment que la cuisine nubienne n'est pas fameuse et ne vaut pas l'égyptienne.

Les enfants des principaux notables nubiens sont élevés en Egypte. Profondément influencés par la culture pharaonique, ils sont appelés à devenir les meilleurs émissaires de la politique égyptienne lorsqu'ils retrouvent leur pays pour y occuper les postes importants.

Aménophis III affirme que son royaume s'étend loin au sud et au nord. Au sud, au-delà de Napata, ce qui paraît exact. Au nord, jusqu'au pays du Naharina, ce qui semble n'être qu'un vœu, car la situation évolue rapidement en Asie. L'Egypte se considère encore comme le centre du monde vers lequel convergent les tributs. Lors de son premier jubilé, en l'an 30 du règne, Aménophis III fait établir un relevé des quantités de blé produites par les pays placés sous la domination égyptienne : on atteint le total énorme de vingt-cinq millions d'hectolitres.

Aménophis III est le dieu et le soleil de ses vassaux. Il les protège. Dans une lettre au prince de la ville palestinienne de Gézer, pharaon se présente comme « le roi, ton maître, qui accorde la vie à son vassal ». Il annonce qu'il se porte bien, ainsi que son armée, et que le dieu Amon a placé l'univers sous ses pieds. Chaque année, les vassaux doivent verser des tributs, perçus par les agents de l'administration égyptienne, soit en nature, soit en métaux précieux. L'or est envoyé en caisses scellées lorsque pharaon désire faire des cadeaux à ses alliés. A son arrivée dans les pays étrangers, le métal jaune fait l'objet d'un examen rigoureux en présence des ambassadeurs. De partout, on demande de l'or à Aménophis III pour financer divers travaux. Pharaon sait se montrer généreux. La langue diplomatique est l'akkadien. Pour des raisons religieuses, en effet, les Egyptiens gardent les hiéroglyphes pour leur usage interne. Aussi les scribes qui se destinent à une carrière d'ambassadeur sont-ils obligés d'apprendre les langues étrangères.

L'une des puissances voisines, cependant, se fait inquiétante. Il s'agit des Assyriens qui, après avoir été longtemps dans un état de soumission par rapport au Mitanni et à Babylone, recouvrent progressivement leur indépendance sous l'impulsion de rois énergiques. Aménophis III, tenu au courant de ces mutations, pratique la diplomatie plutôt que l'action guerrière. Avec les Assyriens, il procède à un échange de cadeaux. Avec Babylone, il fait du commerce. Chevaux, métaux précieux, lapis-lazuli circulent entre les deux pays. Chypre échange son cuivre contre de l'or égyptien. Entre eux, les souverains s'appellent « frères » et s'adressent des demandes franches et nettes, bien qu'entourées des indispensables formules de politesse. Quoique les textes égyptiens proclament que les Cyclades, Chypre et la Crète sont des vassaux, la réalité est quelque peu différente. Il s'agit plutôt de relations commerciales fondées sur des traités comportant des clauses spéciales.

Aménophis III resserre ses liens d'amitié avec le Mitanni. Aussi demande-t-il sa fille au roi de cet Etat. Le souverain mitannien, conformément à l'usage, refuse. Aménophis III doit payer une dot. On engage des négociations. La princesse mitanienne sera élevée au rang de reine d'Egypte. Des contrats sont signés, on procède à des échanges de cadeaux.

Le roi de Babylone refuse, lui aussi, de marier sa fille au pharaon égyptien. Il ne sait pas, en effet, ce qu'est devenue une princesse babylonienne autrefois envoyée à Thoutmosis IV. Est-elle encore vivante ? N'a-t-elle pas été reléguée dans un harem de femmes de second rang ? Aménophis III exige un ambassadeur pour ouvrir une discussion. Babylone envoie un fonctionnaire occupant un poste subalterne, manifestant ainsi un vif mécontentement. Il faudra six années pour aplanir le différend entre les deux souverains. Face à l'Egypte, le pouvoir de discussion de Babylone était assez limité. Quand son roi exprima le désir de recevoir une épouse égyptienne en échange de sa fille, il reçut une réponse sévère de la part d'Aménophis III ; jamais fille d'Egvpte ne fut donnée à quiconque. Le Babylonien dut s'incliner et accepter les conditions du pharaon.

Les différents mariages diplomatiques d'Aménophis III furent, en partie, organisés par la reine Tiy. Les filles de rois étrangers étaient bien accueillies en Egypte et occupaient le rang d'épouses secondaires, vivant une vie assez fastueuse dans ce qu'on appelle les « harems » royaux où les femmes, sans être cloîtrées, s'initiaient à leurs devoirs mondains et à certaines activités artisanales.

Aménophis III est un fin diplomate, épris de paix. Un fait nouveau met sa politique en porte à faux : l'ambition hittite. Souppilouliouma, souverain des Hittites, est rusé et manœuvrier. Son but est de mettre fin à l'influence égyptienne en Asie. Le premier pas à franchir est d'anéantir le Mitanni. Les troupes hittites se lancent à l'attaque, mais le traité d'alliance fonctionne. L'armée égyptienne vient au secours du Mitanni. Les Hittites sont repoussés. Leur roi ne désarme pas. Il comprend que, pour vaincre le Mitanni, il faut peu à peu former une coalition assez puissante et soudoyer les petits vassaux asiatiques de l'Egypte dont le loyalisme est chancelant.

Si Aménophis III a perçu le danger, il n'est pas intervenu militairement. On peut sans doute lui reprocher de ne pas s'être rendu en personne, à la tête de son armée, dans les provinces d'Asie et de ne pas avoir entrepris des campagnes d'inspection régulières comme ses prédécesseurs. Mais Aménophis III croyait à la paix, d'autant que des précautions avaient été prises. Sur les routes principales, il existait des postes de surveillance qui repoussaient les étrangers indésirables. Les bouches du Nil étaient gardées par des soldats qui ne laissaient la libre circulation qu'aux bâtiments de la marine royale. Tout passage de frontière est enregistré par les scribes. Des forteresses ferment les voies d'accès vers l'Asie. Le fort d'Eléphantine protège le pays d'une invasion venue du sud. L'Egypte se sent en sécurité.

La politique de pharaon repose en grande partie, cependant, sur la confiance qu'il éprouve envers les souverains étrangers. Les contraintes qui pèsent sur ses vassaux sont assez peu importantes. Chacun d'eux conserve une armée, avec encadrement égyptien dans certains cas, sa culture, sa religion. Il est essentiel que l'information circule bien entre l'Egypte et les autres pays, d'où des missions fréquentes confiées à des messagers royaux et des tournées d'inspection effectuées par des officiers supérieurs. Si un vassal est inculpé pour infidélité à la couronne égyptienne, Aménophis III l'entend avant de le condamner. Si la félonie est prouvée, on prononce la peine de mort. Mais pharaon se montre magnanime. Si le traître reconnaît sa faute, il échappe à la peine capitale.

Les étrangers qui vivent en Egypte ne subissent pas de ségrégation sociale. Même ceux qu'on appelle abusivement « esclaves », et qui sont attachés à un maître, se libèrent facilement par le mariage, prennent un nom égyptien et accèdent à des fonctions remarquables. Aménophis III était persuadé que sa politique consistant à former en Egypte de jeunes princes asiatiques, qui dirigeraient ensuite leurs pays, serait des plus efficaces pour préserver le statu quo international.

A ces méthodes rationnelles, il faut ajouter la magie et les envoûtements qui empêchent les ennemis de nuire. Au temple de Soleb, on voit des sortes d'écussons portant la représentation de peuples étrangers capables de menacer l'Egypte : Mitanniens, Assyriens, Hittites, Mésopotamiens, nomades du Sinaï, etc. On y mentionne même les Shasou de Yahvé. C'est la première attestation connue du terme « Yahvé », qui est ici compris comme désignant une zone montagneuse.

L'attitude d'Aménophis III prouve une horreur profonde de la guerre. On lui reprocha une certaine faiblesse. Il est vrai que des provinces de l'empire ne comptent que sur son armée pour se défendre contre un envahisseur éventuel et réclament souvent des interventions militaires. Peu à peu, les princes syriens se détournent d'une Egypte qui ne semble pas prête à assurer leur protection par les armes. L'exemple de la ville de Tounip, qui, malgré ses demandes d'aide à pharaon, tombe sous l'influence hittite, est assez caractéristique. Correctement informé, lucide, Aménophis III ne souhaite à aucun prix déclencher des hostilités. Certes, son sens aigu de la diplomatie lui permit de préserver la paix. Mais on pouvait légitimement éprouver des craintes si ses successeurs ne se montraient pas à la hauteur de la situation.

La cour d'Aménophis III comptait un personnage d'une considérable envergure, le maître d'œuvre

Amenhotep fils de Hapou. Les sculpteurs l'ont représenté comme ùn homme d'âge mur, profond, méditatif, accroupi en posture de scribe, incarnant le sage par excellence. L'une de ces statues fut placée dans le temple d'Amon, alors qu'il était âgé de quatre-vingts ans. Héraut du dieu, Amenhotep fils de Hapou était né à Athribis, dans le Delta, de parents modestes. Rien ne le destinait à la fabuleuse carrière qui fit de lui le plus grand dignitaire du Nouvel Empire.

Amenhotep fut scribe royal et scribe des jeunes recrues, c'est-à-dire éducateur des adolescents reconnus aptes à accomplir une carrière militaire. Il s'occupait de lever des classes effectuant un temps déterminé avant d'être remplacées par les suivantes. Il veilla également sur l'organisation de la police du désert et sur l'administration des domaines. Chargé du rituel des grandes fêtes, puis chef de tous les chantiers du roi, il devint l'éminence grise de pharaon et orienta la destinée du pays de ses sages conseils.

Amenhotep fils de Hapou écoute ceux qui désirent le voir, mais ne les laisse pas devenir prolixes. Son temps est compté. Il est informé des affaires privées du palais. Confident de son maître le roi, il s'entretient souvent avec lui. Quand le jour se lève, il est déjà occupé à travailler. Expérimenté dans les textes religieux, dans les traditions les plus ésotériques, le chef des maîtres d'œuvre a pénétré dans les domaines les plus mystérieux de la Connaissance. Sa prodigieuse intelligence s'appliquait aux domaines les plus divers, de la métaphysique à la technique. « J'ai été initié aux livres, confie-t-il par le biais d'un texte inscrit sur l'une de ses statues, j'ai eu accès aux formules de Thot, j'étais expert en leurs secrets, j'ai résolu toutes leurs difficultés. » Point de vanité en cela, car nous connaissons l'œuvre d'Amenhotep fils de Hapou : le temple de Louxor, de grands travaux à Karnak (le temple de Khonsou, le temple de Mount, l'allée de sphinx entre Louxor et Karnak), le temple funéraire d'Aménophis III sur la rive ouest dont il ne subsiste que les colosses de Memnon. Autant de chefs-d'œuvre qui justifient la faveur exceptionnelle accordée à l'architecte : élever un temple à son *ka*, son énergie impérissable, non loin de celui de Thoutmosis II.

Amenhotep fils de Hapou fut l'éducateur du jeune prince Aménophis IV, le futur Akhenaton. Il l'éleva dans le respect de la lumière créatrice, dans un esprit religieux où le sens du mystère de la vie, conçue comme un rayonnement animant tout ce qui est, tenait la première place. Le vieux sage mourut à plus de quatre-vingts ans, mais ne disparut pas de la mémoire des Egyptiens. A la Basse Epoque, quand son temple tomba en ruine, on continua de le vénérer en lui rendant un culte. Il fut alors considéré comme guérisseur et des pèlerins vinrent lui demander ses faveurs. A Deir el-Bahari, une chapelle lui était réservée. Il y accomplissait des miracles, et l'on grava sur les murs le récit des guérisons obtenues grâce à ses interventions.

Avec Amenhotep fils de Hapou, c'est le prototype du scribe initié et savant qui est mis au pinacle. S'il pratique bien son art, le scribe peut accéder à la sagesse. Son nom dure éternellement, alors que celui de ses contemporains est oublié. Ses héritiers ne sont ni des monuments, ni des enfants, mais les livres et les enseignements qu'il a écrits. Des livres, il fait les prêtres qui célèbrent son culte ; de la palette de scribe, il fait son fils bien-aimé ; quant à ses pyramides, ce sont ses enseignements. La plume est son fils, la planche à tracer est son épouse. La puissance magique qu'il exprime atteindra ses lecteurs et les orientera sur la voie de la vie.

*
* *

Dans une lettre écrite à Thèbes, le 24 novembre 1828, Jean-François Champollion s'exprime en ces termes : « Là m'apparut toute la magnificence pharaonique, tout ce que les hommes ont imaginé de plus grand... Aucun peuple ancien, ni moderne, n'a conçu l'art de l'architecture sur une échelle aussi grandiose que le firent les vieux Egyptiens. Ils concevaient en hommes de cent pieds de haut et l'imagination qui, en Europe, s'élance bien au-dessus de nos portiques, s'arrête et tombe impuissante au pied des cent quarante colonnes de la salle hypostyle de Karnak. »

Le temple d'Amon-Rê, le roi des dieux, est effectivement le centre d'un des plus grands empires que l'histoire ait connus. Thèbes est le siège d'un roi toujours considéré comme d'essence cosmique puisque, disent les textes, son œil brille plus que les étoiles du ciel. La région thébaine abrite les plus grands temples d'Egypte, les tombes royales, de magnifiques sépultures de notables. Aménophis III donna des directives personnelles à ses artisans concernant l'édification des temples, prouvant l'intérêt qu'il accordait à l'architecture. A Karnak, il fait entreprendre d'immenses travaux, sous la direction d'Amenhotep fils de Hapou. Il crée l'admirable temple de Mout, entouré d'un lac sacré en demi-lune, qui sera restauré par Ramsès III ; le temple dédié au dieu-fils de la triade thébaine, Khonsou, qui incarne l'un des aspects de la puissance lunaire ; le temple dédié au dieu guerrier Montou, grâce auquel tant de victoires ont été acquises. C'est à lui, également, qu'on doit la colonnade centrale de la grande salle hypostyle, cette forêt de pierres où les jeux de lumière révèlent, selon l'heure du jour, tel ou tel aspect des divinités. Aménophis III est aussi l'auteur du célèbre scarabée colossal, installé près du lac sacré, pour rappeler le devenir permanent de l'être et les nécessaires transformations qu'il faut effectuer pour échapper à la « seconde mort » et entrer dans les paradis de l'au-delà.

Le plus grand chef-d'œuvre du règne d'Aménophis III est le temple de Louxor, la demeure du maître des cieux, identique à l'horizon du ciel. Sa colonnade principale est finesse, équilibre, sérénité. Une fois par an, Amon quittait Karnak pour se rendre à Louxor où il prenait la forme du dieu de la puissance fécondante, Min au phallus dressé. Une théologie très complexe justifiait l'implantation de ces deux temples et en expliquait les rapports. Schwaller de Lubicz a prouvé que les maîtres d'œuvre égyptiens ne laissaient guère de place au hasard et concevaient leurs temples comme des êtres vivants, porteurs d'un message spirituel. Aucun de ceux qui ont eu le bonheur de visiter Louxor ne peut en douter.

Une inscription dédicatoire explique qu'Aménophis III fit construire le temple de Louxor en belle pierre blanche, avec des portes en bois d'acacia incrusté d'or ; le nom d'Amon, quant à lui, y était incrusté en pierres précieuses. Louxor s'édifia le long du Nil, selon un axe nord-sud. A cause des crues, le temple fut construit sur un socle de pierre. Le plan originel comprenait une salle hypostyle complétée par des salles cultuelles. On ajouta un pylône, une grande cour et une salle à colonnes relativement étroite, tout en conservant une chapelle triple de Thoutmosis III pour les barques d'Amon, de Mout et de Khonsou. Louxor répond au plan type du temple égyptien du Nouvel Empire : un quai au bord du Nil, une allée de sphinx du débarcadère au temple, des pylônes précédés de colosses royaux, une large cour flanquée de portiques, une salle hypostyle d'où l'on passe à la salle abritant la barque sacrée, un sanctuaire contenant la statue du dieu et entouré de pièces destinées aux archives ou aux objets du culte.

Le temple de Louxor est, en partie, voué à la naissance divine du roi qui était le fils d'une étrangère. Théologiquement, il est le fils d'Amon qui s'est uni à la reine d'Egypte en tant que personne symbolique et non en tant qu'individu charnel. Les scènes qui relatent cette naissance suivent un processus identique à celui que nous avons rencontré au temple de Deir el-Bahari, à propos d'Hatchepsout. Le dieu-bélier Khnoum modèle le roi et son *ka* sur un tour de potier, après qu'Amon, qui a pris le visage de Thoutmosis IV, a rendu la reine enceinte. Les dieux et les déesses aident cette dernière à accoucher. Hathor allaite le nouveau-né et son *ka* avant qu'ils soient présentés à Amon. Enfin, le roi monte sur le trône.

Les reliefs de la colonnade retracent les épisodes de la fête du Nouvel An au cours de laquelle les barques divines, venant de Karnak, allaient vers

Louxor. C'était l'occasion d'une très grande festivité, le but des réjouissances étant de régénérer la puissance divine qui assurait le maintien de l'ordre du monde.

Une scène du premier vestibule nous paraît caractéristique de l'attitude d'Aménophis III envers la divinité. Il est agenouillé devant Amon qui lui offre la vie tout en lui « magnétisant » la nuque de sa main droite. On ne saurait mieux exprimer que la force détenue par le roi est d'essence divine. Aussi se doit-il d'« offrir la maison à son maître », selon l'expression égyptienne, c'est-à-dire le temple de Louxor à Amon.

Cet édifice, où l'on peut admirer les plus belles colonnes créées par l'art égyptien, subit certaines transformations sous le règne de Ramsès II. Il fut restauré à la XXVIe dynastie et à la XXXe. Alexandre le Grand fit construire une chapelle pour la barque d'Amon, le dieu qui lui avait permis d'être couronné pharaon. A la fin du IIIe siècle après J.-C., les Romains dressèrent là un camp militaire et utilisèrent des blocs provenant du temple. Le premier vestibule faisant suite à la salle hypostyle devint une chapelle chrétienne. Les chrétiens martelèrent les bas-reliefs, décapitèrent des colonnes et détruisirent des escaliers. Le temple n'est toujours pas entièrement dégagé, puisqu'une mosquée occupe l'angle nord-est de la première cour. On doit également regretter le fait qu'il n'ait pas encore été l'objet d'une publication exhaustive.

Il est un autre temple qui, d'après ses vestiges, ne cédait rien en beauté à Louxor. Il s'agit de Soleb, construit près de la troisième cataracte du Nil, en plein désert de Nubie. Le plan type y était appliqué, avec le dispositif habituel de pylônes, de cours, de l'hypostyle (à vingt-quatre colonnes) et du sanctuaire. Outre l'élégance de la construction, caractéristique d'Aménophis III, Soleb présente une originalité marquante : sa décoration livre des clefs importantes de la fête-*sed*, cérémonie de la régénération du pharaon. Breasted avait comparé ce temple, fièrement campé dans son isolement, difficile d'accès, au Parthénon. Non loin de Soleb, dont le nom égyptien était « Apparaissant-en-vérité », Aménophis III avait fait ériger le temple de Sedeinga, pour le culte de son épouse, la reine Tiy.

Une stèle du British Museum montre Aménophis III assis devant une table de victuailles. Il sourit, mais il paraît âgé, grossi, fatigué. Son corps a tendance à s'affaisser. L'œuvre accomplie est glorieuse, mais l'avenir est inquiétant. Le danger hittite n'a pas été conjuré. Tout dépendra de la valeur du pharaon qui succédera au vieux roi. Pourtant, grâce à Aménophis III, la douceur de vivre a régné sur l'Egypte. Les hommes de son temps n'ont-ils pas goûté la beauté des jardins des temples et des demeures privées, la fraîcheur de l'ombre et du vent du nord, les pièces d'eau entourées d'arbres et couvertes de lotus blancs et roses ? N'ont-ils pas apprécié les merveilleux fruits de la campagne que l'on déguste en devisant avec des amis ? Les temples n'ont-ils pas été construits selon la volonté des dieux ?

Avec le recul du temps, il apparait que le règne d'Aménophis III fut celui de la lumière. Non point une clarté aveuglante, voire cruelle, mais une chaleur vivifiante, une paix réelle qui s'était instaurée dans l'esprit des hommes comme dans le corps de l'Etat.

14

AKHENATON L'HERETIQUE

Pendant dix-sept ans, de 1364 à 1347, l'Egypte va connaître une étrange aventure, sous la direction d'Aménophis IV-Akhenaton. Ce règne marque une rupture dans l'évolution historique de l'Egypte. Porté au pinacle par les uns, considéré comme fou par les autres, Akhenaton est une figure exceptionnelle. Il changea de nom, modifia les traditions religieuses, créa une capitale nouvelle, tenta d'organiser une société différente. Son cheminement intérieur ne fit pas de lui un mystique stérile, puisqu'il parvint à mettre ses visions en pratique, agissant au nom du pouvoir royal dont il était investi.

L'art de l'époque d'Akhenaton, qui tranche très nettement sur l'œuvre des autres pharaons, a beaucoup impressionné les esthètes contemporains. On a beaucoup parlé de déformations, d'excès, d'expressionnisme parfois délirant.

L'égyptologue Arthur Weigall a pourtant tracé un portrait idyllique d'Akhenaton : « Il nous a exposé, il y a trois mille ans, l'exemple de ce que devait être un époux, un père, un honnête homme, de ce que devait ressentir un poète, enseigner un prédicateur, poursuivre un artiste, croire un savant et penser un philosophe. Comme d'autres grands maîtres, il sacrifia tout à ses principes ; sa vie, hélas ! montra à quel point ses principes étaient impraticables. » Portrait d'un Akhenaton romantique, paré de toutes les vertus, isolé dans un monde trop dur. En réaction contre cette analyse, d'autres égyptologues se demandèrent si Akhenaton n'était pas l'esclave d'une tare physique. Alexandre Moret écrit : « Il était un adolescent de taille moyenne, à l'ossature grêle, aux formes arrondies et efféminées. Les sculpteurs du temps nous ont rendu fidèlement ce corps d'androgyne dont les seins proéminents, les hanches trop larges, les cuisses trop galbées, ont un aspect équivoque et maladif. La tête n'est pas moins singulière, avec son ovale très doux, le pli des veux un peu oblique, le dessin amolli d'un nez long et fin, la saillie d'une lèvre inférieure proéminente, le crâne arrondi et fuyant ; elle se penche comme si le cou était trop faible pour la supporter. » Entre le mystique idéaliste et le malade mental, où se situe la frontière ? Certains n'ont pas hésité à la franchir, d'autres ont même précisé le mal dont souffrait le roi : le syndrome de Frôhlich, une affection sexuelle grave. Le grand Mariette considérait Akhenaton comme un prisonnier châtré ramené de Nubie par les troupes égyptiennes. Lefébure se demandait s'il n'était pas une femme déguisée en homme.

De son temps comme du nôtre, Akhenaton a déclenché des passions. Pourtant, si un modeste fragment de statuette (6 cm de haut, musée de Bruxelles) nous restitue bien son visage, que de sérénité, que de lumière dans la vision intérieure transmise par cet objet. Aucun trait anormal, aucune déformation. Il s'agit là d'un des plus beaux portraits de l'art égyptien, où la jeunesse s'allie à la profondeur, où une sensibilité intense se joint à la méditation. Sans nul doute, Akhenaton fut un être de contrastes et de conflits ; mais peut-être parvint-il à atteindre la lumière glorifiée par les textes dédiés à son dieu, Aton.

Si la documentation datant du règne d'Akhenaton est relativement abondante, les matériaux historiques précis sont assez rares. C'est pourquoi bien des aspects de cette troublante époque demeurent encore obscurs.

Aménophis IV-Akhenaton est le fils d'Aménophis III et de Tiy, pense-t-on généralement. Il passa son enfance et son adolescence dans le splendide palais thébain de Malgatta. L'éducation d'un futur pharaon se fondait sur un double enseignement, intellectuel et physique. En ce qui concerne l'activité sportive, il ne semble pas que le jeune homme ait manifesté un goût particulier pour la chasse et le maniement des armes. En revanche, il bénéficia d'un climat de spiritualité tout à fait exceptionnel, dont le maître d'œuvre Amenhotep fils de Hapou était en grande partie responsable. Ce dernier, de par sa formation et les exigences de son art, n'aimait guère les songe-creux. Il éduqua Akhenaton d'une manière rigoureuse et lui indiqua, de même que son père, les devoirs sacrés inhérents à la charge de roi.

Les tendances mystiques du futur monarque devaient être aisément décelables. Mais l'on discute encore pour savoir s'il subit une influence de la part d'Aménophis III et de certains penseurs. Il est indéniable, nous semble-t-il, que l'époque est marquée par une religion relativement « ouverte » où les cultes solaires occupent une place non négligeable à côté de la vénération envers Amon. Pour un esprit qui devait faire de la lumière la « substance » divine par excellence, le contexte intellectuel était favorable.

Aménophis IV monte sur le trône en 1364, âgé de quinze ans. Il est probablement déjà marié à Nefertiti, dont le nom signifie « la belle est venue », mais dont on sait qu'elle était une Egyptienne de pure souche. Le nouveau roi, cependant, aurait dû épouser la princesse héritière. Peut-on parler d'un mariage d'amour entre deux adolescents ? C'est peu probable. Ce sont les dirigeants de l'Egypte qui avaient imposé cette union d'où devait naître une authentique passion entre deux êtres d'exception.

On a parfois supposé que Nefertiti était la fille d'Aménophis III, mais aucune preuve décisive n'a été apportée pour étayer cette hypothèse. Elle ne porte jamais le titre de « fille de pharaon ». Nefertiti, en réalité, appartenait à la famille d'un grand personnage de la cour.

La cérémonie du couronnement est l'occasion d'une grande fête à Thèbes. De partout affluent les cadeaux. L'Egypte est forte. Pour prendre un exemple précis, pharaon entretient d'excellentes relations avec le roi de Chypre qui lui envoie un vase sacré de grande valeur en guise de félicitations ; il demande en échange des tissus, un char doré, des vases et d'autres cadeaux, évoquant les navires qui voguent entre les deux pays et assurent le trafic commercial.

Un problème fondamental se pose pour la lecture historique du début du règne : Aménophis III et

Aménophis IV règnent-ils plusieurs années ensemble, selon le principe de la corégence, ou bien Aménophis IV occupe-t-il seul le trône ? Le débat est toujours ouvert, bien que la première solution soit la plus fréquemment adoptée. Selon l'hypothèse choisie, les datations et l'interprétation de certains événements varient.

Le nouveau pharaon adopte la titulature traditionnelle. Jusqu'à l'an 5 du règne, on note simplement, dans les inscriptions, quelques particularités. Aménophis IV se dit « Unique de Rê » ou « Premier prophète de Rê-Harakhty », marquant ainsi une dévotion particulière envers le dieu soleil. A Thèbes même, il fait construire un sanctuaire nommé « Aton est trouvé », où l'on voit Rê-Harakhty sous la forme d'un disque solaire qui émet des rayons se terminant par des mains. Le soleil est considéré comme un roi, il partage la souveraineté avec le pharaon, il célèbre des jubilés comme lui.

Aménophis IV et son épouse Nefertiti sont inséparables. Ils président ensemble les rites religieux et les cérémonies officielles. La tombe du vizir Ramose est un excellent témoin de l'évolution qui se produit. Une partie du monument de ce très grand personnage est décorée de manière classique. Lorsque Ramose fait une offrande florale en l'honneur d'Aménophis IV, le roi est représenté de manière « normale », dans le style habituel ; mais lorsque Ramose reçoit des colliers d'Akhenaton et de Nefertiti, c'est le style amarnien, avec sa caractéristique déformation des corps, qui est adopté.

Lors de la cinquième année de règne, le jeune roi prend une décision capitale. Il change de nom. Il ne s'appelle plus Aménophis, nom dans lequel figure le dieu Amon, mais Akhenaton, ce qui signifie « serviable pour Aton » ou, plus probablement, « esprit efficace d'Aton ». Désormais, c'est le dieu Aton qui protégera la royauté. La politique étant inséparable de la religion, c'est la destinée même de l'Egypte qui s'en trouvera modifiée.

Le père d'Akhenaton se nomme Aménophis, mais son fils n'a aucun ressentiment envers lui. Il existe plusieurs représentations où le nouveau pharaon présente des offrandes à Aménophis III déifié. Ce n'est pas contre le dieu Amon en tant que tel qu'Akhenaton est décidé à combattre, au moins dans la première phase de sa « révolution », mais contre son clergé, contre les hommes chargés de pratiquer un culte et qu'il juge sans doute indignes de leur tâche. Ce n'est pas un hasard si Akhenaton adopte le titre de grand prêtre d'Héliopolis, à savoir « le plus grand des voyants », qui le rattache ainsi à la plus ancienne expression religieuse de l'Egypte, jugée plus pure que la religion thébaine.

C'est pourtant à Karnak, dans le fief d'Amon, qu'Akhenaton impose sa vision. Les colosses qui le représentent sont particulièrement impressionnants. Le roi est androgyne. Il a ordonné aux sculpteurs de créer un corps qui mélange les caractéristiques masculines et féminines. Le visage est volontairement déformé, prenant des aspects tantôt souriants, tantôt inquiétants, selon les angles sous lesquels on le contemple. Le bassin est élargi de manière à évoquer la fécondité : pharaon n'est-il pas à la fois le père et la mère des êtres ? La légère obésité, le dos quelque peu voûté évoquent peut-être la posture du scribe, c'est-à-dire du sage dont l'esprit domine le corps. Ces statues colossales ont mis mal à l'aise beaucoup d'observateurs qui ont accusé Akhenaton de sensualité mystique mêlée de folie. N'oublions pas, cependant, que l'allure générale et le type symbolique du colosse respectent le canon artistique traditionnel. Ce n'est pas l'individu Akhenaton qui est ainsi représenté, mais le roi en fonction qui insiste sur certains aspects de sa personne théologique.

Les prêtres d'Amon n'étaient pas au bout de leurs surprises. Pour imposer son idéal, Akhenaton n'entendait pas partager son autorité, d'autant plus que sa politique religieuse ne pouvait s'accorder avec le conformisme du grand prêtre d'Amon. Akhenaton estime qu'il lui appartient de rétablir l'ordre normal des choses en prouvant qu'il est le seul maître de l'Egypte. Son but est d'enlever aux religieux la gestion de biens temporels considérables qui appartiennent, en droit, à la couronne.

De plus, il faut constater que l'Egypte – et Thèbes en particulier – avait accueilli beaucoup d'étrangers pendant le Nouvel Empire. La capitale avait donc été le lieu d'un grand brassage d'idées et de doctrines. Il est fort probable qu'Akhenaton eut l'idée d'une religion à tendance universaliste qui serait capable de se substituer aux croyances amoniennes, le terme d'« universaliste » s'appliquant ici au monde civilisé connu par le roi. Même si telle n'était pas son intention profonde, on ne peut nier qu'il se soit appuyé sur les classes « moyennes » de la population et sur un certain nombre d'étrangers intégrés à la société égyptienne. C'était sans doute pour lui le seul moyen de lutter contre les nantis et la caste des prêtes de Karnak dont la puissance semblait inébranlable.

Pour Akhenaton, Thèbes n'est plus qu'un carcan dont il désire s'évader. Sa décision est prise : fonder une cité nouvelle à la gloire d'Aton. Il est indispensable, en effet, que le nouveau dieu d'Etat bénéficie d'un site totalement neuf, pur de toute influence passée. Chaque ville d'Egypte est protégée par une divinité. La religion d'Aton exige un cadre inédit. Le dieu n'avait pas encore de lieu de culte, de demeure privilégiée dans le pays. Le roi lui en donne un : Akhetaton, « l'horizon d'Aton ».

L'événement se produit la sixième année du règne. Le site choisi dans le nome hermopolite, à mi-chemin entre Memphis et Thèbes, sur la rive droite du Nil. Les montagnes de l'Est laissent un grand dégagement devant le fleuve. Les terrains de la rive gauche sont propices à l'agriculture et à l'élevage et pourront donc assurer le ravitaillement des habitants. « Cet immense cirque de montagnes arrondies qui se déploie autour du Nil, écrit Bernard Pierre en décrivant le site d'Akhetaton (dont le nom moderne est Tell el-Amarna, souvent abrégé en Amarna), ce désert buriné qui s'étale à l'intérieur de l'amphithéâtre, cette palmeraie vert cru qui s'allonge sur plusieurs kilomètres le long du fleuve et derrière lequel se cachent des villages en pisé, tout cela compose un des plus purs et un des plus beaux paysages que l'Egypte puisse offrir. »

Akhenaton se rendit sur l'emplacement de la cité future en compagnie de dignitaires. Sur son char, il fit le tour du domaine d'Aton. Loin de Thèbes, Akhetaton n'appartenait ni aux dieux ni aux hommes. Elle pouvait sortir du néant, croître sous les rayons du soleil. Le roi jura de ne plus quitter sa nouvelle capitale. Il tiendra son serment.

Les terrains environnants sont propices à l'agriculture et pourront donc assurer le ravitaillement immédiat des habitants. La superficie de la cité du soleil est délimitée par des bornes frontières. Leurs textes nous apprennent que, le treizième jour du huitième mois de la sixième année de règne, Akhenaton sortit de la tente où il avait passé la nuit, monta sur son char d'or et s'élança vers le nord afin de fixer les limites de la nouvelle capitale de l'Egypte. Après avoir sacrifié aux dieux, il prit la direction du sud. Lorsque les rayons du soleil brillèrent sur lui, il s'arrêta. Aton en personne lui avait indiqué le terme de sa cité. Jamais cette frontière ne sera franchie, pas plus que les autres, à l'est ou à l'ouest. Curieux serment : le roi jure que ni lui ni son épouse ne dépasseront les stèles frontières. Akhetaton, dès l'origine, est figée pour l'éternité dans son espace premier. La notion de croissance est exclue. Le serment sera renouvelé en l'an 8 du règne.

Tout le périmètre de la ville appartient à Aton. C'est sa terre, l'endroit où il s'incarne. Dans un grand discours adressé à ses courtisans, à ses soldats et à ses fidèles, le roi explique qu'Aton a souhaité se fixer dans une cité. C'est le dieu lui-même qui a choisi ce site, personne d'autre. Le roi exige que son corps soit ramené ici, même s'il meurt dans une autre ville d'Egypte. Le taureau Mnevis d'Héliopolis sera également enterré à Akhetaton. Le détail prouve les rapports étroits que le roi entretenait avec les plus anciens cultes.

Les courtisans, enchantés par le discours du roi, assurent que toutes les nations viendront présenter leurs offrandes à Aton. L'univers entier est animé par le soleil : il est juste qu'il lui rende grâce.

« Seul l'Aton, mon père, m'a mené jusqu'à cette cité de l'horizon », proclama Akhenaton. Le territoire où elle s'édifie appartient au Père céleste, qui a tout créé, montagnes, déserts, prairies, îles, sol, terre, eaux, hommes et bêtes. Lors de la fondation officielle, Sa Majesté apparut sur un char d'électrum tiré par une paire de chevaux. Il apparut semblable à Aton et remplit le Double Pays de son amour.

La ville d'Aton fut bâtie très vite. Quatre ans après le début des travaux, elle abritait une importante population. Cette rapidité explique que les monuments et les maisons soient parfois d'une qualité médiocre. Dans le cadre d'une propagande anti-Akhenaton, certains prétendirent que les criminels envoyés aux carrières pour purger leur peine avaient été les premiers adeptes du nouveau dieu.

Il faut imaginer, en réalité, un important transfert de population de la région thébaine vers Akhetaton. De nombreux cadres de l'administration, des scribes, des prêtres, des militaires, des artisans, des paysans quittèrent leurs postes pour suivre le pharaon. Parmi les architectes et les sculpteurs figurent des maîtres, mais le roi ne leur laisse guère de temps pour construire édifices civils et religieux. On utilise un maximum de briques séchées. On crée un urbanisme simple et clair. La cité est accueillante, avec ses larges avenues, ses zones vertes, ses parcs, ses grandes demeures nobiliaires. Tout est fait pour que le soleil circule librement.

Le grand temple d'Aton est le cœur de la ville. Long d'environ huit cents mètres et large de trois cents, son nom est « temple de la pierre levée (le *benben)* », faisant allusion à l'un des symboles majeurs du temple d'Héliopolis. Le *benben* était la pierre mystérieuse sur laquelle le soleil s'était levé à l'origine des temps. Ce grand temple est différent des autres sanctuaires de la XVIIIe dynastie : plus de salles obscures où le culte est célébré dans le secret, mais une enfilade de cours à ciel ouvert menant vers le grand autel d'Aton. L'ancien *benben* est remplacé par une grande stèle où sont représentés Akhenaton et sa famille faisant un acte d'adoration à Aton. Le temple du dieu est essentiellement un lieu d'offrandes, pourvu de nombreux autels pour rendre hommage à la toute-puissance du soleil.

Il ne faudrait pas oublier, dans cette perspective, que tous les pharaons sont des « fils de Rê » depuis la Ve dynastie. Les monarques de l'Ancien Empire qui créèrent ce titre demandèrent à leurs architectes de construire des temples à la gloire du soleil. Le plus célèbre d'entre eux est celui de Neouserrê (2420-2396 avant J.-C.), édifié sur le site d'Abou Gorab, au nord d'Abousir et au sud de Guizèh. Il existait un temple d'accueil près de la vallée, puis une chaussée montant vers le temple lui-même, dont le centre cultuel était un obélisque dressé sur un soubassement en forme de tronc de pyramide. Sans doute le grand temple d'Héliopolis servit-il de modèle aux sanctuaires solaires de la Ve dynastie et, au moins partiellement, au grand temple d'Aton à Amarna.

La façade de l'immense palais royal atteignait environ huit cents mètres. Il se dressait le long de l'axe principal de la ville et était relié aux appartements privés du pharaon par un passage surplombant la rue. On accédait au palais par un jardin en terrasses. Akhenaton avait voulu dominer sa cité, placer sa demeure temporelle en hauteur, pour être plus près du soleil. Des vestiges montrent que la décoration, d'inspiration naturaliste, était remarquable : rameaux de vignes, fleurs, fourrés de papyrus composent une nature luxuriante qui n'est pas sans évoquer celle de l'art crétois.

Au nord du palais existait une sorte de parc zoologique où les fouilles exhumèrent des enclos à animaux, des mangeoires et des fragments de décor où était célébré le monde animal. Peut-être des espèces rares y étaient-elles élevées.

Amarna veut être une capitale : aussi comprend-elle un quartier des ministères, un édifice destiné à abriter le Trésor public, une école de fonctionnaires, des quartiers commerçants et ouvriers où les plus petites maisons comprennent quatre pièces.

Sans doute Akhenaton conçut-il un projet grandiose : édifier deux autres capitales solaires, l'une au sud de l'Egypte, dont des traces ont été retrouvées, l'autre au nord, peut-être en Syrie, dont l'existence est hypothétique.

De la nouvelle capitale, bornée par ses stèles frontières, partaient des routes dont l'une aboutissait à la nécropole formée d'hypogées où le roi et les grands espéraient se faire enterrer. Comme toujours en Egypte, la mort était intégrée à la vie quotidienne. La cité d'Aton, comme les autres, était liée aux « demeures d'éternité ». Ces dernières, creusées dans le roc, sont presque toutes inachevées, voire simplement ébauchées. L'existence d'Akhetaton fut brève. Peu de hauts personnages y moururent.

« Grande par son charme, agréable pour les yeux par sa beauté » : tel est le témoignage que nous livre l'un des habitants d'Amarna en contemplant sa ville qu'on alla même jusqu'à qualifier de « vision céleste ». Le cœur de l'Egypte d'Akhenaton y battait. Vivre en cet endroit, c'était d'abord remercier le soleil pour la joie qu'il plaçait dans le cœur des hommes. Quand Akhenaton et Nefertiti passent dans les rues, sur leur char splendide, ils déclenchent les acclamations du peuple qui crie : « Vie, santé, force ! » Les cérémonies religieuses sont nombreuses et rythment la vie quotidienne. Le roi accueille les ambassadeurs des pays étrangers qui viennent offrir leurs tributs. Souvent, tel le soleil qui apparaît à l'horizon, pharaon se montre à la loggia de son palais, ouverte dans le passage surélevé qui mène aux bâtiments administratifs. C'est là qu'il récompensait ses fidèles sujets en leur offrant des colliers d'or.

Amarna pouvait vivre en autarcie. Les demeures les plus opulentes étaient conçues comme des villas gallo-romaines ou des fermes médiévales. Mais il est probable que des produits étaient livrés par le Nil. La nouvelle capitale était d'ailleurs bien protégée, puisque des patrouilles, où l'on note la présence de Nubiens et d'Asiatiques, surveillaient ses abords, rendant une attaque surprise impossible. Le tombeau numéro neuf d'Amarna, le seul dont le caveau soit terminé, est précisément celui du chef de la police militaire du roi. On le voit dans son rôle religieux, en adoration devant le soleil, mais aussi dans sa fonction administrative, faisant des rapports, vérifiant l'état des postes de garde. Il est décoré par Akhenaton qui le récompense de l'excellence de ses services.

Comment se composait la population d'Amarna ? D'abord, d'une majorité d'Egyptiens qui avaient suivi le roi, tel son maître d'hôtel Parrenefer, abandonnant sa tombe thébaine, décorée dans le style « traditionnel », pour adopter la religion d'Aton. Il est certain qu'une bonne partie du personnel administratif thébain, fidèle à la monarchie pharaonique, continua à servir Akhenaton. Des personnalités connues de la cour d'Aménophis III conservent leur rang. Il n'y eut donc aucune « chasse aux sorcières » et l'on ne relève, à cette époque, nulle trace de guerre civile. Le pharaon, en effet, demeure le maître du royaume. Quelle que soit la colère du clergé thébain, il ne peut encore que s'incliner.

Akhenaton, s'écartant de Thèbes, s'éloigne aussi de certaines castes de notables. Fait remarquable, il utilise des hommes nouveaux, notamment un certain nombre d'étrangers. Des noms du type de « Akhenaton m'a créé » sont des plus significatifs. Parmi eux, il se glissa certainement des ambitieux qui voyaient dans l'« atonisme » le meilleur moyen de faire une carrière rapide. Mais on ne peut nier l'existence de croyants sincères. Parmi les meilleurs collaborateurs d'Akhenaton, le vizir Nakht, Hatiay, l'architecte en chef, Meri-Rê, le grand prêtre d'Aton, Ranufer, le supérieur des chars et des chevaux, Pahehsi, le supérieur des troupeaux. Les structures essentielles de l'Etat ne sont pas modifiées, même si ces hommes n'appartenaient pas à l'aristocratie thébaine. On observe des innovations dans la langue égyptienne, où entrent des tournures parlées, voire populaires ou d'origine étrangère.

Aux côtés d'Akhenaton, la reine Nefertiti tient une place essentielle. Un profond amour les unit. Elle est aussi engagée dans l'« atonisme » que son mari. Nefertiti est devenue le symbole de la beauté de la femme égyptienne. Il est vrai que ses deux extraordinaires portraits, conservés l'un à Berlin, l'autre au Caire, exercent toujours une fascination à laquelle personne ne reste insensible.

Nefertiti remplit une fonction religieuse. Elle est « celle qui fait reposer l'Aton par sa voix douce et ses belles mains portant des sistres ». Participant activement aux rites, elle est grande prêtresse d'un sanctuaire particulier où l'on célèbre le coucher du soleil. Un bloc venant du site d'Héliopolis, et conservé au Museum of Fine Arts de Boston, offre une scène surprenante : Nefertiti, couronnée et en posture de pharaon, frappe de sa massue un ennemi qu'elle a empoigné par les cheveux. Il s'agit là d'une attitude très classique, mais réservée aux pharaons mâles. Indique-t-elle que Nefertiti était investie d'un pouvoir particulier ?

Cette reine, dont les responsabilités politiques sont évidentes, est aussi une mère. L'amour des enfants et de la famille est une dominante de son caractère, comme de celui d'Akhenaton. Ils mirent au monde six filles. L'existence d'une épouse secondaire, nommée Kia, n'interfère en rien dans la vie du couple royal. Dans l'esprit du roi, la famille est symbole de la vie divine. L'amour conjugal est la traduction humaine de l'amour divin et mérite d'être proclamé par les artistes. Le thème appartient d'ailleurs au plus vieux fond égyptien. Il suffit de regarder certains groupes sculptés de l'Ancien Empire pour comprendre que l'union de l'homme et de la femme est conçue dans une perspective sacrée. La nouveauté réside dans l'expression de cette certitude, dans ce qu'on a nommé le « naturalisme » amarnien. Le roi et la reine n'hésitent pas à se faire représenter nus, à nous faire entrer au cœur de leur foyer. La nature, comme il est chanté dans le grand hymne à Aton, est œuvre divine. Le corps humain, comme les oiseaux, les plantes ou les poissons, est animé par la lumière.

Akhenaton et Nefertiti aiment évoquer la tendresse qu'ils éprouvent pour leurs enfants. Songeons à ce bas-relief où la reine, assise sur les genoux du roi, tient une de ses petites filles ; à cette statuette montrant Akhenaton qui embrasse l'une d'elles ; à ces bas-reliefs si émouvants où le roi et la reine, désespérés, pleurent devant le cercueil de Meket-Aton, leur seconde fille, morte de maladie. Cet événement, qui survint en l'an 12 du règne, fut ressenti par le roi comme une épreuve d'une très grande cruauté. Fait curieux : dans le nom des cinquième et sixième filles du couple royal, le nom d'Aton est remplacé par celui de Rê, sans doute pour des raisons religieuses.

Si l'on peut dire d'Akhenaton et de Nefertiti qu'ils formèrent réellement un couple solaire, c'est que la volonté d'affirmer leur amour comme un symbole de lumière est évidente. N'oublions pas que le grand hymne à Aton, sorte de manifeste de la religion nouvelle, se termine par une dédicace qui fait de la reine la destinataire de toutes les beautés du monde, créées par la divinité. Un texte gravé sur l'une des stèles frontières d'Amarna donne de Nefertiti cette admirable description :

Claire de visage,
Joyeusement ornée de la double plume,
Souveraine du bonheur,
Dotée de toutes les vertus,
A la voix de qui on se réjouit,
Dame de grâce, grande d'amour,
Dont les sentiments réjouissent
Le seigneur des Deux Pays…
La grande et bien-aimée épouse du roi,
Dame des Deux Pays, (dont le nom est)
« Belles-sont-les-beautés-d'Aton »,
« La-belle-est-venue »,
Vivante à jamais.

*
* *

L'expérience religieuse d'Akhenaton fascine depuis longtemps tous les chercheurs. Amarna n'a pas été fondée sur un coup de tête, mais pour mettre en pratique une foi particulière. Aton est un dieu d'amour et de lumière s'incarnant dans le disque solaire, dont les rayons créateurs se terminent par des mains qui donnent la vie. Il est l'énergie qui fait croître tout ce qui existe et adopte le canal du soleil pour se manifester. Le roi est son prêtre et son prophète. Il enseigne lui-même la religion d'Aton. Des dignitaires d'Amarna ont reconnu qu'ils ont été initiés à la connaissance des mystères d'Aton par le roi en personne. Akhenaton fut un authentique maître spirituel, distribuant la « parole de vie » et s'attachant à ce rôle d'éducateur.

Au début de la « révolution » religieuse qui s'appuie, en réalité, sur des bases très anciennes où la sagesse héliopolitaine est essentielle, Aton est le premier des dieux, le plus important d'entre eux. Puis la situation change. Les choses les plus perverses qu'il ait eues à subir, affirme le roi, étaient les paroles des prêtres. Or ceux-ci sont au service des dieux. Akhenaton tente de démanteler ce système cultuel en faisant marteler le nom des autres dieux, Amon en tête, ce qui équivaut à les anéantir. Les causes et l'application de cette politique religieuse, cependant, demeurent assez obscures. Elle ne fut d'ailleurs pas systématique ; de plus, à Amarna même, des indices montrent que la population continuait à rendre hommage à des divinités autres qu'Aton.

L'un des faits majeurs est la suppression des cultes osiriens. Akhenaton commit là une faute lourde de conséquences, car le peuple était très attaché à cette religion d'espérance en l'au-delà, de justice divine s'appliquant aux riches comme aux pauvres. Mais Osiris est à l'opposé d'Aton, il est le principe des ténèbres face au principe de la lumière. Il est probable que le pharaon adopta, en ce domaine, une position trop radicale.

Le mot « dieux », au pluriel, est supprimé. Dans ses anciens noms, Akhenaton comptait celui d'Aménophis. Il le fait marteler. Il ne laisse subsister que celui de Nebmaâtrê, où figurent le dieu solaire Rê, et la déesse Maât, qu'il considère comme le souffle de la vie divine. C'est d'ailleurs Akhenaton qui, en tant que prêtre, « donne Maât dans les corps », c'est-à-dire la vie à ses sujets. Le vœu des morts est de sortir au matin du monde inférieur, de voir Aton qui se lève, de participer aux offrandes qui lui sont consacrées, d'entendre la voix du roi célébrant le culte. C'est d'ailleurs pourquoi le roi est présent dans le décor des tombes où on le voit souvent remettre l'or de la récompense à ses fidèles serviteurs.

Curieusement, Akhenaton entretient d'excellents rapports avec sa mère, la reine Tiy, qui vient lui rendre visite dans la cité d'Aton. Il fait élever pour elle un édifice religieux et l'accueille avec solennité, elle qui incarnait pourtant l'ancien monde thébain. La scène d'une tombe amarnienne montre même Akhenaton tenant sa mère par la main et l'introduisant dans un sanctuaire. Au-dessus d'eux brille un soleil dont les rayons se terminent par des mains. Une procession les suit. L'amour maternel de Tiy était-il plus fort que ses conceptions politiques ? Ou bien, après la mort de son mari, Aménophis III, s'est-elle ralliée à l'« atonisme » ? Ou bien encore a-t-elle simplement accepté un état de faits, obéissant, comme les autres, aux ordres du maître de l'Egypte ?

Car Akhenaton a réussi dans son entreprise. Il est redevenu un roi absolu, seul intermédiaire entre les dieux et les hommes, comme les monarques de l'Ancien Empire. Son style de vie diffère, cependant, car il veut se montrer humain, plus proche de ses sujets. Mais la réalité du pouvoir est la même.

Changer de capitale, promouvoir une nouvelle religion étaient des tâches d'une ampleur considérable qui occultèrent quelque peu les autres devoirs du pharaon. L'un d'entre eux, pourtant, aurait exigé les soins les plus attentifs : le *leadership* de l'Egypte. Akhenaton est conscient de l'existence d'autres peuples, d'autres civilisations, d'autres coutumes : mais tous dépendent d'Aton qui les a créés. Aussi adopte-t-il une attitude pacifique. Il déteste la guerre, les conflits, préfère continuer la politique de l'échange des cadeaux, croyant que le prestige de l'Egypte suffira à préserver l'équilibre au Proche-Orient.

En l'an 12, une grandiose cérémonie, au palais d'Amarna, rassemble des délégations étrangères venues d'Asie, de Libye, de Nubie et des îles égéennes. Mais le faste fait illusion. La situation internationale tourne peu à peu en défaveur de l'Egypte. Or, la responsabilité de pharaon est engagée vis-à-vis de ses alliés. Lorsque les caravanes officielles du roi de Babylone sont pillées, ce dernier demande à être indemnisé des pertes qu'il a subies. Akhenaton est considéré comme le protecteur de ses vassaux, mais ce devoir ne semble pas avoir été exercé dans toute sa rigueur. Les Hittites eurent beau jeu de « retourner » les alliés de l'Egypte, pour adopter un terme de l'espionnage contemporain, en insistant sur la faiblesse et les tergiversations du pharaon régnant.

Akhenaton semble avoir fait confiance à ses ambassadeurs qui prirent en charge la politique étrangère, songeant plus à leur bénéfice personnel qu'à celui de l'Etat. En parlant des pays étrangers, pharaon dit encore « mes possessions ». Mais ce n'est plus qu'une affirmation théorique. L'empire fondé par Thoutmosis III se désagrège très rapidement à cause de la montée de la puissance hittite. Un à un, les vassaux de pharaon, soudoyés ou menacés, se détournent de l'Egypte. Pire : ceux qui lui restent fidèles ne reçoivent aucune assistance d'Akhenaton, malgré leurs appels au secours. Ribaddi, prince de Byblos, payera son loyalisme de sa vie. En Palestine et en Syrie, les troubles s'accentuent. Puisque pharaon reste passif, la révolte contre son pouvoir s'amplifie. Les ports de Phénicie échappent à Akhenaton. Toujours pas de réaction militaire de sa part. Le Mitanni, allié de l'Egypte, disparaît de la carte, écrasé par les Assyriens et les Hittites. Les Bédouins envahissent la Palestine, s'emparent de Megiddo et de Jérusalem. Partout, les Hittites ou leurs alliés s'imposent. Partout, ils remplacent l'Egypte. L'empire d'Asie n'existe plus.

Que se passe-t-il à la cour ? Pourquoi Akhenaton n'intervient-il pas ? On pense que les rapports qui lui furent adressés étaient incomplets, tronqués, voire mensongers. Même en tenant compte de cette hypothèse, on est obligé de déplorer l'attitude d'Akhenaton. Cette dernière eut pour lui des conséquences désastreuses : Aton, qui devait remplacer le puissant Amon-Rê, devint pour les Egyptiens le symbole de l'affaiblissement de leur pays. C'est sans doute à partir de cette douloureuse constatation, qui s'accompagna probablement de troubles économiques, qu'Akhenaton devint l'« hérétique ». Le dieu qu'il avait choisi de privilégier dévirilisait son peuple et trahissait la vocation militaire des grands pharaons de la XVIIIe dynastie.

La fin du règne d'Akhenaton demeure un mystère presque complet. De nombreuses théories invérifiables ont été émises. Peut-être le roi s'est-il enfermé dans une sorte de torpeur, incapable de contrôler les événements, peut-être a-t-il sombré dans la folie en voyant son rêve s'effondrer, peut-être a-t-il refusé de comprendre la gravité de la situation. Akhenaton et Nefertiti n'avaient eu que des filles. Conformément à la coutume, le roi prit un corégent pour lui apprendre l'art de gouverner, comme s'il avait la certitude que l'aventure amarnienne continuerait après lui. Ce corégent fut un nommé Semenkhkarê dont l'attitude apparaît équivoque. Certains pensent même qu'il fut l'un des premiers à abandonner la doctrine atonienne et à quitter Amarna pour revenir à Thèbes. Par des graffiti d'une tombe thébaine, en effet, on apprend que le roi Semenkhkarê aurait élevé un temple en l'honneur d'Amon. Il avait pourtant reçu toute la confiance d'Akhenaton qui lui avait donné comme épouse l'une de ses filles avant de le couronner roi dans le palais d'Akhetaton.

La momie découverte dans la tombe 55 de la Vallée des Rois ne dissipe pas les ténèbres. Elle se trouvait à l'intérieur d'un sarcophage de femme. On crut quelque temps qu'il s'agissait d'Akhenaton lui-même. On pense actuellement que cette momie masculine, dont la posture rituelle est pourtant celle d'une femme, est celle de Semenkhkarê, corégent d'Akhenaton. Selon Christiane Desroches-Noblecourt, Akhenaton aurait voulu reformer une sorte de « couple » royal, idée qui lui valut d'ailleurs des accusations d'homosexualité. Le plus étrange est que l'un des noms du corégent est précisément calqué sur celui de Nefertiti.

Que devint Nefertiti après l'an 15 d'Akhenaton ? Certains pensent que la reine fut disgraciée, peut-être au profit de la seconde épouse, Kia. Aurait-elle pris conscience de la désagrégation de l'empire et se serait-elle opposée à la politique de son mari ? Sur ordre du roi, elle aurait été obligée de se retirer dans un palais secondaire, en compagnie du futur Toutankhamon qu'elle aurait préparé au pouvoir. L'idée d'une trahison de Nefertiti paraît difficilement acceptable. Aussi d'autres savants ont-ils fait de la reine la plus intransigeante fidèle de l'atonisme dont elle défendit les vérités jusqu'à son dernier souffle. Elle aurait été mise à l'écart par des partisans d'Amon, comprenant qu'elle était l'âme de l'hérésie.

Ces théories n'ont pas reçu le moindre commencement de preuve. L'opinion de Cyril Aldred reste, à notre sens, la plus proche de la vérité. Il est probable que Nefertiti est morte en l'an 13 ou 14 du règne d'Akhenaton. Les sculpteurs modifièrent alors plusieurs de ses représentations pour les adapter au visage de sa fille Meryt-Aton, devenue première dame du royaume.

Akhenaton était seul, privé de la présence de son épouse bien-aimée, la « sans-pareille ». La disparition de la femme avec laquelle il avait tout bâti, tout espéré, fut sans doute une épreuve insurmontable pour cet homme hypersensible. Le centre de la réforme religieuse, le couple royal, était la clef de l'équilibre du règne. Nefertiti disparue, Akhenaton se sentit brisé.

Dans la cité du soleil, certains signes prouvent au roi que le culte d'Aton n'a pas réellement pénétré tous les esprits. Dans les quartiers ouvriers, on vénérait encore le joyeux nain Bès ou la déesse Thouéris, protectrice des accouchements. Plus équivoque encore est la découverte de petits chars traînés par des singes dont le conducteur, singe lui même, est aux côtés d'une guenon. Impossible de ne pas y voir une caricature d'Akhenaton et de Nefertiti. Parmi les hommes nouveaux qu'Akhenaton avait chargés d'honneurs et de titres, combien étaient sincères ? Combien étaient prêts à lui rester fidèles en cas de difficultés ?

Ces tristes pensées venaient obscurcir l'œuvre accomplie. De plus en plus enfermé dans son chagrin, de plus en plus isolé dans son palais, le roi pensait-il encore au grand hymne qu'il avait composé lui-même ? Il y décrivait l'apparition du disque vivant, créateur de vie, dans l'horizon du ciel. Quand le soleil disparaît, l'univers est dans les ténèbres, comme mort. Au matin, tout s'éveille. L'univers entier chante la venue de la lumière. C'est le soleil qui fait naître l'embryon dans le ventre de la femme, qui produit la semence chez l'homme. C'est lui qui accorde le souffle vital. Il a placé chaque homme en sa fonction, a différencié les peuples, mais accorde ses bienfaits à tous les pays. Bien qu'il crée des milliers de formes, il demeure dans son unité.

« Aucun de ceux que tu engendres ne te voit, affirme l'hymne, tu résides en mon cœur. Il n'existe pas un autre qui te connaisse, à l'exception de ton fils Akhenaton. »

La dernière date connue du règne d'Akhenaton est l'an 17. Sur la mort du roi, nous ne savons rien. Il ne fut probablement pas enterré dans le grand tombeau familial qu'il avait fait creuser à Amarna, là où reposait sa seconde fille. On y a retrouvé des figurines funéraires au nom du roi, des fragments de sarcophages. Mais aucun indice ne permet d'affirmer que des momies royales y furent déposées. Peut-être les proches du pharaon dissimulèrent-ils son corps dans une sépulture qui n'a pas été identifiée. Une légende voudrait que son cadavre ait été déchiqueté et jeté aux chiens, ou bien brûlé.

Amarna fut abandonnée et la ville du soleil retourna au silence du désert. Mais la réaction contre Akhenaton ne semble pas avoir été immédiate. Il apparaît que le martelage de ses noms n'est pas dû aux pharaons qui lui ont immédiatement succédé. Sous Séthi Ier, le dieu Aton n'est pas encore supprimé du panthéon et ce n'est que sous le règne de Ramsès II, plus de cinquante ans après la mort de l'« hérétique », qu'Akhenaton sera appelé « ce scélérat ». Les pierres du grand temple d'Amarna furent d'ailleurs réutilisées dans d'autres monuments, conformément à la tradition. De nombreux blocs appartenant à des monuments « atoniens » furent même retrouvés à Karnak. Peu à peu, on remonte des tableaux entiers dont le plus célèbre, retraçant des scènes de la vie quotidienne à Amarna, est exposé au musée de Louxor. Les statues d'Akhenaton, si étranges fussent-elles, n'ont pas été détruites systématiquement. Tout se passe comme si le souvenir d'Akhenaton, effacé des listes royales officielles, avait été volontairement conservé dans l'ordre religieux. Ses idées avaient d'ailleurs fait leur chemin. Un pharaon comme Ramsès II, malgré le dédain qu'il manifeste à l'égard du personnage historique d'Akhenaton, s'inspire en partie de son idéal.

Il est pratiquement impossible de prononcer un jugement d'ensemble sur le règne d'Akhenaton qui demeure encore assez mal connu. Que le roi ait tenté une expérience religieuse inédite est certain, quoique cette affirmation mérite quelques nuances. L'épithète de « révolutionnaire » nous paraît outrancière, en ce sens qu'Akhenaton ne se coupe nullement de la tradition religieuse égyptienne. Au contraire, il cherche à retrouver la pureté des premiers temps, s'inspire du plus ancien culte national, celui d'Héliopolis. Akhenaton ne réussit pas à donner une large base à la transformation religieuse qu'il tentait d'accomplir, essentiellement parce qu'il ne perçut pas la profonde implantation des cultes osiriens et des croyances populaires. Sa lutte contre les autres divinités ne fit probablement qu'aggraver la situation.

La politique extérieure du roi fut catastrophique. Les premiers pharaons de la XVIIIe dynastie avaient compris que le pacifisme conduirait l'Egypte à la déchéance, car les peuples d'Asie ne songeaient qu'à la guerre et à la conquête. Avec le règne d'Akhenaton, le grand empire égyptien s'effondre. La période la plus glorieuse du Nouvel Empire est terminée.

Il reste que l'aventure spirituelle d'Akhenaton fut d'une exceptionnelle intensité. Loin d'être un rêveur perdu dans des nuages mystiques, Akhenaton se comporta en authentique pharaon. En bâtissant la cité du soleil, il se conforma au premier devoir des rois qui est d'offrir un sanctuaire au dieu. Souhaitons que les progrès de la recherche archéologique et du déchiffrement des textes viennent peu à peu éclairer les zones d'ombres d'un règne où le disque solaire joua un tel rôle.

15

TOUTANKHAMON L'INCONNU

L'histoire aime les paradoxes. S'il est un pharaon connu du grand public, c'est bien Toutankhamon qui, pour les égyptologues, est l'un des monarques les plus inconnus et les moins importants de l'histoire égyptienne. Dans le cas présent, tout est affaire de circonstances. C'est la découverte de sa tombe, en 1922, par Howard Carter, qui donna à Toutankhamon une célébrité mondiale. Certes, les trésors qu'elle contenait étaient fabuleux. La récente exposition qui leur fut consacrée attira un nombre considérable de visiteurs qui entrèrent ainsi en contact avec l'art de l'ancienne Egypte. Mais il y eut d'autres trésors, d'autres découvertes qui ne bénéficièrent pas d'une telle renommée. Toutankhamon l'inconnu avait rendez-vous avec le destin. Trois millénaires environ après sa mort, il devait devenir l'un des phares de la culture humaine.

Le prince Toutankh*aton* vécut à la cour d'Amarna, devint roi à neuf ans et mourut à dix-huit ans (1347-1338). Etait-il fils d'Akhenaton, d'Aménophis III ou roturier ? Beaucoup de théories ont circulé, mais elles sont demeurées dans le domaine de l'hypothèse. La signification de son nom est incertaine : « gracieux de vie est Aton », « image vivante d'Aton » ou bien « puissante est la vie d'Aton ». A la cour d'Akhenaton, le personnage manifeste une relative indépendance, puisqu'il adore d'autres dieux qu'Aton, notamment Atoum, le grand créateur de l'origine. Pourtant, il épouse la troisième fille d'Akhenaton. Mais il demeure fort peu présent dans la vie publique. Son nom est mentionné de temps à autre par les textes, mais il n'est pas représenté dans les scènes des tombes ou sur les stèles. Peut-être partagea-t-il son temps entre Amarna et Thèbes, où résidait la reine Tiy que certains considèrent comme sa mère.

Lors de son mariage, Touthankhaton est un enfant uni à une très jeune fille. Il est conseillé par un précepteur, probablement le grand dignitaire Aï. Les querelles entre partisans d'Amon et partisans d'Aton, le destin de l'Egypte constituent autant de problèmes qui lui échappent. Il se laisse étourdir par les fêtes et les jeux. Pourtant, cet enfant devient pharaon. Il est investi de la charge suprême dans un pays troublé, en proie à l'incertitude.

Le sacre n'a pas lieu à Amarna, mais à Thèbes. Deux hommes veillent sur le petit roi : Aï, « père divin », lieutenant général de la charrerie, courtisan habile qui a maintenu les liens entre les deux cités ; Horemheb, un général au caractère bien trempé qui détient la force armée. Aï est le conciliateur qui évite une éventuelle guerre civile. Horemheb est le maître réel de l'Egypte, bien qu'il préfère demeurer encore dans l'ombre.

Progressivement, Toutankh*aton* devient Toutankh*amon*. Comme Akhenaton, par conséquent, il change de nom. Cette fois, c'est l'abandon de la doctrine d'Aton au profit de la religion d'Amon. Le grand dieu d'empire revient au premier plan. Une stèle de Berlin montre le nouveau roi en adoration devant Amon-Rê, prouvant ainsi son retour à l'orthodoxie. On peut imaginer que cette dernière n'avait pas complètement disparu à Amarna. Sur ses deux bagues trouvées dans la cité du soleil, en effet, figure déjà le nom de Toutankh*amon*. Certains allèrent jusqu'à imaginer que le petit roi était une sorte d'espion envoyé à Amarna par les Thébains et qu'il procéda à la « liquidation » de l'hérésie. C'est oublier son âge.

Une stèle de quartzite, conservée au musée du Caire, avait été installée à l'angle nord-est de la grande salle hypostyle de Karnak. Elle est dite « de la restauration », car elle nous raconte comment, sous l'inspiration divine d'Amon, Toutankhamon remit son pays sur la bonne voie. Horemheb, qui avait inspiré ce grand projet, usurpera d'ailleurs le document afin de s'attribuer le bénéfice des actions entreprises par Toutankhamon.

Le nouveau roi, est-il dit, s'est rendu dans son palais de Memphis. Il tint conseil avec son cœur et se rendit compte que le règne d'Akhenaton avait été désastreux. Il était indispensable de rétablir l'harmonie pour plaire à Amon et aux grandes divinités. Que constate-t-on ? Le mal est partout. Les temples des dieux et des déesses, du sud au nord, d'Éléphantine aux marais du Delta, sont dans un état lamentable. Les sanctuaires sont à l'abandon. Il n'y a plus que des ruines. La végétation a envahi les chapelles. Les salles secrètes sont ouvertes à tous. Le culte n'est plus assuré selon les traditions. Les dieux ont quitté l'Egypte.

Heureusement, Toutankhamon est monté sur le trône. Il est décidé à relever les ruines et à réparer les monuments pour que l'Egypte redevienne la fille aimée des dieux. Le plus urgent est de façonner une statue d'Amon en or, incrustée de pierres rares, plus grande que celles exécutées auparavant. Ainsi, le clergé de Thèbes sera satisfait. Une autre statue sera dédiée à Ptah, seigneur de Memphis. Le roi reforme les cadres de la nation. Les notables et leurs fils sont rétablis dans leurs fonctions. Les richesses qui reviennent aux temples leur sont restituées. Ainsi, Amon aimera Toutankhamon plus que tout autre pharaon.

Si l'on prend ce texte au pied de la lettre, on pourrait croire que Toutankhamon a déployé une immense activité architecturale, lançant des cohortes de maîtres d'œuvre, de tailleurs de pierre et de sculpteurs à travers le pays pour réparer la quasi-totalité des temples. Ces derniers, en réalité, n'ont souffert que dans le domaine économique.

A Thèbes, beaucoup de statues d'Amon sont effectivement au nom de Toutankhamon qui marque ainsi sa vénération à l'égard du roi des dieux. A Louxor, on voit le roi offrir des fleurs à Amon. Une triade du Caire le montre entre Mout et Amon, dans le rôle du dieu fils.

Toutankhamon se considère comme « seigneur de l'Héliopolis du Sud », c'est-à-dire de Thèbes qui, grâce à lui, reprend son statut de capitale politico-religieuse de l'Egypte. Mais il n'est pas seulement le prince d'une cité, précisant bien qu'il règne sur toute l'Egypte, étant également aimé d'Atoum d'Héliopolis et de Ptah de Memphis, façon d'exprimer que l'ensemble des villes le reconnaît comme roi légitime.

Dans quelle position se trouve l'Egypte sur le plan international ? D'après une scène de la tombe de Houy, le jeune monarque, installé sous un dais, reçut des tributs apportés par les pays du Sud dont le propriétaire de la tombe était gouverneur, gardant ainsi le poste qu'il occupait sous Akhenaton. Toutankhamon reçoit également les tributs des pays du Nord. A Faras, en Nubie, au sud d'Abou Simbel, Touthankhamon fait une fondation importante. De cette région, il fait venir de l'or, des produits exotiques, des girafes, des panthères, du bois d'ébène, de l'acajou, des plumes d'autruche, des défenses d'éléphant. Les princes nubiens rendent hommage à pharaon.

S'il est représenté dans la posture classique du roi vainqueur, terrassant son ennemi, la réalité était quelque peu différente. Toutankhamon n'entreprit probablement aucune campagne militaire. La situation internationale n'évolua guère sous son règne, sinon dans un sens défavorable à l'Egypte. L'armée égyptienne, bien qu'ayant perdu de sa puissance et de son importance, n'est pas inexistante. Dans sa première tombe, celle de Memphis, le général Horemheb a fait représenter plusieurs races d'Asiatiques apportant leurs tributs. Dans la *stèle de la restauration*, des faits concrets sont avoués : l'armée égyptienne, envoyée en Syrie pour tenter de maintenir les frontières de l'Egypte, n'essuya que des échecs.

Horemheb, cependant, empêcha toute invasion. Toutankhamon lui donna les pleins pouvoirs. Il était le « choisi du roi », le favori parmi les favoris, le confident parmi les confidents. Il ne faudrait pas se représenter ce général comme un soudard grossier. Horemheb est un scribe, un lettré, qui aime par-dessus tout le droit et la justice.

En l'an 6 de son règne, Toutankhamon a quinze ans. Il n'est plus un enfant. Il est rompu au mode de vie de la cour et commence à connaître son métier de roi. Sans doute commence-t-il à s'intéresser au pouvoir, à prendre conscience de sa fonction. Aï et Horemheb étaient des conseillers qualifiés et compétents. Leurs leçons avaient été profitables au jeune homme. La politique internationale pratiquée par l'Egypte est habile : la couronne tente de s'entendre avec les Assyriens, qui envoient une délégation commerciale en Egypte. Aussitôt, le roi de Babylone s'inquiète et cherche à se rapprocher de Touthankhamon. L'Egypte affirme de nouveau sa présence. Le jeune pharaon est promis à un avenir brillant.

Mais les dieux en décidèrent autrement. A dix-huit ans, Toutankhamon meurt. Sa tombe n'était pas prête ; c'est pourquoi on l'enterra dans un modeste caveau qui n'était certainement pas prévu pour abriter un roi.

A la mort de Toutankhamon se produisit un événement assez incroyable. Sa veuve, nommée Ankhesenamon, qui sera l'épouse d'Aï, écrit une lettre au roi des Hittites. La version cunéiforme a été conservée. Sans doute la jeune femme avait-elle pris goût au pouvoir. Comme son avenir était des plus incertains, elle décida de faire appel au plus puissant des souverains étrangers. « Mon mari est mort, annonce-t-elle dans sa missive. Tes fils sont adultes. Envoie-moi l'un d'eux. Je l'épouserai et j'en ferai un roi d'Egypte. »

Le grand roi hittite Souppilouliouma dut éprouver une certaine surprise à la lecture de cette demande. Certes, les mariages diplomatiques étaient chose courante, mais dans des circonstances différentes. Le souverain hittite n'est pas sans connaître la situation troublée de l'Egypte dont la puissance militaire, cependant, demeure intacte. Faire monter sur le trône des Deux Terres un Hittite lui apparaît comme une entreprise assez irréaliste. Méfiant – on le serait à moins –, il croit à une ruse. Il répond à la veuve de Toutankhamon par des questions : où se trouve le fils du roi Toutankhamon ? Comment est mort ce dernier ?

Quand le message du roi hittite parvient à la cour, la jeune veuve est dépitée. Cet échange de messages prend du temps et il lui faut agir vite. Mon mari est mort, réaffirme-t-elle. Et je n'ai pas de fils. Le roi hittite fit certainement procéder à une enquête par ses espions. Réflexion faite, après avoir constaté que la reine ne mentait pas et qu'il était peut-être possible d'exploiter la situation, il envoya effectivement son fils se faire couronner en Egypte. Mais il avait trop tardé. Devenu pharaon, Aï avait obtenu des confidences de la part de la reine. Le jeune prince hittite n'arriva jamais en Egypte. Il fut arrêté en chemin ou assassiné, ce qui tendit davantage encore les relations entre les Hittites et les Egyptiens.

C'est le « divin père » Aï qui conduisit les obsèques de Toutankhamon et procéda au rituel de l'ouverture de la bouche sur la momie royale. Aï était déjà un homme important à la cour d'Aménophis III. Son prestige augmenta encore à Amarna, où il fut l'un des intimes d'Akhenaton. Il reçut l'or de la récompense des mains de l'« hérétique ». C'est d'ailleurs dans sa tombe qu'est inscrit le grand hymne à Aton. Très habile, Aï regagna Thèbes sans rien perdre de son influence. Déjà âgé, il règne pendant quatre ans (1337-1333). Familier du pouvoir, il règle les affaires courantes avec l'approbation d'Horemheb. Aï devint roi par son mariage avec la veuve de Toutankhamon. Curieusement, ce n'est pas elle qui est désignée comme épouse du pharaon, dans sa tombe, mais la nourrice de Nefertiti. Ce simple détail montre à quel point il est encore difficile de comprendre les relations exactes entre les divers personnages qui animent cette période.

Dès la fin du règne d'Akhenaton, l'étoile d'Horemheb avait brillé. Il était alors au service de son roi et obéissait à ses consignes de paix, tout en souhaitant intervenir de manière plus directe en Asie. Il entreprit un raid contre les Bédouins, en Palestine, prouvant ainsi que l'armée égyptienne était toujours « opérationnelle ». Il était également administrateur, puisque Akhenaton lui confia la gestion du nord du pays.

A la mort d'Aï, Horemheb, qui donnait des ordres aux deux vizirs, décide de gouverner. Il régnera pendant vingt-sept ans (1333-1306), après avoir servi trois pharaons : Akhenaton, Toutankhamon et Aï. Sa prise de pouvoir reçut une légitimation d'ordre religieux, puisqu'elle était ordonnée par le dieu Amon. Horemheb arriva à Karnak alors qu'on y célébrait la fête d'Opet. La statue du dieu s'arrêta devant lui, le désignant comme successeur d'Aï. Dès que cet oracle fut rendu, le nouveau pharaon se rendit au palais pour y épouser une princesse de sang royal.

Horemheb « usurpa » les monuments de Toutankhamon et d'Aï en remplaçant leurs noms par le sien. Il efface les trois règnes qui l'ont précédé et se rattache directement à Aménophis III qu'il considère comme son ancêtre. A Thèbes, il fait démonter les constructions d'Akhenaton, mais ne les détruit pas : les blocs découpés sont utilisés dans les fondations de nouveaux pylônes. C'est lui, Horemheb, qui réorganise l'Egypte. Il a trouvé son peuple dans un effroyable état de misère. L'anarchie avait remplacé l'ordre. Les pouvoirs publics ne remplissaient plus leur mission. Les gens au pouvoir étaient tous mauvais, exploitant les pauvres. Partout, du pillage, de la corruption, de l'escroquerie, de la malhonnêteté. Le roi a passé de longues nuits sans dormir, méditant sur l'injustice qui accablait l'Egypte et qui était due à l'hérésie atonienne. Refusant de céder au désespoir, il prend plusieurs décrets administratifs qu'il dicte à un scribe. L'autorité centrale est restaurée. Un véritable pharaon est de nouveau à la tête du pays. Fonctionnaires et soldats corrompus sont sévèrement châtiés. On leur coupe le nez et on les envoie en exil dans les forteresses établies sur la frontière d'Asie. Les plus hauts fonctionnaires n'échappent pas à la justice.

Bien entendu, le tableau est exagérément noirci pour mieux mettre en valeur l'activité positive du nouveau monarque. Il est certain, cependant, qu'Horemheb procéda à une « purge » dans le corps des fonctionnaires où certains éléments, et non des moindres, avaient profité de la relative anarchie régnant dans le pays pour s'enrichir en négligeant leurs devoirs.

Si Horemheb est un roi pieux, il se méfie cependant de la caste des prêtres. Sa confiance en Amon ne se double pas d'une grande sollicitude envers les serviteurs du dieu. Aussi choisit-il un certain nombre de prêtres parmi ses amis militaires. Il connaît bien les cadres de l'armée qu'il divise en deux grands corps, l'un pour le Nord, l'autre pour le Sud, pourvus chacun d'un commandement spécifique. Epris de justice, Horemheb réorganise les tribunaux à la tête desquels il place des hommes intègres. Il se félicite d'avoir redonné leurs biens à ceux qui en avaient été spoliés. C'est lui, par exemple, qui fait restituer leurs embarcations aux bateliers. La circulation du Nil est rétablie, permettant ainsi à l'économie égyptienne de fonctionner normalement en usant de cette route commerciale essentielle que constitue le fleuve.

Horemheb le militaire se pose aussi en conquérant victorieux. Il affirme avoir vaincu tous les peuples étrangers, Hittites compris. En réalité, armées égyptienne et hittite restèrent sur leurs positions.

Avec le général Horemheb, qui eut un règne pacifique, prend fin la XVIIIe dynastie, la plus célèbre de l'histoire égyptienne. Horemheb est un homme charnière qui appartient à un monde nouveau. « Liquidateur » de l'expérience amarnienne, il est, d'une certaine manière, le fondateur d'une dynastie nouvelle. La XIXe dynastie s'ouvrira d'ailleurs avec un roi soldat, comme lui. L'Egypte se prépare à connaître une étape de son long chemin où la guerre prendra une place de plus en plus considérable.

*

* *

Le 25 novembre 1922 fut une grande date pour l'égyptologie et pour l'humanité. Ce jour-là, en effet, fut ouverte la porte du tombeau de Toutankhamon. Cette découverte couronnait les efforts de deux hommes : l'archéologue Howard Carter et Lord Carnarvon, un noble anglais richissime, amateur d'émotions fortes, qui était parti pour l'Egypte afin de soigner une maladie respiratoire. Passionné par l'antiquité égyptienne, il finança des fouilles qui devaient aboutir à la mise au jour du prodigieux trésor funéraire de Toutankhamon.

Lord Carnarvon mourut le 5 avril 1923, sans avoir vu la momie et les sarcophages du roi. A l'heure de son décès, se produisit au Caire une panne d'électricité inexplicable. Dans les mois suivants moururent le demi-frère du Lord, son infirmière, un médecin qui avait radiographié la momie, un milliardaire américain qui avait visité la tombe, sans compter la disparition d'autres savants ou visiteurs. De là naquit la légende de la malédiction de Toutankhamon qui, mécontent d'avoir été dérangé dans son dernier sommeil, se serait vengé des profanateurs. Depuis lors, les élucubrations n'ont pas manqué. Curieusement, le pharaon oublia de châtier le principal responsable, Carter en personne, qui « survécut » treize ans à son méfait. De nombreux autres érudits ou archéologues furent d'ailleurs dans le même cas et vécurent une vieillesse paisible.

La chambre funéraire fut ouverte le 17 février 1923. Une chapelle de bois doré, de 4 m sur 6,40 m environ, la remplissait presque entièrement. Il y avait, en réalité, quatre chapelles emboîtées les unes dans les autres et dont les scènes évoquaient la résurrection du pharaon. Les fouilleurs durent se rendre à l'évidence : la tombe était inviolée ou, du moins, les voleurs avaient échoué dans leur entreprise. Ils furent interrompus pour des raisons que nous ignorons et la sépulture du jeune roi fut oubliée, disparaissant même de la mémoire des pilleurs professionnels. Sans doute la police de la Vallée des Rois prit-elle des mesures efficaces. Pour la première fois, on pouvait contempler un mobilier funéraire royal au complet, tel qu'il avait été déposé dans la demeure d'éternité à la mort du pharaon. Des meubles, des coffres, des trônes, des statues, des chars démontés, des vases, des coupes, des chapelles… entassement prodigieux, en vérité, dans quatre petites pièces qui, à l'origine, n'étaient certainement pas destinées à recevoir la dépouille de Toutankhamon. Dans la seule première pièce, on avait déposé cent soixante et onze objets ou meubles, ces derniers contenant d'ailleurs d'autres éléments.

Lors de l'entrée dans la tombe, le premier objet visible était une coupe d'albâtre, en forme de lotus épanoui. Elle servait de support à un texte magnifique : « Que ton *ka* vive ! Puisses-tu passer des millions d'années, ô toi qui aimes Thèbes, étant assis, ton visage tourné vers le vent du nord et tes yeux contemplant la sérénité. » Une autre inscription nous apprend que le roi passa sa vie à faire les images des dieux de façon qu'ils accordent l'encens, la libation et les offrandes de chaque jour.

C'est un coffret, en forme de cartouche royal, qui livre le nom de Toutankhamon. Partout ailleurs figure son prénom, Nebkheperourê qui signifie « Rê est le maître des transformations ». Le nom de Toutankhamon est même inscrit sur un sceptre. La momie royale reposait dans son sarcophage, mais l'étude du corps n'a guère apporté d'éclaircissements. On a cru pouvoir dater précisément le décès de janvier 1343 d'après l'examen des fleurs déposées dans la tombe, dont l'ultime aménagement est dû à un haut fonctionnaire, Maya, l'intendant du Trésor. Ce dernier, qui conserva son poste sous Horemheb, était probablement un familier de Toutankhamon et déploya les efforts nécessaires pour préserver son repos éternel en masquant l'entrée de la sépulture. Il fut secondé par Nakhtmin, général, scribe et porte-éventail, qui dédia des ouchebtis[1] à Toutankhamon.

Le corps du roi est celui d'un homme jeune. La momie est très desséchée. Le crâne est rasé, comme celui des grands prêtres. La momification fut relativement mal faite, sans doute trop rapidement, car un excès d'onguents brûla les tissus et attaqua les os. Une blessure à la joue gauche donna naissance à l'hypothèse d'un assassinat, mais l'indice est bien faible. Fait étrange, des bandes inscrites au nom de Semenkhkarê, corégent d'Akhenaton, étaient disposées sur la momie de Toutankhamon. Partout, sur le corps, des amulettes protectrices placées selon un

1. Figurines de serviteurs qui, à l'appel du défunt, l'aident à accomplir divers travaux dans les paradis de l'au-delà.

ordre rituel. Au front, le symbole du vautour, incarnant la Haute-Egypte, et celui du cobra, incarnant la Basse-Egypte. Sur la calotte de lin fin recouvrant le crâne était perpétué le souvenir du dieu Aton. Les origines du jeune roi n'avaient pas été oubliées. Les prêtres qui s'occupèrent de ses funérailles acceptèrent donc le rappel du dieu vénéré par le pharaon hérétique.

Ce dispositif magique, qui fait de la momie un corps de résurrection, permettrait au roi de vivre à nouveau, de respirer l'air et de sortir au jour, dans la lumière de l'éternité. Son visage serait vivant à jamais. Son œil droit était assimilé à la barque du jour, son œil gauche à la barque de la nuit, ce qui lui permettrait de voyager, comme le soleil, dans les espaces célestes. Le décor de la chambre funéraire est exceptionnel par rapport à la thématique habituelle des tombes royales. On y voit, en effet, les funérailles de Toutankhamon et la cérémonie de l'ouverture de la bouche, où le pharaon est représenté en Osiris.

Cette petite tombe contenait un véritable trésor. La plupart des objets sont magnifiques et témoignent d'un grand luxe. L'or est abondamment employé. Le métal précieux a toujours été l'un des éléments fascinants de l'art égyptien. Il n'était pas considéré comme un élément uniquement matériel, mais constituait la chair des dieux. C'est pourquoi il ornait temples et statues afin de leur conférer une vie divine. Etre initié aux secrets dans la « demeure de l'or » signifie : avoir été admis dans l'atelier de sculpture pour y créer des statues. Par l'or, c'est l'énergie primordiale qui est transmise à l'homme connaissant. Le masque d'or de Toutankhamon est la plus parfaite illustration de cette idée. La salle centrale de la tombe, nommée « la salle d'or », contenait les sarcophages et la caisse à canopes, à savoir les vases contenant le foie, les poumons, l'estomac et les intestins protégés par des divinités. Le cœur, symbole de la conscience, restait dans le corps. Un « scarabée de cœur », cependant, substituait un organe spirituel à l'organe de chair. Ainsi, les fonctions essentielles du corps de résurrection étaient assurées.

Le contraste est frappant entre la petite tombe d'un « petit roi » et les richesses accumulées. Sur son corps emmailloté étaient répartis cent quarante-trois bijoux d'or. Le dernier sarcophage était en or massif. Les trois cercueils, installés sur un lit en forme de lion, atteignent un poids de 1 375 kilos. Nous avons peine à imaginer ce que devaient être les trésors funéraires des grands pharaons, pillés au cours des siècles. N'oublions pas que ces splendeurs ont un seul but : la renaissance de l'être. C'est pourquoi des éléments modestes peuvent avoir autant d'importance que les plus beaux objets ; nous songeons particulièrement aux quatre génies qui étaient cachés dans des niches murées de la chambre funéraire. Il y avait là un pilier-*djed*, symbole de stabilité, un Anubis, destiné à guider l'âme sur les routes de l'autre monde, un Osiris, juge des morts et mort ressuscité, et un être à tête humaine, sans doute l'âme justifiée. Les chapelles dorées sont des matrices de résurrection où le roi, avec l'aide des dieux et grâce à la connaissance des textes mythologiques et rituels, vit dans la lumière.

Un naos plaqué d'or contient une statuette du couple royal. Son décor montre la reine offrant des onguents et des fleurs à Toutankhamon et lui fixant un collier au cou. Le jeune homme verse un liquide parfumé dans la main de sa bien-aimée. Sur le dossier du trône royal, c'est encore le couple qui est magnifié. L'une des scènes d'un coffret se situe dans un climat paradisiaque où la reine offre des bouquets de papyrus et de lotus à un pharaon adolescent. Ce thème, si émouvant, n'est pas choisi au hasard. La valeur sacrée de l'amour conjugal, affirmée avec tant de chaleur par Akhenaton, continue d'être proclamée.

Toutankhamon, sur son char, chasse l'autruche, l'hyène et l'ibex. Comme tous les pharaons, il est chasseur et guerrier. Les cottes de mailles, les arcs, les flèches, les bâtons de jet, les épées, les boucliers prennent ici une signification rituelle. Quand le roi tire à l'arc sur une armée ennemie formée de Noirs et d'Asiatiques, il met fin au désordre et à la disharmonie. Chaque pièce du grand char plaqué d'or était d'ailleurs consacrée à un dieu ; quand Toutankhamon l'utilisait pour apparaître en gloire, il était comparé au soleil levant.

Dans l'angle sud-ouest de la chambre dite « du trésor » avait été déposée une sorte de caisse. A l'intérieur, un cadre ayant la forme d'un Osiris. On y mettait de la boue du Nil semée de blé. On obtenait ainsi ce que l'on nomme un « Osiris végétant » : après la germination, le blé sortait du corps d'Osiris, la vie naissait de la mort. Aussi la tombe n'était-elle pas considérée comme un endroit sinistre, mais comme le lieu magique où l'être pouvait passer d'un monde à un autre sans perdre son intégrité.

Toutankhamon n'a guère laissé de traces dans l'histoire. Mais le trésor d'art, de spiritualité et de symbolique qu'il nous a légué a fait rayonner pour les siècles des siècles la gloire de l'Egypte.

16

SETHI Ier, L'HOMME DU DIEU SETH

Chef des archers, vizir puis corégent et enfin pharaon occupant seul le pouvoir, Séthi Ier règne sur l'Egypte de 1304 à 1290. D'après sa momie, fort bien conservée, c'était un homme de taille moyenne, aux traits vigoureux et autoritaires, à la mâchoire lourde, au menton large. Puissance, détermination, conscience de sa dignité se lisent sur son visage. Il exerça très jeune de lourdes responsabilités. Il avait une passion pour les chevaux ; deux de ses attelages favoris portaient les noms d'« Amon donne la puissance » et « Amon donne la victoire ». On ne saurait mieux donner le ton du régime de Séthi Ier.

Le père du roi est Ramsès Ier (1306-1304), un soldat originaire du nord-est du Delta. Il était monté âgé sur le trône après avoir occupé des postes de commandant de forteresse, de superintendant des bouches de rivière, d'intendant des chevaux et de commandant en chef de l'armée royale. Il associa très vite au pouvoir son fils Séthi qui ne cachait pas son intention de redonner à l'Egypte sa véritable grandeur.

Par son nom, le roi rend hommage au dieu Seth, le maître de la puissance vitale répandue dans le cosmos. Une fois contrôlée, elle transforme le pharaon en guerrier indomptable. Grâce à la protection de Seth, Séthi Ier s'élance sur l'adversaire, tel un lion terrible. Personne ne lui échappe. Il écrase les peuples révoltés. Il fait représenter, sur les murs des temples, d'immenses scènes où il apparaît serein, victorieux, symbole parfait de l'ordre du monde, écrasant une mêlée chaotique d'ennemis grimaçants et désarticulés. Il ne s'agit pas de favoriser une quelconque brutalité : si le roi agit de la sorte, c'est pour apparaître comme le protecteur qui veille sur l'Egypte.

Séthi Ier se nomma aussi « celui qui répète les naissances », titre qu'il empruntait à Amenemhat Ier, fondateur de la XIIe dynastie. C'est dire qu'il avait conscience d'être le premier pharaon d'une nouvelle lignée.

A l'intérieur, l'Egypte est calme. L'œuvre de réorganisation d'Horemheb a été remarquable. Aussi Séthi Ier estime-t-il qu'il est possible de reprendre une politique extérieure active. Pas question, pour l'homme de Seth, de voir le renom international de l'Egypte s'effriter davantage. Il dispose de trois armées bien préparées, placées sous la protection des dieux Amon, Rê et Ptah, seigneurs des trois grandes villes de Thèbes, d'Héliopolis et de Memphis. L'intendance est correctement assurée. Les soldats reçoivent deux kilos de pain par jour et deux vêtements de toile par mois. Ils mangent également du bœuf, du poisson et des légumes.

Les Hittites, tenus en respect par Horemheb, ont eu à subir une épidémie de peste dans leur pays et à veiller sur leurs vassaux turbulents. Après avoir rétabli l'ordre chez eux, ils s'attaquent de nouveau à l'empire égyptien. Dominant la Syrie du Nord, ils fomentent un soulèvement de Bédouins qui s'emparent de plusieurs forteresses égyptiennes sur la route allant d'El Kantara à Gaza. Le danger est grand, car l'Egypte sera gravement menacée si des troupes coalisées, comprenant des Amorrites et des Araméens, reçoivent en plus le soutien hittite et additionnent leurs forces à celles des Bédouins. Il n'y a pas de temps à perdre, et l'occasion est bonne de démontrer aux Asiatiques que pharaon reste le maître du jeu. L'intervention du roi est une réussite totale. Les forteresses sont reprises, les Bédouins massacrés. La Syrie du Nord revient dans la zone d'influence égyptienne, de même que la Palestine. Le roi pousse son avance jusqu'au Liban, dont le bois est nécessaire pour la construction des bateaux et des mâts placés devant la façade des temples. Séthi Ier annonce même qu'il a détruit la terre de Kadesh (région de l'Oronte) et le pays d'Amor. On soupçonne, malgré le manque de détails, que se produisit le premier choc direct entre armée égyptienne et armée hittite, cette dernière devant battre en retraite. La campagne de Séthi Ier – ou, plus probablement, *les* campagnes – se traduisirent par des victoires sur le terrain mais non par un anéantissement de l'ennemi. Malgré les efforts de pharaon, la Syrie demeure sous influence hittite. Elle constitue une excellente base de départ pour attaquer l'Egypte. L'essentiel, pour l'Egypte, est de conserver un glacis palestinien et la mainmise sur les ports phéniciens.

Séthi Ier a d'autres soucis. A la frontière ouest, les Libyens, qui s'étaient assagis pendant de nombreuses années, s'agitent à nouveau. Là encore, l'intervention de l'armée égyptienne est rapide et efficace. Les

Libyens comprennent que leur puissance militaire est insuffisante pour envahir l'Egypte.

Le bilan militaire du règne de Séthi Ier est des plus positifs, mais le roi est obligé de constater que les Hittites forment désormais une nation fort bien armée et dont le potentiel militaire est considérable. Jusqu'à la fin du règne de Séthi, les deux armées demeurent sur la défensive et respectent le statu quo. Mais rien n'est réglé.

Séthi Ier continue à favoriser la caste des militaires qui sont, plus que jamais, garants de la sécurité du pays. On le voit, à la « fenêtre d'apparition » de son palais, distribuer l'or de la récompense. L'obtention du précieux métal n'est pas une entreprise facile. Aussi le roi prend-il des mesures spéciales pour un corps de travailleurs qu'il juge défavorisés : ceux qui extrayaient et lavaient le métal précieux dans les mines au voisinage de la mer Rouge accomplissaient, en effet, un travail des plus pénibles. Ils parcouraient des routes difficiles et dangereuses où l'on risquait de mourir de soif. Le roi se rendit en personne aux mines et constata qu'il fallait creuser davantage de puits. « Dieu le guidait », dit un texte, alors qu'il méditait en son cœur, cherchant une solution. Soudain, pris d'une inspiration divine, le roi marcha devant lui et trouva un puits. L'eau était si abondante qu'on aurait juré qu'elle provenait de la caverne d'Eléphantine, là où jaillit le Nil.

C'est à Sethi Ier que l'on doit le plus beau et le plus grand des tombeaux de la Vallée des Rois. Dès l'entrée, on s'enfonce profondément sous terre. Un faux itinéraire s'achève par un puits, l'entrée véritable de la tombe étant masquée. Il faut passer par divers couloirs et chambres avant d'atteindre le cœur du monument, une très grande salle derrière laquelle est situé le caveau proprement dit, abritant le sarcophage. Les architectes avaient, semble-t-il, l'intention de continuer à creuser la terre, car un couloir inachevé part de cette ultime pièce. Les murs sont couverts de textes issus des livres funéraires royaux. Mais on note aussi la présence du rituel de l'ouverture de la bouche et du récit mythologique concernant la vache du ciel. Le quadrupède figure d'ailleurs sur un plafond : sous son ventre se déploie le ciel étoilé et naviguent les deux barques solaires.

Non content de faire travailler ses architectes à la grande salle hypostyle de Karnak, d'ouvrir un chantier à Héliopolis, d'ériger un temple funéraire qu'achèvera Ramsès II, Séthi Ier ordonna la construction du grand temple d'Abydos dont les reliefs sont sans doute les plus beaux de l'art égyptien. Abydos est une très ancienne cité. C'est là que furent enterrés les rois des deux premières dynasties. Elle connaît une grande expansion au Moyen Empire, lorsque le culte osirien devient le plus populaire. Osiris, seigneur d'Abydos, permet à ses fidèles de déposer leurs stèles funéraires sur son domaine. Par cet acte, ils participent à son immortalité. Le pèlerinage à Abydos est un thème fréquemment représenté dans les scènes des tombes. Aussi la cité se présente-t-elle comme un centre théologique de première importance, même si son rôle économique est des plus restreints.

Personne n'avait jamais entrepris de tels travaux à Abydos. Séthi, l'homme du dieu Seth, était obligé d'honorer tout particulièrement Osiris. Le dieu, en effet, avait été assassiné et découpé en morceaux par son frère Seth. Aussi pharaon, tout en acquérant la puissance séthienne, se devait-il de montrer son loyalisme envers Osiris, le dieu des morts, le maître du tribunal qui permettait aux justes d'accéder aux paradis.

Le temple bâti par Séthi Ier est conçu comme un sanctuaire national où sont vénérés la triade locale (Osiris, sa femme Isis et son fils Horus), les dieux Amon de Thèbes, Ptah de Memphis et Rê-Harakhty d'Héliopolis, ainsi que Séthi Ier divinisé. D'une certaine manière, par conséquent, le temple est une synthèse de tous les cultes d'Egypte. A sanctuaire exceptionnel, plan exceptionnel : sept portes d'entrée, sept travées, sept sanctuaires pour vénérer les divinités citées ci-dessus. Les grands pylônes et les cours précédant le temple sont ruinés ; seule la partie principale est conservée. Les sept chapelles sont décorées d'admirables scènes rituelles, parmi lesquelles on voit le couronnement de Séthi Ier. Ramsès II, qui s'est fait représenter en prêtre rendant un culte à son père, affirme que c'est lui qui a terminé le grand temple d'Abydos. Dans l'aile sud de l'édifice, on découvrit l'une des « tables d'Abydos » : Séthi Ier offre l'encens à soixante-seize pharaons désignés par leur cartouche.

A côté du grand temple se dresse le monument le plus énigmatique du pays. On le nomme « le cénotaphe ». Il est construit dans l'axe de l'édifice principal. Les architectes utilisèrent du granit rose, du calcaire blanc et du grès rouge. Un long couloir, passant par deux vestibules, conduit à une salle où l'on reconnaît une île entourée d'un canal. Il s'agit d'une incarnation en pierre de la butte primordiale surgie des eaux à l'aube de la création. Par l'architecture, le maître d'œuvre a rendu présent et tangible le mythe fondamental concernant l'origine de la vie sur terre.

Le clergé d'Abydos bénéficia des largesses royales. Les prêtres furent exemptés d'impôts et de taxes, la fondation religieuse de Séthi Ier jouissant d'une immunité fiscale. Politique dangereuse, au demeurant, qui tend à former un petit Etat dans l'Etat et qui conduira tous les administrateurs de temples à réclamer les mêmes privilèges.

Le règne de Séthi Ier est caractéristique de la monarchie égyptienne en ce sens que ce pharaon de tempérament guerrier est également un homme profondément religieux. Sa dévotion envers Seth, dieu de la tempête, de l'orage, de la force, ne l'a pas empêché de faire exécuter les reliefs rituels les plus achevés de l'art égyptien.

17

RAMSES II ET L'EXALTATION DE LA PUISSANCE

Ramsès II règne sur l'Egypte pendant soixante-six ans, de 1290 à 1224. Il est qualifié de « glorieux soleil d'Egypte », de « montagne d'or », d'« image parfaite de Rê », de « soleil de tous les pays ». Qui a vu le visage de la momie de Ramsès II, mort à près de quatre-vingt-dix ans, ne l'oubliera jamais. Figé dans une mort apparente, le pharaon le plus renommé de l'histoire égyptienne est demeuré tout aussi volontaire, tout aussi présent. Le nez est busqué, la mâchoire puissante. Les lèvres sont charnues. La détermination du caractère n'empêche pas la finesse. Les mains sont belles, les ongles sont soignés. Homme d'action et homme de culture : tel s'affirme le grand Ramsès. La momie fut sauvée du pillage par des prêtres d'Amon, à la XXIe dynastie. Elle fut réensevelie après que les rites de résurrection eurent été à nouveau pratiqués. Des textes précisent que la dépouille de Ramsès II fut mise à l'abri dans la tombe de son père Séthi Ier avant d'être transportée dans un caveau de Deir el-Bahari où elle fut retrouvée. Le transfert fit d'ailleurs l'objet d'un procès-verbal où les titres et les noms des fonctionnaires responsables sont précisés.

Ramsès II est le fils de Sethi Ier et de la dame Touy, à laquelle un culte fut rendu. Elle était hautaine, majestueuse et assez belle. Le jeune homme fut élevé dans le respect de la grandeur de son pays. Le climat est à la rigueur : Séthi a restauré le prestige des Deux Terres, il éduque son fils dans cet idéal. Le jeune Ramsès a une volonté farouche. Il est dominateur. Dans la quasi-totalité des sites actuellement visités, Ramsès II a laissé une trace de son passage. Maître du monde aux yeux des Egyptiens qui vécurent à la fin de la civilisation pharaonique, on disait de lui qu'il fait vivre qui il veut et mourir qui il veut. Ses noms avaient un pouvoir magique. Plusieurs siècles après sa mort, on les gravait encore sur des scarabées, même à l'étranger. Il ne manque pas une occasion de faire savoir à son peuple qu'il est un bienfaiteur. On a constaté qu'il s'était imposé psychiquement, qu'il était parvenu à devenir l'âme vivante de l'Etat. Textes et monuments mettent son action en valeur, prouvent à quel point il est indispensable. Les colosses symboliques de Ramsès, à Abou Simbel, le montrent dans sa stature héroïque et divine, celle qui lui convient. Elu du soleil, Ramsès est aussi fils de Ptah. La théologie royale fera de lui un dieu sur terre.

Séthi Ier comprit le caractère de son fils. Son ambition n'était pas faite pour lui déplaire. Aussi l'associa-t-il au trône. « Couronnez le roi, ordonna Séthi, afin que je puisse voir sa perfection de mon vivant. » A dix ans, Ramsès, dont la vigueur physique semble avoir été exceptionnelle, dirigeait une escouade de militaires. Son père l'emmena probablement avec lui lors d'une campagne contre les Libyens. Vite aguerri aux dures réalités de son temps, Ramsès, excellent conducteur de char, fut nommé capitaine de l'infanterie. Son accession au pouvoir ne posa aucun problème, tant elle paraissait évidente.

Ramsès II fit enterrer son père dans la Vallée des Rois. Il est alors âgé d'une vingtaine d'années. Après être passé par Karnak, où l'on célèbre la fête d'Opet, il se rend à Abydos et donne des ordres pour que l'on achève le temple commencé par Séthi Ier. Il pose la première pierre de son propre temple et fait graver une inscription à la mémoire de son père, témoignant de sa profonde piété filiale. Il gagne ensuite sa capitale du Delta.

Voici donc installé dans son palais un pharaon qui se considère comme le rempart de l'Egypte, comme un faucon d'or qui donne aux hommes une ombre bienfaisante en étendant ses ailes. Les dieux poussèrent des cris de joie à sa naissance. Il inspire de l'effroi aux peuples étrangers, son nom circule dans l'univers. Sa puissance est celle du feu. Il est comparé au chacal à la course rapide qui parcourt le circuit de la terre dans l'espace d'un instant, à un lion aux griffes dehors, aux terribles rugissements. Epithètes traditionnelles, il est vrai, mais prenant dans son cas un relief particulier. On croit savoir, au demeurant, que Ramsès II possédait un lion apprivoisé qu'il emmenait à la guerre. Le soir, le félin se couchait devant la tente de son maître et empêchait quiconque d'approcher. Si légende il y a, elle correspond bien à la maîtrise du roi qui savait dompter les forces les plus sauvages de la nature.

Comme nous l'apprennent les textes de l'obélisque de Louxor, Ramsès avait demandé à son père Amon que l'univers entier se soumette à lui. Maître de tout ce qu'entoure le soleil, Ramsès était prêt à conquérir les pays étrangers, debout sur son char dont chaque pièce était habitée par un dieu. Les Neuf Arcs, c'est-à-dire la totalité des pays, se trouvent sous ses sandales ; les ennemis sont vaincus, ligotés, impuissants.

Tel est donc l'ambitieux programme de Ramsès II. Que fut la réalité historique ? Le roi commença par renforcer son potentiel militaire. Aux trois armées déjà existantes, celles d'Amon, de Rê et de Ptah, il en ajoute une quatrième, placée sous le patronage du dieu Seth. Il utilise les services de beaucoup d'étrangers, Shardanes, Libyens, Nubiens, Amorrites, prisonniers de guerre reconvertis ou bien leurs fils nés en Egypte.

Une stèle trouvée à Assouan, datée de la deuxième année de règne, annonce péremptoirement que Ramsès II a vaincu les Nubiens, les Libyens et les Hittites. En ce qui concerne la Nubie, rien de plus facile. Le Nubien vaincu, écrasé et soumis est devenu un thème littéraire, caractéristique de la rhétorique royale. Une peinture du temple de Beit el-Ouali nous fait assister à une scène où des Nubiens apportent leurs tributs à pharaon, consistant en or, défenses d'éléphant, éventails, peaux, boucliers, boissons et nourritures diverses, animaux vivants. Ramsès II maintient la domination égyptienne sur la Nubie d'une main très ferme. Il a besoin de l'or de ses mines et ne supporterait pas le moindre trouble.

L'affrontement avec les Libyens repose sur des bases plus réalistes. Peut-être, comme ils en avaient l'habitude, tentèrent-ils quelques raids lors du changement de pharaon, espérant que le nouveau monarque serait plus faible que l'ancien. Ramsès II eut certainement à repousser un modeste essai d'invasion de pirates nommés Shardanes, lesquels donnèrent plus tard leur nom à la Sardaigne. On les voit en effet apparaître à la cour de pharaon et dans son armée, où ils combattront contre les Hittites. Un siècle plus tard, comme beaucoup de prisonniers de guerre, ils s'intégreront à la société égyptienne après avoir reçu des terres récompensant leur bravoure au combat.

En ce qui concerne les Hittites, le problème est différent. Ramsès II s'oppose à un roi, Mouwatalli, aussi déterminé que lui. Les deux armées se sentent aussi fortes l'une que l'autre. L'abcès de fixation est la Syrie du Nord qu'Egyptiens et Hittites tiennent absolument à garder dans leur zone d'influence. En l'an 4 de son règne, Ramsès entreprend une campagne exploratoire pour tester les réactions hittites. Il emmène ses troupes le long de la côte de Palestine et atteint la rivière du Chien, non loin de Beyrouth, faisant dresser là une stèle tournée vers la mer dont le texte est aujourd'hui illisible. Il s'assure que la région est une bonne base de départ pour entreprendre la guerre contre les Hittites. Il prend d'assaut des forteresses syriennes et palestiniennes contrôlées par ses ennemis. Les soldats égyptiens brisent les portes à coups de hache, dressent des échelles, grimpent sur les remparts. Boucliers sur le dos pour se protéger des jets de pierres et des flèches, poignards en main, ils témoignent d'une belle ardeur.

Les Hittites ne demeurant pas inactifs. Ils comprennent que le temps du grand affrontement qu'ils préparent depuis bien des années approche. Le roi d'Egypte est seul. Eux ont formé une puissante coalition dont font partie plus de vingt peuples. Ils ont toute chance de remporter la victoire.

Au printemps de la cinquième année de son règne, Ramsès II conduit son armée vers l'Asie. Toutes les forces égyptiennes sont engagées. Une bataille décisive contre les Hittites apparaît inévitable. L'armée traverse la frontière d'Egypte à Sile. Elle passe par la Syrie du Nord et, un mois plus tard, parvient sur les hauteurs dominant la place forte de Kadesh, l'actuel Tell Nebi, près de l'Oronte. Kadesh avait été investie par Séthi Ier, semble-t-il, mais les Hittites l'avaient reprise.

Ramsès occupe une position stratégique, mais sait qu'il devra bientôt se heurter à une formidable coalition patiemment assemblée par les Hittites. Le nombre ne lui est pas favorable. Mouwatalli a rassemblé tous ses vassaux et alliés, emmenant même avec lui son trésor, comportant une masse considérable de métaux précieux. C'est bien l'équilibre du monde antique qui va se jouer à Kadesh.

Un incident semble faire tourner la chance en faveur du pharaon : deux Bédouins lui sont amenés. Ils déclarent qu'ils ont quitté les Hittites après avoir été à leur service. Devenus fidèles serviteurs du roi d'Egypte, ils lui donnent une information utile à sa cause : les Hittites sont encore loin de Kadesh. L'armée égyptienne peut donc avancer sans crainte et s'emparer facilement de la citadelle.

Ramsès II est convaincu qu'il a suffisamment impressionné les Hittites pour les faire reculer. Malheureusement, les deux Bédouins étaient des espions pratiquant ce que les services d'espionnage nommeraient aujourd'hui de la « désinformation » et de l'« intoxication ». Comme l'écrit Sir Alan Gardiner, non sans humour, « il est clair que quelque chose n'allait pas du tout dans l'Intelligence Service égyptienne ». Les forces pro-hittites, en réalité, sont proches, dissimulées à l'est de Kadesh.

Même si les espions hittites furent démasqués, comme certains le croient, il était trop tard. Confiant, Ramsès II est parti vers Kadesh à la tête de la seule armée d'Amon, alors que celles de Rê, de Ptah et de Seth sont encore loin. Ramsès II est accompagné de sa garde personnelle, les Shardanes, aisément reconnaissables à leurs casques à pointe surmontée d'une boule. Le roi se trouve à l'intérieur de son camp rectangulaire, entouré par des boucliers. La tente où il réside porte son cartouche. Le souverain est protégé par son lion familier, qui porte le nom d'« exterminateur des ennemis ». Dans le camp, chacun vaque à ses occupations. On fourbit les armes, on répare les chars.

Soudain, c'est l'attaque surprise des Hittites. Les Egyptiens sont pris au dépourvu. La stupéfaction du roi est totale lorsque l'armée adverse l'encercle et le sépare de ses soldats qui s'enfuient. La panique perturbe l'armée d'Amon, ses fantassins sont vite dispersés, incapables de résister au fléau qui s'abat sur eux. Ramsès II a eu le temps d'enfiler sa cuirasse, de prendre son arc et de bondir sur son attelage nommé « Victoire à Thèbes ». Il est prêt à combattre.

C'est alors le moment essentiel de la bataille. Le pharaon Ramsès II est seul, sur son char, face à des hommes et à des chevaux en nombre considérable. Deux mille cinq cents chars de guerre l'entourent. Il est condamné à mort. Le roi ne comprend pas. Il éprouve une intense douleur. A ses côtés, nul officier, nul soldat. On l'a abandonné, le laissant à lui-même dans la situation la plus désastreuse qui soit. Et son père Amon ? Aux portes du trépas, Ramsès II prie.

Non point une supplique, une oraison désespérée, mais une révolte. Une formidable indignation. « Mon père Amon, s'exclame-t-il, pourquoi le père a-t-il abandonné son fils ? Ai-je agi sans ton inspiration, ai-je désobéi à un de tes ordres ? Je t'invoque, mon père Amon, alors que je suis au milieu d'une multitude hostile. Tous les pays étrangers se sont coalisés contre moi alors que je suis absolument seul, sans qu'il y ait personne d'autre à mes côtés. Mes nombreux fantassins m'ont quitté, aucun des membres de ma charrerie ne s'occupe de moi. Je les ai appelés, personne ne m'a entendu. Mais j'ai compris qu'Amon était préférable pour moi à un millier de soldats ! »

Cette prise de conscience de l'importance de la divinité fait de Kadesh la plus grande bataille mystique de l'histoire. Le dieu Amon entend la prière de son fils. C'est vrai : Ramsès ne l'a jamais trahi. Il a raison de faire appel à lui. Il est vrai aussi que la force divine donnée par Amon est préférable à une armée entière. Soudain, Ramsès se redresse. Il n'est plus un roi vaincu, mais un guerrier invincible. Il est animé d'une fureur sacrée. Il devient semblable au dieu de la guerre Montou. Il a la force de Seth, « le grand de puissance », avance dans les rangs de l'ennemi, tue, massacre, s'ouvre la route, jetant ses ennemis la tête la première dans les eaux de l'Oronte.

Les historiens refusent la légende car ils ne croient pas aux dieux d'Egypte. Peut-être ont-ils tort. Peut-être Amon, comme il est raconté dans le Poème de Kadesh, gravé sur les murs des temples de Karnak, de Louxor, d'Abydos, d'Abou Simbel comme sur ceux du temple funéraire de Ramsès II, le Ramesseum, est-il réellement intervenu. Pourquoi mettre en doute la foi du pharaon et ses capacités exceptionnelles de chef de guerre ?

Si nous adoptons une position plus rationnelle, plus conforme aux habitudes de la critique historique, nous supposerons que Ramsès II a prévenu son vizir avant d'être encerclé et que les renforts arrivèrent à temps pour le dégager. Mais il subsiste un mystère de Kadesh. Alors que pharaon proclame avoir obtenu une formidable victoire, il semble, en réalité, que l'affrontement égypto-hittite tourna court. Aucune des deux armées n'a été vaincue.

Résultat positif pour les Egyptiens : l'arrêt de l'avance hittite. Mouwatalli s'aperçoit que la coalition, qui ne fut pas facile à former, ne lui a pas procuré les résultats escomptés. Mieux vaut fomenter des révoltes locales, qui affaiblissent peu à peu l'influence égyptienne, plutôt que de risquer à nouveau un conflit global. Le souverain hittite ne chôme pas. A peine Ramsès II est-il rentré en Egypte qu'une sédition éclate en Palestine. Le pharaon est obligé de repartir au combat. Les forteresses palestinienne tombent à nouveau entre ses mains. Canaan, des villes du Liban et même des localités hittites succombent sous les coups du roi d'Egypte. Il est malheureusement encore bien difficile de donner des détails sur ces combats et d'en apprécier l'ampleur réelle. Les textes égyptiens, en effet, ne se préoccupent guère d'historicité. Ils louent le courage du roi, sa toute-puissance. Mais le silence est à peu près total en matière de dates et de précisions matérielles.

En 1278 avant J.-C., Ramsès II et le roi hittite arrivent à la même conclusion. Le conflit s'éternise. Il ne profite réellement à aucun des deux camps. Dans ces conditions, pourquoi ne pas rechercher la paix ? Un élément nouveau a fait évoluer la situation dans ce sens : la montée de la puissance assyrienne. Les Hittites sont inquiets. Ils connaissent bien les Egyptiens, leur civilisation, mais ils redoutent ces Assyriens dont le goût pour la guerre paraît être très prononcé. Autant s'assurer l'appui d'un allié aussi puissant que Ramsès II.

Le roi d'Egypte donne son accord. La paix a été signée à Pi-Ramsès, le vingt et unième jour du mois de Tybi, en la vingt et unième année du règne, mettant fin à une longue inimitié entre les deux peuples. Le texte du traité est rédigé en égyptien et en hittite. On échange des copies. Des versions en sont gravées sur les murs de Karnak et du Ramesseum. A la table de conférence, si l'on peut s'exprimer ainsi, s'assoient les représentants de Ramsès II et de Hattousil. Mouwatalli était mort, ce qui explique sans doute aussi la volonté conciliatrice des Hittites. Comme il est écrit sur une tablette d'argent officielle, il s'agit d'un « bon traité de paix et de fraternité ». Pour nos mentalités, le contenu de ce document capital est assez surprenant. On y fait l'éloge des deux rois, de leurs ancêtres, on rappelle les anciennes relations amicales ou inamicales, on invoque les dieux qui sont pris pour témoins. Les souverains ont le désir de faire mieux que tout ce qui a été accompli auparavant. Aucune inimitié ne séparera plus jamais les deux peuples. Les enfants des rois respecteront cette alliance.

Tout repose sur une valeur première de ces civilisations, bien ignorée aujourd'hui en politique : le respect de la parole donnée. La suite des événements prouve d'ailleurs que le traité fut respecté. Clause principale : la non-agression et une alliance défensive automatique en cas d'agression extérieure. « Le grand chef du pays de Hatti ne pénétrera jamais en Egypte pour y piller et le roi d'Egypte agira de même. Si un ennemi attaque l'un ou l'autre, chacun dira : viens avec moi pour m'aider contre lui. » On ne fixe pas les frontières avec exactitude, mais on respecte le statu quo territorial. On procédera aussi à l'extradition des réfugiés politiques, mais ils ne seront pas traités comme des criminels.

Le traité est placé sous la protection des puissances célestes et des mille divinités égyptiennes et hittites. Si un des deux rois trahissait l'une des clauses du traité, les dieux détruiraient sa maison, sa terre et ses serviteurs. Du côté égyptien, c'est Seth qui authentifie l'accord. Sur l'une des tablettes, on voit en effet le puissant dieu égyptien embrasser le souverain hittite.

Après ce traité capital, les rapports avec les Hittites sont au beau fixe. Pendant quarante-six ans la bonne entente entre les deux peuples sera la règle. Les dieux, les idées, les arts voyagent entre l'Egypte et l'Asie. On échange de la correspondance pour se féliciter de la paix. Ramsès envoie un médecin phytothérapeute à la cour hittite et une statue guérisseuse.

Pour que toute trace de méfiance disparaisse entre Egyptiens et Hittites, le roi hittite offre en mariage l'une de ses filles à Ramsès II. « Alors, il dit à son armée et à ses chefs : dépouillons-nous de tous nos biens, en tête desquels ma fille aînée, et portons nos présents d'honneur au dieu parfait (le pharaon) pour qu'il nous accorde la paix et que nous vivions. Alors il se fit amener sa fille aînée avec des tributs précieux devant elle : or, argent, curiosités nombreuses et importantes, attelages de chevaux sans nombre, bœufs, chèvres, moutons par myriades, absolument toutes les productions de leur pays. » (Traduction C. Kuentz.) C'est l'heure du départ vers l'Egypte. Les conditions climatiques sont très mauvaises. Il neige, il pleut, il fait froid. Le voyage est difficile. Il faut passer par des zones montagneuses et des défilés étroits. Ramsès II redoute ce temps désagréable pour sa fiancée. Aussi invoque-t-il le dieu Seth, maître de l'orage et des tempêtes. Seth cède à la prière du roi et l'été revient pour quelques jours.

Lorsque les délégations hittite et égyptienne établissent leur jonction, les soldats ne forment qu'un seul cœur : ils deviennent frères, mangent et boivent ensemble. Lors de l'arrivée à Pi-Ramsès, on amène la jeune princesse devant Ramsès : « Sa Majesté vit qu'elle était belle de visage… Elle fut agréable au cœur de Sa Majesté, qui l'aima plus que tout. » Cet heureux événement connut une large publicité, puisqu'il fut relaté dans la *stèle du mariage* dont on connaît des versions à Karnak, à Eléphantine, à Abou Simbel, à Amara et dans d'autres lieux.

Après ce mariage qui confortait la paix, Ramsès commença à célébrer ses jubilés, organisés par son fils Khaemouase, savant magicien. Ramsès est décidément un roi hors du commun. A son premier jubilé, l'Egypte bénéficie d'une crue exceptionnelle, très favorable à l'agriculture. Ainsi, la nature elle-même chante la gloire du grand Ramsès.

De l'an 10 à l'an 18, les soldats de Ramsès II livrèrent des combats dans les pays de Moab et dans le Negeb contre les petits princes locaux. Parmi les Hébreux prisonniers de guerre, certains travaillèrent dans des vignobles, d'autres fabriquèrent des briques.

Ils exploitaient également des mines de cuivre au nord d'Eilath et vendaient leur production. Certains pensent que l'Exode se produisit sous le règne de Ramsès II, alors que la théorie habituellement admise le situe sous celui de Merenptah (1224-1204). Quoi qu'il en soit, si l'événement est mis en relief dans la Bible, il ne représente rien aux yeux des Egyptiens. Pour ces derniers, les Juifs de l'Exode sont simplement un groupe de Bédouins insoumis qui quittent le pays. Rien d'étonnant ni de notable, alors que la Palestine demeure un territoire difficile à contrôler.

Traité de paix avec les Hittites, un empire qui va de la « corne de la terre », au sud, jusqu'aux « marais d'Horus » au nord : pour Ramsès II vient le temps de la paix. Le roi portait une bague à laquelle il attachait beaucoup de valeur. Sur le chaton étaient gravées des représentations des deux chevaux tirant le char sur lequel il avait chargé ses ennemis, à la bataille de Kadesh. Mais la fureur de la guerre est loin. Personne n'a les moyens de s'attaquer à une coalition égypto-hittite. Le roi reste prudent, malgré tout. Il fait réparer les forteresses du Moyen Empire et consolide la frontière du Nord-Est. Des tournées d'inspection sont effectuées régulièrement sur les franges de l'Ouest comme sur celles de l'Est. Dans ces régions, les voyageurs sont contrôlés. Le nord-ouest du Delta est parfaitement protégé des raids libyens par une série de fortins.

Beaucoup d'étrangers travaillent en Egypte, notamment dans les travaux publics et aux carrières Mais on en compte aussi parmi les ouvriers agricoles, les militaires, les domestiques employés dans les grands domaines. Le mouvement d'immigration s'amplifie sous Ramsès II. L'Egypte de cette époque est commerçante. Des marchands asiatiques, égéens, chypriotes, phéniciens voyagent beaucoup de ville à ville. La société égyptienne, influencée par le mercantilisme ambiant, perd peu à peu sa pureté d'antan. On aime le luxe, les vêtements compliqués, les perruques complexes, la dernière mode, les banquets où l'on s'affiche. Si les tendances matérialistes augmentent, les vieilles valeurs qui ont créé l'Egypte ne disparaissent pas pour autant. L'amour de la famille est toujours aussi vif, les rapports d'affection entre parents et enfants sont toujours empreints de respect. Une vie conjugale harmonieuse est jugée comme indispensable à l'équilibre de l'homme et de la femme, cette dernière bénéficiant d'une égalité des droits avec son conjoint. La règle de vie courante prône la prudence, la dignité vis-à-vis de soi-même, la politesse, le respect d'autrui. L'homme qui n'est pas envieux espère atteindre une vieillesse heureuse, avec des membres encore vigoureux. Vêtu de lin fin, il voguera encore sur son bateau de cèdre, au fil du Nil, il boira du vin et de la bière, se nourrira de viande et de gâteaux, goûtera de délicieux raisins, se parfumera le corps… mais il n'oubliera pas de préparer sa vie éternelle car, quand Dieu le voudra, il le fera comparaître devant le tribunal des dieux et il lui faudra justifier son action sur terre.

Ramsès II, quant à lui, est le symbole d'une inépuisable vitalité. Il fut l'époux de quatre reines. Les épouses secondaires furent nombreuses. Si l'on croit une figuration du temple nubien de Ouadi es-Seboua, le grand Ramsès aurait été le père de cent onze garçons et de cinquante et une filles.

Parmi les grandes épouses royales, la plus célèbre est incontestablement la reine Nefertari que Ramsès aima plus que les autres. C'est à elle, en effet, qu'est dédié le petit temple d'Abou Simbel en tant que « Nefertari, pour que le soleil se lève. » Cette grande dame, maîtresse de Haute et de Basse-Egypte qui exerçait sa souveraineté sur les pays étrangers, mourut vers l'an 30 du règne. Sa tombe, creusée dans la Vallée des Reines, est un pur chef-d'œuvre dans la conception comme dans l'exécution. Un escalier conduit à une salle hypostyle, puis l'on emprunte un second escalier pour aboutir à la salle du sarcophage à quatre piliers. On y voit la reine jouer au *senet*, l'ancêtre de notre jeu de dames, avec l'invisible. L'enjeu de la partie est le destin de son âme. Des divinités comme Neith, patronne du tissage, Serket, la déesse scorpion, Isis et son fils Horus lui viennent en aide pour progresser sur les chemins de l'au-delà. La reine est merveilleusement belle : maquillée, elle porte une grande robe de lin blanc. Sa coiffure est composée de la dépouille de la déesse vautour et surmontée de deux hautes plumes. Nefertari est présentée à plusieurs divinités qui participent au processus de sa renaissance. Elle prouve ses connaissance artisanales en offrant quatre étoffes à Ptah ; elle obtient la palette du scribe en présence de Thot qui reconnaît ainsi son savoir et sa sagesse.

Dans la salle à piliers, Nefertari reçoit le signe de vie de la main d'Isis puis est accueillie par Hathor, dame du ciel. Au terme de son parcours, la reine est divinisée. C'est elle, à présent, qui tient en main le signe de vie. La même conclusion heureuse figure dans son temple d'Abou-Simbel où la couleur jaune donne aux scènes un caractère irréel.

Certains fils de Ramsès II furent des personnages de premier plan qui occupèrent de hautes fonctions. D'après la liste du Ramesseum, c'est son trentième enfant, Merenptah, qui lui succéda sur le trône. Mais le fils le plus original est Khaemouase, un érudit passionné d'archéologie. Il s'occupa de restaurer plusieurs édifices anciens d'après des documents d'archives qu'il compulsait dans les bibliothèques des temples. On sait, par exemple, qu'il rétablit le nom d'Ounas sur sa pyramide et fit consolider le mastaba Faraoun. Khaemouase était fasciné par la nécropole memphite où il pouvait étudier les sources de la religion égyptienne. Nommé grand prêtre de Ptah à Memphis, Khaemouase était considéré comme le plus grand ritualiste du pays. C'est pourquoi il fut chargé de l'organisation des fêtes-sed célébrées en l'honneur de son père.

La cour royale compte de grands administrateurs. Le plus marquant fut peut-être Pasar, dont la carrière avait commencé sous Séthi Ier. C'est lui qui avait revêtu Ramsès II des insignes royaux lors du couronnement. Il était pourtant issu d'une famille modeste, mais deviendra, à la fin de sa vie, grand prêtre d'Amon, après avoir joué un rôle non négligeable dans la négociation du traité de paix avec les Hittites. A Pi-Ramsès, il vivait dans une somptueuse demeure. En tant que vizir de Haute-Egypte, il eut à s'occuper de l'administration de la région thébaine et veilla également sur la préparation de la tombe royale. Tel est le prototype d'une grande carrière partagée entre les devoirs civils et religieux.

*

* *

Thèbes, l'Héliopolis du Sud, l'œil droit du dieu Rê, vit dans l'opulence. Mais Ramsès II demeure méfiant à l'égard du clergé thébain. Peu après son couronnement, il nomme grand prêtre d'Amon un certain Nebounenef, ex-grand prêtre du dieu Onouris à This (Abydos) et de la déesse Hathor à Dendara. Un homme de province, par conséquent, qui ne fait pas partie de la haute société thébaine. Ramsès II prendra toujours soin, sauf à la fin de son règne, de placer un homme à lui à Karnak. De plus, il nomme grands prêtres de Ptah, à Memphis, et de Rê, à Héliopolis, deux de ses fils. Enfin, le dieu adoré dans la nouvelle capitale, Pi-Ramsès, n'est pas Amon, mais Seth. La religion ramesside se montre même accueillante aux divinités asiatiques qui trouvent droit de cité en Egypte.

La politique religieuse de Ramsès II est habile. Elu de Rê, aimé d'Amon et de Ptah, il ne cache pas son amour pour le dieu Seth qui lui confère la puissance sous toutes ses formes. Le roi, dont l'autorité n'est discutée par personne, partage ses faveurs entre les divers clergés. Il insiste beaucoup sur le culte des divinités solaires sans pour autant négliger Amon, le dieu d'empire qui lui donna la victoire à Kadesh.

La religion tolérante de Ramsès II est liée à son amour du Delta. C'est là qu'il est né, c'est là qu'il situe sa capitale, Pi-Ramsès. Les façades de ses riches demeures étaient ornées de tuiles vernissées bleues d'où naissait, sous les rayons du soleil, une extraordinaire luminosité. On aurait juré qu'il s'agissait d'une cité de turquoise. « Combien heureux, dit un texte, le jour de ta vie, combien douce ta voix, quand tu ordonnas de construire Pi-Ramsès. » La nature avait été domestiquée avec art, l'eau était abondante, le palais royal magnifique. Pi-Ramsès, la moderne Tell el-Daba, était semblable à Héliopolis, aussi durable que Memphis et bâtie sur les plans de Thèbes. Elle réunissait donc les qualités des trois villes les plus importantes.

Occupant une superficie d'environ 3 km^2, la capitale de Ramsès II était placée sur un site stratégique essentiel, puisqu'elle gardait un bras du Nil commandant une route vers l'Asie. Elle constituait donc une sorte de point de jonction entre le monde égyptien et le monde asiatique, permettant de prendre, en permanence, le pouls de la vie internationale. Plusieurs garnisons stationnaient dans la cité, pourvue d'arsenaux importants. Les membres de la cavalerie y recevaient leur instruction, de même que les corps d'archers et l'infanterie. De nombreux exercices et des parades militaires s'y déroulaient.

Mais Pi-Ramsès était également une ville religieuse, comprenant un temple à chaque point cardinal : celui d'Amon à l'ouest, celui de Seth au sud, celui d'Ouadjet au nord, celui d'Astarté, déesse syrienne, à l'est. Là encore, on note une présence asiatique non négligeable dans ce panthéon officiel.

Ramsès II passa des jours heureux dans son palais de Pi-Ramsès. Il appréciait la beauté de ses jardins, goûtait avec plaisir les grenades et les pommes provenant de ses vergers, et buvait avec délectation les crus de ses vignobles réputés. Sans doute aimait-il aussi la population mêlée qui animait les rues. De Thèbes, il était impossible d'avoir une idée précise des modifications – essentielles pour l'avenir de l'Egypte – qui se produisaient en Syrie, en Palestine, en Mésopotamie. La capitale du Delta, en revanche, fournissait une tour de guet idéale, outre ses agréments.

C'est seulement à partir de la XVIIIe dynastie, semble-t-il, que les pharaons commencèrent à mettre systématiquement en valeur le Delta dont de très importantes zones n'étaient encore que des marécages. Dans le Delta central est créé le dix-septième nome de Basse-Egypte, comprenant donc des terres gagnées sur la végétation sauvage et aquatique. Si la frange du Delta, habitée depuis longtemps, reste sa partie la plus civilisée, des colons s'installent progressivement dans sa partie centrale. Ramsès II et ses successeurs, originaires de la région, seront particulièrement attachés à ce type de progrès.

Ramsès II fut un grand homme d'Etat. Il sut jouer à la perfection des différentes composantes de la politique égyptienne, ne défavorisant personne et se présentant toujours comme l'arbitre suprême. L'Egypte de Ramsès est un monde nouveau où l'influence asiatique n'est pas négligeable. La langue change. Beaucoup de mots étrangers y sont introduits. Les scribes semblent être de plus en plus nombreux, mais le niveau culturel général s'affaiblit. On possède des copies de textes traditionnels truffées de fautes, comme si certains scribes ne comprenaient plus très bien ce qu'ils rédigeaient. Les tombes thébaines sont moins belles et moins raffinées que celles de la XVIIIe dynastie. Certains historiens de l'art, cependant, s'opposent à cette vision de la réalité artistique de l'époque de Ramsès II. Des époques antérieures, disent-ils, il ne reste que des témoignages exceptionnels ; les œuvres ramessides, en revanche, sont en quantité considérable, offrant le bon et le moins bon.

Ramsès II est le pharaon qui a laissé le plus de monuments. Il a mené une triple politique : d'abord s'approprier des œuvres anciennes dont il se considère comme le créateur ; ensuite, achever des édifices en cours de construction, comme la gigantesque salle hypostyle de Karnak ; enfin, ouvrir ses propres chantiers pour ériger des ensembles aussi impressionnants que son temple funéraire thébain, le Ramesseum, ou le célèbre temple nubien d'Abou-Simbel, sans parler de constructions à Abydos, à Memphis, à Tanis et de sa capitale du Delta, Pi-Ramsès.

Le règne du grand Ramsès fut long, certes, mais il faut croire que l'Egypte disposait de richesses notables en hommes et en matériaux pour mener à bien un programme d'une telle ampleur. Ramsès II aime se faire représenter lui-même. Le nombre de ses statues est considérable, qu'il s'agisse de colosses ou d'ceuvres plus réduites. Celle qui est conservée au musée de Turin est un chef-d'œuvre d'une totale pureté où l'on voit un roi souriant, serein, raffiné, coiffé de la couronne bleue et tenant le sceptre *heka*.

Les célèbres colosses de Ramsès II ne sacrifient pas seulement à l'amour du gigantesque. Ils incarnent la divinité de Ramsès, non point de l'individu temporel, mais du principe monarchique. Ramsès II l'homme rend un culte à Ramsès le dieu. Ces colosses avaient également un rôle économique, notamment dans les colonies militaires où les soldats jouissaient de donations de terres faites en l'honneur de ces statues géantes.

La plus grande statue monolithe connue avait été taillée dans le granit et dressée dans le Ramesseum. Elle s'est malheureusement écroulée, offrant aux visiteurs un spectacle qui avait ému, parmi d'autres, le poète anglais Shelley. Il était persuadé que les mots suivants avaient été inscrits sur le socle du géant abattu : « Mon nom est Ozymandias, roi des rois : regarde mon œuvre, ô Tout-Puissant et afflige-toi ! Rien ne subsiste. » Le poète s'est trompé. L'activité créatrice des maîtres d'œuvre de Ramsès n'a pas été réduite à néant. Pharaon, qui avait pris soin d'augmenter le nombre des ouvriers, veillait tout particulièrement à l'exploitation des carrières. Il n'hésitait pas à prêter main-forte à ses ingénieurs, comme le prouve une stèle : « En l'an huit, le deuxième mois de la saison d'hiver, le huitième jour du roi de Haute et de Basse-Egypte, Ramsès. Ce jour-là, Sa Majesté se trouvait à Héliopolis, occupé à faire ce qui plaît à son père, Horakhty-Toum, maître des Deux Terres, celui d'Héliopolis et Sa Majesté parcourait le désert d'Héliopolis, au sud du temple de Rê, au nord du temple de l'Ennéade, en face (du site) de Hathor, maîtresse de la Montagne Rouge ; c'est alors que Sa Majesté trouva un énorme bloc de quartzite tel qu'on n'en avait pas trouvé de semblable depuis le règne de Rê ; il était plus haut qu'un obélisque de granit. »

Ramsès II confie le bloc à ses artisans. Il les comble de cadeaux et de félicitations, les encourageant à réaliser une œuvre magnifique. « Pour vous, dit le roi, les greniers croulent sous le blé afin que vous ne passiez pas un seul jour sans nourriture… j'ai rempli pour vous les magasins de toutes sortes de choses : du pain, de la viande, des gâteaux, pour votre entretien, des sandales, des onguents en grande quantité pour oindre vos têtes chaque décade… Je (vous) ai donné un nombreux personnel pour vous approvisionner contre la disette : des pêcheurs pour apporter les produits du Nil et bien d'autres, des jardiniers pour faire des potagers, des potiers au tour fabriquant des vases destinés à rafraîchir votre eau pendant la saison d'été » (traduction B. Letellier).

Le roi en personne découvre les plus belles pierres dans les carrières, les nappes d'eau les plus profondes sur les routes du désert : non seulement il est habité par les dieux, mais encore il est vigilant envers le sort des ouvriers et des artisans qui, par leur création, manifestent sa puissance et sa gloire. Le plus grand architecte du règne est probablement May, fils de maître d'œuvre, qui travailla dans la plupart des villes d'Egypte et dirigea la construction des monuments de Pi-Ramsès. En tant que militaire de haut rang, Mav avait la haute main sur les expéditions aux carrières de granit d'Assouan. Du matériau brut jusqu'à la finition, par conséquent, l'architecte exerçait ses responsabilités.

Le temple funéraire de Ramsès II, le Ramesseum, fut construit sur la rive gauche du Nil, dans la région thébaine, à la limite du désert et des terres cultivées. L'édifice, malheureusement très ruiné, était énorme. Il comprenait un grand temple, à l'entrée marquée par deux pylônes et dont l'originalité consistait à posséder deux cours, un palais, de nombreux magasins dont certains comportent des voûtes en brique crue, des ateliers, des habitations de prêtres, des bâtiments administratifs. Un mur d'enceinte en brique isolait cet ensemble du monde extérieur. Le Ramesseum émerveilla les auteurs anciens qui visitèrent l'Egypte. Sa salle hypostyle à quarante-huit colonnes – dont vingt-neuf sont encore debout – donne une impression de force tranquille. Sur les soubassements du mur ouest, une scène étonnante : la procession des nombreux fils et filles du roi. Ramsès avait également fait figurer sa victoire de Kadesh et des cérémonies religieuses, notamment la fête de Min, dont l'un des points culminants était le lâcher de quatre oiseaux volant aux quatre points cardinaux pour annoncer le couronnement d'un nouveau roi. Autre détail insolite : une procession de prêtres portant sur leurs épaules l'effigie de grands pharaons, dont Ramsès II lui-même.

Le Ramesseum se présentait donc comme une sorte de cité théologique où le spirituel et le matériel s'harmonisaient. On connaît le nom de l'inspecteur des jardins du temple, un certain Nedjemger. Dans sa tombe, il a fait représenter, derrière le sanctuaire, les espaces verts qu'il avait conçus, avec des arbres et un canal d'irrigation. Il est d'ailleurs bien récompensé pour son travail, puisqu'une déesse, résidant dans le feuillage d'un arbre, lui offre des mets lui garantissant une vie éternelle à l'abri de tout besoin.

A Karnak, qui continue d'être un immense chantier avec ses trente hectares couverts d'édifices sacrés, Ramsès II construit beaucoup. Les prêtres d'Amon sont riches : ils gèrent 350 000 hectares de terre, bénéficient de revenus considérables. Ramsès II crée un chef-d'œuvre à la mesure de Karnak : la grande salle hypostyle à cent trente-quatre colonnes, d'une superficie de près de cinq mille cinq cents mètres carrés. Du Karnak actuel, labyrinthe de ruines, jaillit cette forêt de pierres où chaque visiteur, instinctivement, baisse la voix. Les jeux de lumière ont été calculés avec une science architecturale inégalable. Le monde des dieux se dévoile progressivement selon les saisons, selon les heures du jour. Chaque colonne comporte son message particulier. Pourtant, la salle hypostyle n'est pas écrasante ; au contraire, elle élève l'âme, elle arrache le pèlerin à sa condition d'homme mortel pour l'élever à la conception de l'impérissable.

C'est également à Ramsès II que l'on doit le lac sacré qui a été conservé jusqu'à nos jours. Il ne s'agit pas d'un bassin de plaisance ou d'un plan d'eau ornemental, mais d'une représentation symbolique de l'océan des premiers âges où naquirent toutes les formes de la vie. Les plantes qui y poussent sont les papyrus du marais primordial où Isis cacha son fils pour le protéger de la fureur de Seth et le préparer à venger Osiris, le roi assassiné. Parmi les lotus du lac sacré naissait le jeune soleil grâce auquel serait préservée la beauté de la création.

A Louxor, Ramsès II fit dresser le grand pylône qui précède le temple d'Aménophis III. Cet élément est caractéristique de l'architecture monumentale de la XVIIIe dynastie. Il symbolise les deux montagnes de l'horizon, celle du levant et celle du couchant, entre lesquelles se lève le dieu soleil. C'est du pylône qu'il part pour aller vers le saint des saints, où seul pharaon peut contempler la lumière divine dans sa toute-puissance, avant de revenir vers ce même point pour s'y coucher. Chaque jour, grâce à l'intervention des prêtres, le cycle solaire recommence et marque les moments essentiels des rites. Devant le pylône, deux obélisques et six colosses de Ramsès II. L'un des obélisques a été déplacé : offert à la France en 1831 par Méhemet Ali, il fut installé sur la place de la Concorde, à Paris, le 25 octobre 1836. Ramsès II aimait Louxor. Il y exprima sa marque de diverses façons. D'une manière monumentale, par les constructions que nous venons d'évoquer, ainsi que par la grande cour entourée d'une double rangée de colonnes ; mais aussi de manière subtile, en faisant graver son cartouche sur les statues d'Aménophis III, ou en transformant Tiy, l'épouse d'Aménophis III, en Nefertari.

L'œuvre la plus populaire de Ramsès II est probablement Abou Simbel, découvert en 1812 par Burckhardt. Le sable venant du désert avait tout fait disparaître, à l'exception d'une tête de colosse encore visible. Enseveli, Abou Simbel fut ainsi protégé de la destruction. La construction du grand barrage d'Assouan le menaça à nouveau ; la campagne internationale menée par l'U.N.E.S.C.O. fut heureusement couronnée de succès. Les deux temples, creusés dans le grès nubien, furent découpés en 1036 blocs, dont certains pesaient trente tonnes, et remontés au sommet de la falaise qui constituait le site primitif. Ce dernier est extraordinaire. Malgré le profond changement du paysage, dû à la création du lac Nasser, la vision d'Abou Simbel demeure un moment marquant du voyage d'Egypte. Alors que le regard se perd dans une immensité désertique de pierres et d'eau, surgit soudain un temple, un lieu saint arraché au néant. Très vite, on se laisse absorber par la contemplation du visage serein des colosses, dont la finesse de traits contraste avec l'énormité de la masse. Hauts de vingt mètres, ils affirment, en cette lointaine Nubie, le caractère divin de la royauté de Ramsès.

Le nom d'Abou Simbel est Ousermaât-Rê, « puissante est l'harmonie cosmique du dieu Rê ». Comme l'a souligné Christiane Desroches-Noblecourt, il est inscrit de manière monumentale dans la pierre, au-dessus de la porte du grand temple : l'homme à la tête de faucon est Rê, qui s'appuie sur deux signes se lisant *ouser* et Maât : on obtient ainsi un rébus à signification théologique.

Au nord de l'esplanade qui précède le grand temple, on dégagea en 1909 une cour où avait été construit un monument étrange, un sanctuaire solaire. A l'intérieur de la chapelle, on avait mis un scarabée, image du soleil levant, et un singe, symbole de la lune. Au centre de la cour, un autel supportant quatre singes debout et flanqué de deux obélisques. Il s'agit là de thèmes appartenant à la religion d'Héliopolis que Ramsès II mit à l'honneur. On trouve d'ailleurs vingt-deux cynocéphales couronnant la façade du grand temple. Ils poussent des cris joyeux lorsque le soleil se lève. Ce dernier est incarné par le dieu Rê à tête d'épervier, placé dans une niche au-dessus de la porte d'accès au temple.

Abou Simbel était sans doute le sanctuaire préféré de Ramsès II. Il y fit enregistrer les événements les plus marquants de son règne. Si nous pénétrons à l'intérieur du monument, creusé dans une montagne considérée comme sacrée, nous découvrons un pronaos à huit piliers osiriaques dont les parois sont décorées d'exploits militaires, notamment la bataille de Kadesh. Les combats de l'infanterie, l'intervention des chars, Ramsès triomphant avec son lion à ses côtés, les ennemis vaincus et ligotés : autant d'épisodes fameux complétés par la représentation d'autres combats du pharaon contre les Libyens. Une scène très remarquable : un combat singulier. Ramsès est de même taille que son adversaire. Il remporte la victoire en le transperçant de sa lance.

Ces combats sont surmontés de scènes religieuses qui leur donnent une dimension sacrée. Le roi ne fait pas la guerre par sadisme ou par amour de la violence, mais pour respecter la volonté des dieux, sauver son peuple de l'anarchie et empêcher le désordre de déferler sur le monde.

Le sanctuaire du grand temple est très impressionnant. Contre la paroi du fond, on distingue quatre statues assises : celles de Ptah, d'Amon-Rê, de Ramsès divinisé et de Rê-Harakhty. Du 10 janvier au 30 mars et du 10 septembre au 30 novembre, le soleil éclairait progressivement les statues, à l'exception de l'image de Ptah, qui demeurait toujours dans l'ombre. Les secrets détenus par le dieu des artisans n'étaient jamais révélés.

Le « petit temple » d'Abou Simbel est situé à 135 m au nord du grand temple. Quatre statues de Ramsès et deux de la reine Nefertari sont placées en façade. On remarque aussi la présence, comme au grand temple, de leurs enfants, sculptés contre leurs jambes. La famille royale a ici une valeur religieuse. Les idées magnifiées par Akhenaton n'ont pas été oubliées. Une inscription proclame que Ramsès II a ordonné la construction d'un temple plus beau que tout ce qu'on avait vu auparavant. Il offre un somptueux cadeau à la grande épouse royale Nefertari, préférée entre les préférées. Dans son temple, la reine est partout présente. Elle assiste à la mort d'un ennemi vaincu par Ramsès II, fait des offrandes à diverses divinités, dont Hathor et Mout plus particulièrement en liaison avec les cultes féminins. C'est d'ailleurs entre Hathor et Mout, protégée par elles, que Nefertari s'affirme comme une déesse.

La Nubie a fasciné Ramsès II. Il a construit des temples à Beit el-Ouali, à Gerf Hussein, à Ouadi es Seboua, à Derr… autant d'hommages à des dieux égyptiens ou locaux, et à Ramsès divinisé.

*
* *

L'Egypte est riche, l'Egypte est en paix. Ramsès II est très âgé. Ses exploits militaires sont déjà lointains. Le traité avec les Hittites demeure la clef de voûte de l'équilibre du Proche-Orient ancien. Le règne du grand Ramsès est devenu celui d'un paisible bâtisseur. Mais le monde change. L'empire hittite connaît des crises intérieures. Les Assyriens, en revanche, s'organisent et deviennent une puissance capable de rivaliser avec les Hittites. Le risque de déstabilisation est grand. Autre élément des plus inquiétants : dans la région des Balkans et de la mer Noire se produit un considérable mouvement de population, à savoir des migrations indo-européennes qui menacent de fondre sur de nombreux pays. De fait, ces vagues d'envahisseurs déferlèrent sur l'Asie mineure, les îles de la mer Egée, la Grèce, la Libye. L'invasion se produit par mer et par terre. Bientôt, les Hittites seront menacés.

Il ne semble pas que Ramsès vieillissant ait perçu le danger. Le péril, il est vrai, est encore loin des Deux Terres. Des mesures préventives auraient peut-être été utiles, une intervention égyptienne aurait peut-être permis aux Hittites et aux Babyloniens de mieux résister à l'invasion. Mais pharaon a l'esprit tourné vers l'au-delà. Les affaires temporelles ne le concernent plus. Dans sa politique intérieure, il perd de sa fermeté. Un grand prêtre d'Amon obtient le titre de directeur de tous les prêtres de Haute et de Basse-Egypte. Les religieux thébains mettent à profit la faiblesse du grand vieillard pour faire de nouveau irruption sur la scène politique. Ramsès II est un symbole vivant. Personne n'ose prendre sa place, mais des intrigues se nouent dans l'ombre.

Ramsès II meurt dans sa soixante-septième année de règne, âgé de quatre-vingt-huit ans. Il est enterré dans la Vallée des Rois. Sa tombe a été préparée par Pasar, grand vizir du Sud. Elle fut malheureusement pillée à la fin de la XXe dynastie. Des trésors fabuleux qu'elle devait contenir, rien n'a subsisté. Elle est aujourd'hui en partie remblayée. Si l'on en croit certains archéologues, la dernière demeure de Ramsès le Grand aurait même été inachevée. La fin de son long règne aurait-elle été marquée par des troubles intérieurs, consécutifs à l'affaiblissement du pouvoir royal ?

L'œuvre de Ramsès II fut considérable. Son époque voit une modification profonde de la société et de la mentalité égyptiennes. Malgré l'exaltation de la puissance du pharaon, on discerne des tendances certaines à la décadence, traduite notamment par un mélange du politique et du religieux, par une dégradation des mœurs et un relatif appauvrissement culturel. Il est probable que l'écart se creuse entre les classes aisées, jouissant d'un très haut niveau de vie, et les couches les plus défavorisées de la population. Des facteurs externes à l'Egypte expliquent en partie cette évolution, notamment la présence d'étrangers et l'influence de civilisations asiatiques. A la fin du règne du Ramsès II, on est loin de la pureté de l'Ancien Empire. Mais le colossal, le pouvoir élevé jusqu'au divin, la créativité formidable de ce temps attirent irrésistiblement notre regard.

18

RAMSES III, LE DERNIER GRAND PHARAON

De 1184 à 1153, l'Egypte est gouvernée par un grand monarque dont la tâche fut des plus difficiles. Mais Ramsès III était une forte personnalité que l'adversité n'abattait pas. Il avait la nostalgie des pharaons qui avaient façonné une Egypte puissante, maîtresse du monde. Son modèle était Ramsès II.

Lorsque Ramsès III monte sur le trône, l'anarchie qui a suivi la fin du règne de Ramsès II est réprimée. Mais l'Egypte est sortie affaiblie de cette épreuve. Des mutations sociales profondes se sont accomplies. De plus, des menaces d'invasion persistent. Le Proche-Orient entier est sur le point d'être bouleversé par des migrations indoeuropéennes. Dès le règne de Merenptah (1224-1204), le treizième enfant de Ramsès II, les « peuples de la mer », comme les nomment les sources, ont déferlé sur l'Egypte. Merenptah a réussi à les repousser, non à les anéantir. Les envahisseurs se sont réorganisés. Ils ont regroupé une armée beaucoup plus importante que celle vaincue par le fils de Ramsès.

Ramsès III, bien informé, est conscient du danger. Il se prépare à la guerre. Il fait un excellent choix en renforçant sa flotte, qui lui paraît être la meilleure arme pour remporter la victoire. Il sait que les envahisseurs « étaient unis et avaient lié leurs mains sur les pays aussi loin que le cercle de la terre. Leurs cœurs étaient confiants et pleins d'ambition ».

L'invasion est lancée. Le royaume hittite est dévasté. Les ports phéniciens sont conquis. Ougarit est détruite. C'est un véritable ouragan qui dévaste tout sur son passage. Syrie et Palestine sont envahies. Quant aux Libyens, ils se sont réorganisés après la grave défaite subie par les armées de Merenptah. La Libye n'est pas un pays riche. Elle a toujours été jalouse de l'aisance égyptienne. Craignant d'être chassés de leurs territoires par les vagues déferlantes d'Indo-Européens, les Libyens n'ont qu'une solution : la fuite en avant. L'Egypte est menacée de tous côtés.

Ramsès III, qui ne croyait plus à la moindre possibilité de paix, n'est pas surpris par les premiers chocs. Son armée, où figurent des mercenaires nubiens et des milices levées par les prêtres d'Amon, bénéficie d'une conscription importante. De nombreuses jeunes recrues s'ajoutent aux soldats de métier dont certains ont été rappelés, étant donné la gravité de la situation. On utilise beaucoup de mercenaires étrangers, dont des Libyens, des Asiatiques, des Shardanes qui combattront contre leurs frères de race.

La période de conflits majeurs s'ouvre par la guerre contre la Libye. Dans ce pays, la tribu des Mashouesh, mettant fin à une relative anarchie, avait réuni les autres clans sous sa bannière. Ramsès III avait voulu imposer aux Libyens un chef choisi par lui, à savoir un chef libyen élevé en Egypte. C'est la goutte d'eau qui fait déborder le vase. L'occasion de la révolte étant procurée par pharaon lui-même, les Libyens tentent une nouvelle fois d'envahir l'Egypte grâce à une organisation militaire plus cohérente que précédemment. L'armée de pharaon intervient avec une remarquable promptitude et remporte une très nette victoire, faisant beaucoup de prisonniers.

Les troupes égyptiennes n'ont pas le temps de s'endormir sur leurs lauriers. Le conflit avec les Libyens n'était rien en regard du choc que la terre aimée des dieux va subir. Les peuples de la mer arrivent par le nord, bien décidés à s'établir dans les zones les plus riches du Delta. C'est une véritable migration de population qui se présente, puisque les guerriers sont accompagnés de leurs femmes, de leurs enfants, de leur bétail. Comme moyen de transport principal, ils ont choisi des chariots tirés par des bœufs. Curieusement, on note la présence de Shardanes à la fois dans les rangs des envahisseurs et dans ceux de l'armée égyptienne.

La situation est angoissante, car les Indo-Européens attaquent à la fois par terre et par mer. Quand pharaon arrive sur le front, il ne cache pas la vérité à ses officiers. Le destin du pays va se jouer. Les envahisseurs ont tout balayé sur leur passage. Ennemis et amis de l'Egypte n'ont pu les arrêter. Le Double Pays est leur ultime objectif. Mais Ramsès III est un roi-dieu. Son cœur est confiant. Il prendra l'ennemi au piège comme l'oiseleur attrape les oiseaux au filet. Toutes les précautions sont prises : le roi, en personne, inspecte les arsenaux, vérifie l'état des armes offensives et défensives, arcs, épées, piques, casques, cuirasses.

La frontière terrestre, bien gardée, ne cède pas sous le choc. Mais le gros des troupes ennemies tente d'envahir l'Egypte par les bouches du Nil. Ramsès III prouve des qualités de grand stratège. Si la batellerie égyptienne utilisait, depuis toujours, des embarcations variées pour circuler sur le Nil, pharaon ne disposait pas d'une flotte de guerre considérable. Or Ramsès III l'avait augmentée dans des proportions importantes afin de pouvoir résister à l'agresseur. Les bateaux rapidement construits portent des noms comme « taureau sauvage » ; à leur proue, une tête de lion dévorant l'ennemi. Les matelots ont le statut de simples soldats de l'armée de terre. Les officiers supérieurs sont placés sous le commandement d'un amiral qui dépend lui-même du vizir. L'un des hommes d'équipage a un rôle décisif, le frondeur. Il est chargé d'abattre le mât du navire ennemi pendant que les archers égyptiens criblent de flèches leurs adversaires qui, à leur bord, ne sont armés que de glaives.

En pénétrant dans les bouches du Nil, les envahisseurs trouvent devant eux une véritable muraille de bateaux de guerre dont certains mesurent plus de soixante mètres. La première grande bataille navale de l'histoire égyptienne s'engage. Le barrage d'embarcations, où figurent également des galères et de petits bateaux, se révèle infranchissable. Ne se contentant pas de défendre, les Egyptiens passent à l'attaque. Ils se comportent comme des lions. La marine est assistée par l'infanterie. Les archers font merveille. Ramsès III semble avoir réussi un magnifique mouvement tournant, enfermant les assaillants dans une nasse d'où ils ne parvinrent pas à sortir. Les forces égyptiennes se lancent à l'abordage, faisant beaucoup de morts et de prisonniers. Les bateaux ennemis sont retournés, ils sombrent. Les ennemis rescapés prennent la fuite. Parmi les survivants, certains devinrent pirates. Les familles de Philistins qui avaient échappé au massacre s'établirent dans la Palestine actuelle à laquelle ils donnèrent son nom.

Ramsès III peut proclamer avec fierté : « Quant à ceux qui ont atteint mes frontières, leur race n'existe plus. » Pharaon a effectivement sauvé son pays et son peuple. Nul autre roi, avant lui, n'avait eu à conjurer un danger d'une telle gravité. Mille ans plus tard, les textes ptolémaïques parleront encore de ces peuples venus des îles au sein de la mer et de la difficile victoire de l'Egypte. Selon l'intéressante hypothèse de l'égyptologue français Serge Sauneron, les prêtres de Saïs qui parlèrent de l'Atlantide à Platon ne firent probablement qu'évoquer, sous une forme symbolique, ces événements.

Après un tel triomphe, l'Egypte pouvait croire à une accalmie. Mais c'était sans compter avec les Libyens qui ne désarment pas. Ils s'emparent de localités de la partie occidentale du Delta. L'armée libyenne se dirige vers Memphis. L'énergie de Ramsès III ne diminue pas. Symbolisant la justice contre l'impiété, l'ordre contre le chaos, il vainc l'ennemi qui fuit, effrayé, devant lui. Les forces libyennes connurent effectivement une débandade, les troupes égyptiennes les poursuivant sur plusieurs kilomètres. Le chef libyen est un homme âgé, du nom de Kaper. Il est fait prisonnier, de même que beaucoup d'hommes, de femmes et d'enfants de son peuple. Ils travailleront en Egypte comme bergers ou manœuvres, certains d'entre eux réussissant même à s'élever sur l'échelle sociale. Les Libyens n'ont pas réussi à s'imposer militairement à l'Egypte où, en raison de l'importance de leur colonie, ils finiront par former un Etat dans l'Etat. Soldats dans l'armée égyptienne qu'ils avaient auparavant combattue, ils prendront même le pouvoir environ un siècle plus tard.

Victoire sur les Libyens, victoire sur les peuples de la mer… Ramsès III se prend à rêver. Lui, dont le modèle est Ramsès II, ne pourrait-il pas devenir un grand conquérant, passer à l'attaque après avoir été obligé de se défendre ? Le passé n'enseigne-t-il pas que l'Egypte fut à l'abri des invasions lorsque son armée porta le fer en Asie même ? A nouveau confiant dans la puissance égyptienne, Ramsès III concrétise ses aspirations. Il prend quatre places fortes en Syrie et une dans le pays d'Amor. Certaines d'entre elles étaient occupées par les Hittites, d'anciens alliés.

Il est difficile de dire si Ramsès III parvint à atteindre l'Euphrate, mais il est certain que ses campagnes d'Asie ne répondirent pas à ses ambitions. La côte palestinienne, par exemple, demeure aux mains des Philistins. La Syro-Palestine reste une région troublée, instable. On peut même douter du caractère réellement historique de cette expédition, car Ramsès III, en faisant évoquer ses victoires par ses sculpteurs, a parfois recopié les scènes des batailles de Ramsès II. Il était bien dans le caractère de ce pharaon, cependant, de tenter de rétablir, au moins partiellement, l'empire égyptien d'Asie. Mais l'Egypte n'a plus la capacité de modifier ou de contrôler la situation internationale. Alors que les valeurs fondamentales de la royauté pharaonique ont été préservées, le monde extérieur a beaucoup changé. La Méditerranée n'est plus un monde clos ; elle devient zone d'invasions, de passages de populations, de bouleversements économiques et sociaux. De plus en plus, l'Egypte apparaîtra comme un univers singulier que les peuples conquérants chercheront à asservir. A l'époque ramesside, les Deux Terres sont moins unies : le Delta se laisse pénétrer par l'influence méditerranéenne alors que la Haute-Egypte commence à se replier sur elle-même, sauvegardant la tradition originelle.

*
* *

Le commerce égyptien ne se porte pas trop mal. Le pays a repris confiance en lui. Des missions sont organisées en direction de Pount, on exploite le cuivre et la turquoise dans les mines du Sinaï, la Nubie est administrée par des fonctionnaires égyptiens vivant à l'égyptienne. Les routes du désert sont surveillées. Parfois, on utilise des moyens magiques : songeons à la statue prophylactique trouvée près d'une piste conduisant vers l'isthme de Suez. Ce monument protégeait efficacement les caravaniers, puisqu'il leur évitait d'être mordus par les serpents et les scorpions.

Ramsès III embellit Thèbes. Il construit un temple à Karnak en l'honneur d'Amon-Rê. Le roi est obligé de s'appuyer sur le clergé thébain pour maintenir la cohésion interne du pays. Aussi pharaon embellit-il le domaine d'Amon, lui offrant du bétail, des champs, des vignobles. Un papyrus qui établit l'état des richesses des grands temples égyptiens montre que Thèbes est le premier d'entre eux : plus de quatre-vingt mille personnes sont au service d'Amon de Karnak, qui dispose de plus de quatre cents jardins, de deux mille cinq cents kilomètres carrés de champs environ. Des dizaines de villages s'occupent de la mise en valeur des terrains. Les deux autres grands temples sont celui d'Héliopolis (treize mille employés environ) et celui de Memphis (trois mille environ). A Thèbes, on trouve plus de quatre cent mille têtes de bétail ; quarante-cinq mille à Héliopolis, dix mille à Memphis.

Le fisc a beaucoup de difficultés à alimenter le trésor royal. Présent dans tous les rouages de la nation, le clergé amenuise progressivement le pouvoir réel du roi. Trop de terres bénéficient d'exemptions de taxes ou d'impôts. Il semble que Ramsès III ait tenté de réformer la société, mais il est encore impossible de préciser la méthode employée et les résultats obtenus. Certains ont pensé à une séparation en « classes » beaucoup plus nette qu'auparavant, ce qui aurait renforcé les élites tout en mécontentant une bonne partie de la population.

On note des signes de désagrégation sociale. Le plus célèbre d'entre eux est la grève des artisans de Deir el-Medineh, les spécialistes des tombes de la Vallée des Rois. Ne recevant plus la nourriture qui leur est due, ils refusent de travailler et se mettent en grève. Ils menacent même de quitter le village où ils habitent et de ne plus y retourner. La situation est tendue. Les autorités administratives tentent de calmer ces artisans d'élite. Mais ces derniers ont déjà été bernés. Les promesses ne leur suffisent plus. Ils vont jusqu'à pénétrer dans le Ramasseum pour y faire entendre leurs protestations et se heurtent à la police. Les prêtres apaisent les artisans dont les revendications sont précises : nous n'avons plus de vêtements, disent-ils, plus de légumes, plus de poissons. Qu'on avertisse le pharaon et le vizir. Les deux plus importants personnages de l'Etat sont effectivement consultés et le ravitaillement promis arrive. Mais, dès le mois suivant, la communauté de Deir el-Medineh manque à nouveau de nourriture. Nouvelle grève. Cette fois, le vizir intervient en personne, affirmant avec grandeur : « Mon rôle est de donner, pas d'enlever. » Des incidents comme ceux-là tendent à montrer que la machine économique se grippe.

Le vizir de Basse-Egypte aurait même fomenté un coup d'Etat à Athribis pour prendre le pouvoir, avec l'intention de s'opposer à l'influence grandissante des prêtres. La tentative tourna court, le vizir fut destitué.

*

* *

Des scènes charmantes du temple de Medinet Habou montrent Ramsès III dans son harem, entouré de concubines qui ne portent, pour tout vêtement, que des sandales et des colliers. Beaucoup de femmes du harem étaient des princesses étrangères envoyées en Egypte comme gage d'amitié. Cette institution, à l'époque pharaonique, n'avait pas l'aspect d'une prison. Il s'agissait d'un organisme d'Etat, régi par des scribes spécialisés et doté d'un budget important.

C'est dans ce milieu, apparemment pacifique et agréable, que se trame, à la fin du règne de Ramsès III, un complot destiné à supprimer le roi. Le document relatant ce qu'on nomme « la conspiration du harem » est des plus étranges. Il s'agit d'un magnifique papyrus conservé au musée de Turin.

C'est Ramsès III lui-même qui parle, expliquant ce qui s'est passé. L'affaire est si sombre et si embrouillée que le roi ne la confie pas à des tribunaux ordinaires mais demande à quelques-uns de ses intimes de former une juridiction d'exception après une enquête serrée. Il ressort que des proches du roi ont tenté de le détrôner et, très probablement, de l'assassiner. Le complot s'est tramé dans le harem où l'une des femmes a recruté son frère, un militaire commandant des troupes à Koush. C'est lui qui devait servir de cheville ouvrière en procurant aux comploteurs les moyens militaires de mener leur projet à bien. Le harem dont il est question ici n'est pas l'institution existant dans les grandes cités, mais un harem qui accompagnait le roi dans ses déplacements. La magie noire est largement utilisée : on fabrique des figurines en cire sur lesquelles on inscrit des textes destinés à nuire au roi. Sans doute l'instigatrice de la machination est-elle l'une des épouses de pharaon, dépitée de ne pas voir son fils accéder au trône et tentant de lui procurer le pouvoir par les moyens les plus abjects.

Les conspirateurs ne surent pas garder leur lourd secret. Des informations circulèrent. Prévenu, le roi fit arrêter les suspects. On identifie près d'une trentaine de comploteurs classés en cinq catégories selon la gravité de leurs fautes. « Que le crime dont ils se sont rendus coupables retombe sur leurs propres têtes », demande Ramsès III. Donnant pleins pouvoirs aux magistrats nommés par lui, il les convie à se montrer justes. En tant que pharaon, il ne doit être ni sévère ni injuste. Cruellement blessé par la trahison de familiers en qui il avait confiance, le roi ne veut rien savoir des condamnations.

Le procès ne fut pas de tout repos. Les accusés ne portent par leurs vrais noms, mais des patronymes tels que « Rê l'a en abomination » ou « ce serviteur aveugle ». Pour les Egyptiens, le nom est un être vivant. On utilise donc un procédé magique qui suffit, à lui seul, à préciser l'ignominie des conspirateurs. Parmi les hommes de la commission d'enquête, certains sont corrompus. Attirés par les charmes des dames du harem, ils font l'amour avec elles. L'affaire est connue. Aussitôt, de juges ils passent sur le banc des accusés. Ramsès III éprouve une nouvelle déception. Son entourage, décidément, n'est guère digne de confiance. Les jugements sont enfin délivrés, à la suite d'une procédure simple : appel de l'accusé, lecture de son état civil et des chefs d'accusation, débat. Quatre condamnations à mort sont prononcées. C'est ainsi que nous apprenons la manière dont la sentence s'exécute : le suicide. Le condamné est laissé seul dans la salle du jugement où il se châtie lui-même. Les autres eurent le nez ou les oreilles coupées.

Une incertitude demeure : le complot a-t-il réussi, le roi fut-il assassiné ? Dans le texte du papyrus, tout se passe comme si Ramsès III était intervenu à temps, mais ne s'agit-il pas d'un simple procédé littéraire ? Il est plus probable que le roi mourut alors que le procès se déroulait. La momie de Ramsès III, trouvée dans la cachette de Deir el-Bahari, est celle d'un homme d'environ soixante-cinq ans qui ne porte aucune trace de blessure.

*

* *

C'est dans la région thébaine que Ramsès III construisit son admirable « château des millions d'années », le temple funéraire de Medinet Habou. Le site choisi est la butte de Djemê, lieu saint de Thèbes ouest où Amon est apparu à l'origine des temps. Les travaux ne durèrent pas plus d'une vingtaine d'années, ce qui prouve une réelle vigueur économique et suppose une qualification intacte de la part du maître d'œuvre et de ses équipes, d'autant plus qu'on travaillait aussi à Karnak, à Abydos, à Héliopolis, à Memphis et en d'autres lieux.

Le temple était protégé par une enceinte de briques crues (310 m × 210 m environ). Il avait l'allure d'une forteresse qui symbolisait à merveille l'Egypte de Ramsès III, contrainte à se défendre contre le monde extérieur. C'est là que pharaon affirma ses victoires dans de magnifiques reliefs, c'est du palais inclus dans l'enceinte de l'aire sacrée qu'il aimait diriger son pays. L'énorme édifice ne comprenait pas moins de trois salles hypostyles. Partout, le roi met ses adversaires en déroute. Les scènes chantent son triomphe. Il y a là une volonté magique, le désir de faire du temple entier un talisman qui protégera l'Egypte contre le malheur.

Medinet Habou est célèbre en raison de particularités architecturales comme le « pavillon royal » qui est, en réalité, une entrée monumentale érigée dans le style des forteresses asiatiques. Dans la façade du palais où résidèrent effectivement le roi et sa cour, on voit une « fenêtre d'apparition » d'où pharaon assistait aux parades militaires qui se déployaient dans la première cour. C'est de ce balcon, également, que Ramsès III distribuait les récompenses méritées par ses fidèles serviteurs.

Medinet Habou est aussi un monde de chapelles où l'on évoque l'au-delà, où l'on fait des offrandes aux dieux. Ici est gravé un calendrier rituel inspiré de celui du Ramesseum, là sont évoquées la fête du dieu funéraire Sokaris-Osiris et la « sortie de Min ». La plupart des représentations guerrières s'inspirent nettement de celles de Ramsès II, manière de rendre hommage au glorieux ancêtre et d'invoquer sa puissance.

Le temple funéraire de Ramsès III était une véritable ville, avec ses édifices de culte, ses jardins, son lac, ses habitations pour les prêtres, ses ateliers. Partout, la même impression d'immensité. Dans son goût du colossal, Ramsès III n'a cédé en rien à son modèle Ramsès II. Il eut l'immense joie de voir le temple entièrement terminé. Il restera intact jusqu'en 383, date de l'édit de Théodose. Commencent alors les dégradations accomplies par les chrétiens qui s'installent à l'intérieur même de l'enceinte. L'invasion arabe les expulsa, mais le sort de Medinet Habou en fut aggravé, puisque les nouveaux envahisseurs utilisèrent le temple comme carrière de pierres. Seule la partie antérieure, à savoir les pylônes et les cours, nous est parvenue dans un bon état de conservation alors que le fond du temple est ruiné.

La tombe de Ramsès III, longue de 125 m de long, donne l'image de ce que fut l'activité du dernier grand pharaon : des scènes consacrées à la boulangerie, à la boucherie et à la vie agricole évoquent l'économie ; la pièce où sont représentées des armes, épées, arcs, carquois, chars, rappelle l'importance de la guerre ; celle où l'on voit meubles et objets divers décrit la vie artisanale ; enfin, les nombreuses scènes religieuses et mythologiques insistent sur sa fonction de prêtre-roi.

Grand amateur de jardins, d'arbres et de fleurs, roi qui fit planter beaucoup de vignes dans plusieurs provinces d'Egypte, grand bâtisseur, Ramsès III eut un règne exemplaire, conforme à ceux de ses plus glorieux ancêtres. Grâce à lui, l'Egypte demeura une nation puissante, bien qu'elle ne fût plus la maîtresse du monde.

19

NECTANEBO II, LE DERNIER PHARAON EGYPTIEN

Nectanebo II n'est pas un pharaon célèbre. Il mérite pourtant sa place dans cette galerie de portraits puisqu'il fut le dernier pharaon égyptien, l'ultime maillon de la longue chaîne de dynasties qui avait commencé avec Ménès.

Entre la fin du règne de Ramsès III et le début de celui de Nectanebo II, près de huit cents ans se sont écoulés. L'Egypte a traversé la décadence ramesside. De 1153 à 1070, huit rois porteront le nom illustre de Ramsès, mais aucun d'eux ne pourra redonner du lustre à l'empire. De 1070 à 715, c'est la Troisième Période Intermédiaire (XXIe à XXIVe dynastie) ; à partir de 715 s'ouvre la Basse Epoque qui se terminera en 332 avec la conquête d'Alexandre. L'Egypte, en dépit de quelques sursauts, ne retrouvera jamais sa puissance antérieure. Il existe, certes, de grandes figures politiques, mais les pharaons, qui doivent parfois partager le pouvoir à l'intérieur d'un pays où l'antagonisme entre le Nord et le Sud pose problème, ne disposent plus des armes que possédaient leurs prédécesseurs. L'économie connaît des périodes difficiles. La religion se transforme, les courants populaires se différenciant de plus en plus nettement des cercles initiatiques. L'Egypte n'est plus capable d'entreprendre une politique extérieure brillante. Pire, elle connaîtra plusieurs invasions qui finiront par la réduire au rang de pays conquis. Pourtant, malgré tous ces malheurs, la notion sacrée de « pharaon » ne disparaît pas. Même les souverains étrangers qui règnent sur les Deux Terres devront se faire couronner comme pharaons, passer par les rites ancestraux. Pharaon, c'est l'âme de l'Egypte.

L'histoire de cette période troublée est très complexe. A l'heure actuelle, beaucoup d'égyptologues s'y intéressent et chaque année voit des progrès s'accomplir dans la connaissance des dynasties de l'Egypte finissante. La décrire nécessiterait un livre entier. Quand Nectanebo II monte sur le trône, en 360 avant J.-C., il doit faire face à une situation très difficile. Alors que le roi précédent, Téos, avait fui l'Egypte après une grave défaite face aux Perses, Nectanebo était soldat en Syrie. Il regagna précipitamment son pays où une guerre civile menaçait d'éclater. Téos était devenu très impopulaire, en raison des impôts supplémentaires qu'il avait levés pour équiper ses troupes. Nectanebo mata la révolte, se fit reconnaître comme chef par les notables locaux et devint pharaon.

Depuis plusieurs années, l'Egypte s'appuie sur son alliance avec les Grecs pour sauvegarder son indépendance. L'occupation perse (525-404) a laissé des traces dans toutes les mémoires. La trentième et dernière dynastie, qui a débuté en 380, a vu des variations d'attitude de la part des pharaons envers les Grecs. Elle bénéficie néanmoins d'un climat de paix et d'une économie relativement stable qui lui permet d'entreprendre un grand programme de constructions. Nectanebo II s'attache à bâtir et à restaurer des temples. On travaille à Memphis, à Bubastis, à Abydos, à Karnak, à Edfou, à Philae. Avant la XXXe dynastie, l'île de Philae ne constituait qu'une masse de verdure perdue dans un paysage aride. Désormais s'y dressera un admirable temple d'Isis, non loin de l'île de Biggeh où se trouvait l'Abaton, territoire sacré d'Osiris. C'est en ces lieux que la religion égyptienne résista le plus longtemps au christianisme. Philae fut le dernier temple d'Egypte à demeurer ouvert.

L'Egypte n'est plus une grande puissance, mais elle a appris à connaître le monde extérieur. Ses marins n'ont-ils pas entrepris un immense voyage, qui les mena de la mer Rouge jusqu'au Cap ? Ils signalèrent d'ailleurs leur surprise quand ils virent le soleil se lever sur leur droite. Les Deux Terres sont économiquement reliées à beaucoup d'autres pays. On a creusé ce qu'on nommait le « canal des Deux Mers », à savoir le premier canal de Suez dont l'idée remonterait à Sésostris. Ferdinand de Lesseps s'inspira du tracé antique dont il modifia le plan.

Nectanebo II, roi pacifique et religieux, fut rappelé à la plus dure des réalités, quand le roi perse Artaxerxès III attaqua l'Egypte, en 351. L'armée égyptienne, avec ses mercenaires grecs, parvint à le repousser. Pharaon ne peut demeurer passif. Il fomente des mouvements de révolte contre les Perses, notamment en Phénicie. Mais la manœuvre est déjouée. Les tentatives de sédition furent impitoyablement réprimées. De plus, le roi des Perses est excédé par la résistance égyptienne.

Pendant l'hiver 343-342, Artaxerxès III envoie contre l'Egypte une formidable armée de trois cent mille hommes, appuyée par une flotte de plus de trois cents bateaux, soit trois fois plus que les effectifs dont dispose pharaon. L'attaque se produit par mer et par terre. Le combat est inégal. Le Delta est envahi. Memphis, la capitale administrative, est prise. Nectanebo II se réfugie en Egypte où il essaie de rassembler les dernières énergies. L'armée perse lance une deuxième vague d'assaut, vers le sud, afin d'éliminer tout foyer d'opposition. Toute l'Egypte est conquise. Les temples subissent de graves dommages. L'occupation étrangère est très dure.

On ne sait comment disparut le dernier pharaon égyptien, grand constructeur et soldat malheureux. Sans doute finit-il ses jours en Nubie. 343 fut donc la dernière année où régna sur le « trône des vivants » un pharaon d'origine égyptienne.

20

CLEOPATRE ASSASSINEE

Cléopatre est l'une des personnalités les plus célèbres de l'Antiquité. Elle ne fait pas partie de la grande lignée des dynasties pharaoniques, mais tenta de restaurer le pouvoir royal dans une Egypte qui n'avait pas perdu tout rayonnement.

Au Ier siècle avant J.-C., les Deux Terres subsistent dans un monde méditerranéen dominé par Rome. L'Egypte a été occupée par les Perses de 343 à 332, date à laquelle elle a été libérée de ce joug par Alexandre, après sa victoire à Issos sur Darius III. Appelé au secours par les Egyptiens, Alexandre le Grand est couronné pharaon, selon le rituel traditionnel, dans l'oasis de Siwa. Il organise l'administration du territoire et fonde Alexandrie, nouvelle capitale de l'Egypte, mais capitale grecque. L'expression latine *Alexandria ad Aegyptum* est significative : Alexandrie n'est pas en Egypte, ne fait pas partie intégrante du pays, mais se trouve à sa frange, comme une excroissance. Ses racines ne plongent pas dans le passé pharaonique. C'est là, néanmoins, que se jouera désormais le sort du pays.

Le Delta s'héllénise, tandis que le Sud, moins accessible aux influences méditerranéennes, préserve mieux les anciennes traditions. Les quinze Ptolémées qui dirigent l'Egypte de 304 à 30 avant J.-C. sont des pharaons, certes, mais aussi des souverains grecs qui créent de nouvelles structures économiques, adaptées au commerce international dont le Double Pays est une pièce maîtresse.

L'Egypte religieuse vit toujours avec la même intensité. Un surprenant contrat est passé entre les autorités civiles et les responsables religieux. Les rois grecs sont assez mal acceptés par la population. La Thébaïde est un foyer d'insurrections latentes. La police des Ptolémées eut à en réprimer quelques-unes. Or les agitateurs les plus écoutés sont les prêtres. Dépositaires de la foi antique, ils conservent un grand prestige auprès des populations locales. Aussi les rois grecs décident-ils de les rendre conciliants en leur accordant des avantages matériels considérables ; propriétaires de leurs temples et des domaines correspondants, les clergés obtiennent l'autorisation de percevoir le revenu de leurs exploitions, par un édit en date de 118 avant J.-C. De plus, des crédits leur sont attribués pour la construction de temples.

Sous les Ptolémées, le clergé égyptien, au lieu de fomenter des troubles politiques, s'occupe donc d'ériger de magnifiques sanctuaires : Edfou, Dendera, Philae, Esna, Kom Ombo, pour ne citer que les temples les plus célèbres dont certains sont admirablement conservés. Sur les murs de ces édifices sont gravés de très nombreux textes d'un intérêt exceptionnel. La Haute-Egypte, loin du tumulte de l'histoire qui, désormais, se fait sans elle, se consacre à la perpétuation de la tradition initiatique et ésotérique. Les prêtres s'adonnent à de profondes spéculations sur les symboles de leur religion, sur l'écriture hiéroglyphique, sur les diverses créations du monde.

Quand Cléopâtre naît, en 69 avant J.-C., l'empire des Ptolémées n'est plus qu'un souvenir. Son père ne règne sur l'Egypte qu'avec l'autorisation de Rome. César, Crassus et Pompée se tournèrent vers l'Egvpte pour tenter de résoudre leurs problèmes économiques. Lorsque Ptolémée Aulète vint à Rome pour demander de l'aide, afin de résoudre ses conflits familiaux, il acheta de puissants personnages, dont César en personne. Le roi d'Egypte devint l'ami et l'allié du peuple romain. Une garnison est envoyée à Alexandrie. Les banquiers romains y investissent.

A dix-sept ans, Cléopâtre a le profond désir de régner. Son caractère est entier. Elle n'aime pas les conseils et ne suit que sa propre intuition. Elle s'impose naturellement à autrui. Elle compte davantage sur son charme que sur sa beauté qui n'était probablement pas exceptionnelle. A la différence des autres Ptolémées, Cléopâtre aimait profondément l'Egypte dont elle parlait la langue. De plus, malgré sa culture grecque, elle n'était pas insensible aux mystères de la religion égyptienne. Symbole de l'Orient hellénisé, raffiné, elle se pose comme représentante d'une tradition ancestrale face aux barbares Romains. Entourée de philosophes, de médecins, d'historiens, résidant à Alexandrie où s'est développée une vie intellectuelle brillante, Cléopâtre a foi en une prophétie qui l'a désignée comme souveraine de tout l'Orient. A plusieurs reprises, dans la conduite de sa politique, la reine évoquera son caractère divin, remettant au présent d'anciens principes de la théologie pharaonique. Son audace est parfois stupéfiante, puisqu'elle se croit capable d'utiliser Rome pour parvenir à ses fins. L'entreprise n'était peut-être pas aussi folle qu'elle le paraissait.

Cléopâtre ne peut gouverner seule. Elle est obligée de partager le trône avec son jeune frère Ptolémée, âgé de treize ans. Le véritable maître du palais est le grec Pothinos qui apprécie fort peu les prétentions d'une jeune fille totalement dénuée d'expérience politique. Devant la volonté farouche de Cléopâtre, il est obligé d'accepter une sorte de régence et de partage des pouvoirs. Pothinos recherche l'appui de l'armée avec l'intention de se débarrasser de l'intrigante. Cette dernière s'ouvre l'esprit aux réalités internationales. Elle décide d'entrer en contact avec le Romain Pompée. De graves troubles éclatent dans la garnison romaine d'Alexandrie. Cléopâtre fait arrêter les assassins, espérant que son geste sera apprécié de Pompée, auquel elle fait également parvenir un excédent de blé et divers cadeaux. Mais le Romain ne réagit pas et, de plus, la population d'Alexandrie est fort mécontente de l'attitude adoptée par la reine.

Le monde romain se modifie. C'est l'heure de l'affrontement entre Pompée et César, déclaré ennemi de la République. Les envoyés de Pompée viennent à Alexandrie. Ils demandent des navires de guerre à Cléopâtre qui les leur accorde. Mais la position de la reine est instable ; un complot fomenté par Pothinos aboutit. Cléopâtre est obligée de quitter précipitamment Alexandrie et de se réfugier en Thébaïde, puis en Syrie. En cette année 48, ses rêves de grandeur s'effondrent. C'est son frère Ptolémée qui devient le souverain unique de l'Egypte.

Cléopâtre ne s'avoue pas vaincue. Elle réunit une pauvre armée, formée d'esclaves, de repris de justice et de déserteurs. Elle trouve bientôt sur sa route les troupes levées par son frère et n'ose engager le combat. La situation semble bloquée. Elle se dénouera en raison d'événements extérieurs à l'Egypte. Le 9 août 48, Pompée est vaincu à la bataille de Pharsale, en Thessalie. Après une errance semée de déceptions, il arrive à Alexandrie. Autrefois, il avait donné l'hospitalité à Ptolémée Aulète. Il espère que son fils agira de même envers lui. Le jeune Ptolémée accepte, certes, de l'accueillir mais pour l'assassiner. Pompée est poignardé dans la barque qui l'emmenait de son bateau à la plage de Péluse. Son meurtrier, un Romain, lui coupa la tête et la présenta sur une pique au roi d'Egypte. Ptolémée pensait ainsi entrer dans les bonnes grâces de César.

Ce dernier, à la tête d'une importante flotte, parvient à son tour à Alexandrie. Il pleure sur le tragique destin de Pompée. Ses projets effacent le chagrin. Il tient à résoudre le conflit entre Ptolémée et Cléopâtre et, surtout, à récupérer l'argent que leur père lui devait. César pénètre dans un palais quasiment désert. Ptolémée est à Péluse. César est un hôte non invité. Les courtisans n'apprécient guère son comportement.

Le vainqueur des Gaulois découvre avec étonnement la capitale de l'Egypte. On y parle beaucoup de langues, les rues sont animées, le commerce est intense. Il se rend compte que le pays est un énorme producteur de blé, lequel pourrait contribuer à résoudre une grande partie des problèmes alimentaires de Rome. Il visite la célèbre bibliothèque, va au musée où l'on parle philosophie, entre dans le temple de Serapis. Mais la présence des Romains est mal supportée par la population. L'hostilité devient palpable. César double sa garde personnelle. Enfin, Ptolémée et son conseiller Pothinos reviennent à Alexandrie. L'entrevue est houleuse. César s'étonne. Pourquoi Cléopâtre est-elle absente ? Il veut la voir. Pothinos est cauteleux, hésitant. Autoritaire, le Romain lui interdit de quitter la capitale.

Cléopâtre apprend que César désire s'entretenir avec elle. C'est sa dernière chance. Aucune possibilité d'aboutir à un résultat quelconque par les voies officielles : aussi utilise-t-elle la ruse. Elle parvient à gagner Alexandrie et se fait introduire au palais d'une manière pour le moins originale. Un chambellan la dissimule dans un somptueux tapis qu'il charge sur son épaule. « Un cadeau pour César », annonce-t-il au garde. César, étonné, verra apparaître devant lui une magnifique jeune femme de vingt et un ans. Ce n'est pas tant sa beauté qui rendra le Romain amoureux que son extrême raffinement. Cléopâtre est intelligente, cultivée, s'habille et se maquille admirablement. Vivant symbole des charmes de l'Orient, elle jouait d'une conversation captivante et parlait une douzaine de langues. « C'était un délice d'entendre sa voix, disait-on ; sa langue était comme une lyre aux cordes nombreuses. »

César le soldat est fasciné. Le jeune Ptolémée est furieux. Alexandrie s'indigne. Cléopâtre est traitée de prostituée par son frère. Mais César possède une copie du testament de Ptolémée Aulète et prononce une sentence : le frère et la sœur devront se marier et régner ensemble. Dans la corbeille des noces, il dépose l'île de Chypre. Cléopâtre est heureuse. Après des moments de désespoir, l'horizon s'éclaircit à nouveau.

Pothinos, l'âme damnée de Ptolémée, essaie de soulever la population d'Alexandrie contre Cléopâtre. La guerre civile lui paraît être le seul moyen de la chasser du trône. Mais la jeune femme dispose d'un réseau d'informateurs. Le nouveau complot du Grec est dévoilé. Elle le fait arrêter et exécuter.

Cléopâtre est allée trop loin. Le peuple est ulcéré. Des émeutes plus ou moins spontanées se produisent. On attaque la garnison romaine et les bateaux de César. Ce dernier n'est pas totalement pris au dépourvu, mais il a toutes les peines du monde à s'échapper de cette nasse. Il met le feu à ses propres navires. L'incendie désorganise l'adversaire. Une tradition veut que César se soit échappé à la nage, perdant même son manteau de pourpre, symbole de commandement.

Alexandrie est divisée entre ceux qui, souhaitant la paix, veulent se soumettre à César, et ceux qui désirent la guerre au service de Ptolémée. Aidé par Mithridate de Pergame, César n'a pas grand-peine à vaincre l'armée égyptienne. En mars 47, Ptolémée meurt noyé après le combat qui voit sa défaite.

Cléopâtre est rayonnante. Pourtant, l'Egypte ne lui appartient pas encore tout à fait. Alexandrie n'accepte pas facilement le gouvernement d'une femme, d'autant plus qu'il reste un héritier de la couronne. Elle est donc obligée, au moins théoriquement, de partager le pouvoir. D'autres soucis l'occupent : elle est enceinte et demande à César aide et protection. Pour lui faire découvrir l'Egypte, elle l'emmène en croisière. Les deux amants remontent le Nil avec quatre cents bateaux. Ils reçoivent un excellent accueil en Haute-Egypte où Cléopâtre dirige plusieurs cérémonies religieuses, notamment l'« intronisation » d'un nouveau taureau Boukhis, animal sacré de la cité d'Hermonthis.

La reine partage le trône avec Ptolémée XIV, âgé de onze ans. Alors que César est reparti guerroyer, elle donne naissance, à l'été 47, à un Ptolémée-César que, par dérision, le peuple d'Alexandrie nomme Césarion. Ce dernier est pourtant proclamé fils d'Amon-Rê qui, comme aux temps antiques, s'était incarné dans la personne d'un homme – César en l'occurrence – pour donner un fils à la reine. Sur les monnaies, Cléopâtre est figurée en Aphrodite et son fils en Eros. La reine est persuadée qu'il est promis à un grand destin politique et que l'Egypte reprendra un rang prééminent dans le concert des nations. Tout repose sur l'ancien mythe pharaonique : Cléopâtre est une Isis donnant naissance à un Horus. Elle a été fécondée par un dieu. Les perspectives d'avenir ne peuvent être que grandioses.

A l'automne 46, Cléopâtre est conviée à Rome par César. Elle y demeurera jusqu'à l'assassinat de celui qu'elle aime, le 15 mars 44. La reine d'Egypte s'est installée dans les jardins de César, aujourd'hui le palais Farnèse. Le peuple ne l'aime pas. Il la considère comme une magicienne étrangère qui a réussi à envoûter le maître de Rome. Pourtant, Cléopâtre déploie tous ses talents de séductrice. Elle tient une brillante cour d'érudits, de poètes et de musiciens. Mais les vertueuses matrones romaines se méfient de cette femme de mauvaise vie. De plus, elle se brouille avec l'un de ses admirateurs passionnés, Cicéron. Ce dernier aimait parler avec la reine de la culture orientale ; il lui demanda même de lui faire parvenir des manuscrits anciens. Cléopâtre promit, mais ne tint pas ses engagements. Cicéron fut déçu et usa de toute la perfidie dont il était capable. Il affirma que les connaissances de la reine étaient superficielles, qu'elle était incapable de s'intéresser longtemps au même sujet, qu'elle était frivole. Bref, il la détestait.

La reine d'Egypte, fidèle à sa vision, tente de convaincre César que rien de grandiose ne peut s'accomplir sans l'Orient dont le pays clef est l'Egypte. Il faudrait unir la monarchie égyptienne, au prestige incomparable, à la République romaine. César pourrait acquérir une « légitimité pharaonique » en se faisant reconnaître comme fils d'Amon à Alexandrie.

Des indiscrétions se produisent. Des bruits de couloir, plus ou moins déformés, circulent. César ne s'habille-t-il pas comme un souverain hellénistique ? N'a-t-il pas l'intention de faire d'Alexandrie la capitale d'un grand empire, au détriment de Rome ? N'épousera-t-il pas l'étrangère, au mépris de la morale traditionnelle ?

Cléopâtre dépasse les bornes. Tenant à s'environner des mystères de l'Egypte, elle aime à se faire considérer comme une déesse. Un scandale éclate lorsqu'une statue d'or la représentant est déposée dans le temple de Vénus. Après avoir beaucoup conspiré, le Sénat décide de sauver la République. La mégalomanie de César, qui se laisse aduler par n'importe quel flatteur, est un danger pour l'Etat. Le dictateur est assassiné, les criminels sont absous par le Sénat.

Cléopâtre est obligée de quitter Rome sans tarder. Sa vie est menacée. César disparu, on n'hésite plus à la critiquer ouvertement. Immense déception : le testament de César ne désigne pas Césarion comme successeur, mais Octave, petit-neveu du dictateur. Le retour de la reine à Alexandrie se produit dans un climat d'indifférence. La disette sévit, les affaires sont mal gérées ; les contribuables, écrasés par les taxes, adressent nombre de plaintes au palais. Cléopâtre manifeste alors de réelles qualités de chef d'Etat. Elle réduit les inégalités et applique une fiscalité plus juste. Réussissant à stabiliser l'économie du pays, elle devient beaucoup plus populaire. Son corégent, Ptolémée XIV, décède. On la soupçonne de l'avoir assassiné. La légalité l'oblige à prendre un nouveau corégent, Ptolémée XV, âgé de trois ans. La reine a les mains totalement libres.

A Rome, les convulsions politiques s'achèvent par la formation d'un triumvirat comprenant Antoine, Lépide et Octave, le 27 novembre 43. Les trois hommes se partagent l'empire. Antoine part pour l'Orient afin de s'y reposer. Agé d'une quarantaine d'années, il est un militaire portant beau, viril, colérique, aimant vivre d'une manière somptueuse, appréciant les femmes et l'existence facile. Sur le terrain, il sait mener les hommes. Mais les complications de la politique ne lui conviennent guère.

Capricieux, il n'aime pas réfléchir sur des problèmes abstraits. Les affaires l'ennuient. Seuls le plaisir et l'action le passionnent. Partout, il est traité avec beaucoup d'honneurs. Alors que ses troupes guerroient en Asie, Antoine s'étonne du fait que Cléopâtre ne fasse pas rapidement acte d'allégeance. La reine hésite. Comment choisir entre Octave et Antoine ? Elle ne les connaît ni l'un ni l'autre. Il faudrait pouvoir attendre quelque temps pour connaître leurs intentions. Mais Antoine s'impatiente. Sa susceptibilité est bien connue. Des menaces à peine voilées obligent Cléopâtre à prendre parti.

Un matin de l'an 41, le bateau de la reine d'Egypte arrive en vue de Tarse où réside Antoine. Cléopâtre a un extraordinaire sens du spectacle et du décorum. Déguisée en Aphrodite, elle se tient à la poupe de l'embarcation. Elle est éventée par de jeunes garçons qui tiennent le rôle d'Eros, pendant que danseuses habillées de voiles pourpres et musiciens entretiennent un climat de fête. Antoine, qui se trouvait sur le forum, voit la foule courir vers le port pour assister à l'événement. Le Romain est ébloui comme les autres. Normalement, il aurait dû convier Cléopâtre à descendre à terre. Mais c'est elle qui l'invite à dîner dans un cadre somptueux où la vaisselle d'or et les tentures de pourpre ne sont que les moindres attraits. Le lendemain, un repas plus éclatant encore est offert en l'honneur du grand soldat.

Cléopâtre a vingt-huit ans. Antoine tombe éperdument amoureux. Il passe l'hiver 41-40 à ses côtés, dans un climat de réjouissances et de plaisirs. Il ne peut plus se passer d'elle, de son charme, de sa culture, de ses idées. Cléopâtre lui demande une première faveur : la tête de sa sœur Arsinoé dont l'existence pourrait contrarier ses plans politiques. Rien de plus facile. Ainsi, tous les frères et sœurs de la reine sont écartés. La voie est libre pour elle et Césarion.

On ne peut douter qu'un amour authentique unit Antoine et Cléopâtre. Elle incarnait l'Orient. Il était la force, le symbole de la puissance romaine. La reine n'a pas eu beaucoup d'aventures et ne fut pas une femme facile. Les ambitions politiques des deux amants s'accordèrent, nourries par leur passion. Ils ont confiance l'un en l'autre, Antoine aime la vie alexandrine, le charme un peu frelaté de la capitale égyptienne, son luxe, sa frivolité et sa culture. La licence des mœurs ne le gêne pas. Il ne cherche pas à défendre les valeurs de la morale romaine. Aussi est-il aimé par la population qui apprécie sa faculté d'adaptation. Cléopâtre emmène son amant dans plusieurs régions d'Egypte, notamment à Canope et au lac Maréotis. Elle prend soin de lui offrir les chants et les danses qu'il apprécie, d'entretenir un climat constant de fêtes où l'on boit jusqu'à une douce ivresse en attendant l'aube créée par le dieu soleil. A Alexandrie, Antoine est appelé « le grand », « l'inimitable », « le bienfaiteur ». Sa vanité est comblée.

La reine d'Egypte ne s'endort pas sur ses lauriers. L'amour ne lui suffit pas. Après avoir assaini la situation intérieure, elle expose ses projets à son amant : il s'agit de redonner à l'Egypte la maîtrise du monde hellénistique. C'est pourquoi Cléopâtre a rendu la liberté au commerce de l'argent et brisé des monopoles perpétuels. En réformant le système monétaire, en abolissant les privilèges des temples, en liquidant les emprunts souscrits à Rome, elle a mené une politique économique hardie et efficace. Le pays des pharaons est prêt à faire de nouvelles conquêtes, mais il lui faut une armée : celle dont dispose Antoine.

Le Romain se laisse peu à peu conquérir, d'autant plus qu'une vive tension existe entre lui et Octave pendant l'année 40. Un affrontement sanglant paraît inévitable. Les deux hommes se rencontrent à l'automne dans la cité de Brindisi. Mais les soldats n'ont pas envie de s'entretuer. Seule solution possible : négocier. L'Orient appartiendra à Antoine, l'Occident à Octave. L'Italie demeure zone neutre. Pour sceller cette alliance, Octave donne en mariage à Antoine sa demi-sœur Octavie. La femme légitime d'Antoine, Fulvie, était morte et Cléopâtre ne comptait pas aux yeux du rigoriste Octave.

Pendant l'hiver 39-38, Antoine et Octavie résident à Athènes. La jeune femme est jolie et intelligente, trop fine pour son mari. Elle réussit à l'écarter quelque temps de la reine d'Egypte et à le maintenir en bons termes avec Octave. Antoine est actif : il s'occupe avec soin de son armée d'Asie, la renforce et met sur pied une flotte importante. Le contact avec des femmes cultivées comme Cléopâtre et Octavie le rend intellectuellement plus exigeant : il se veut protecteur des philosophes. Ces louables efforts n'empêchent pas la popularité d'Octave de croître aux dépens de la sienne. Et Antoine s'ennuie. L'absence de Cléopâtre est de plus en plus insupportable. Se considérant comme roi hellénistique, il estime avoir le droit d'être uni à deux épouses.

A l'hiver 37-36, il éloigne Octavie et mande Cléopâtre auprès de lui, à Corcyre. Pour lui prouver son amour, il l'épouse. En 36, Cléopâtre lui donne un troisième enfant. Par son mariage qui fait grand bruit, la reine s'impose sur la scène internationale. D'Antoine, elle exige Chypre, une partie des côtes phéniciennes et la Cilicie. L'Egypte est ainsi à la tête d'une nouvelle fédération d'Etats hellénistiques. Cléopâtre pose la première pierre d'un nouvel empire.

Pendant que la reine s'occupe de ses nouvelles possessions, Antoine s'engage dans une campagne contre les Parthes. C'est un désastre. Perte de nombreux soldats et de matériel, trahisons, désertions, maladies, mauvaise intendance, retraite en forme de déroute… toutes les calamités se sont conjuguées. Antoine ne se décourage pas. Il est prêt à repartir à l'attaque en enrôlant de nouvelles recrues. La rumeur publique accuse Cléopâtre la magicienne d'avoir envoûté le Romain et de lui avoir fait perdre son sens de la victoire. Pourtant, la reine d'Egypte est lucide. L'ennemi, ce n'est pas le Parthe mais Octave qui vole de succès en succès. Entre lui et le pouvoir absolu, il ne reste plus qu'Antoine. Octave se pose en véritable Romain, pieux et énergique, en face d'un Antoine à la vie dissolue, réduit à l'état de « Dionysos hellénistique ». Octavie cherche à éviter le conflit entre les deux hommes. Elle arrive à Athènes où elle attend Antoine avec argent et renforts. Qu'il choisisse entre sa femme légitime, une Romaine, et Cléopâtre l'étrangère. Tout peut encore rentrer dans l'ordre.

Cléopâtre perçoit le danger. Inquiète, elle tombe malade. Si Antoine la quitte, elle ne survivra pas. Il reste auprès d'elle. Meurtrie, déçue, Octavie rentre seule à Rome. Elle devient le symbole de la femme digne et outragée. L'attitude d'Antoine est jugée avec beaucoup de sévérité. Ce dernier ne semble pas en être parfaitement conscient. Il poursuit une idée fixe : envahir le royaume parthe. Aussi occupe-t-il l'Arménie pour se préparer à lancer une attaque décisive. Mais un message lui parvient : Rome déclare Antoine ennemi de la République et désavoue son action militaire. En automne 34, il rentre à Alexandrie où l'attend un accueil somptueux. Cléopâtre célèbre un triomphe où Antoine est présenté comme Dionysos et non comme un général romain. L'empire d'Orient est solennellement proclamé. Antoine et Cléopâtre s'installent sur des trônes d'or, les enfants royaux à leurs pieds. Leur fils aîné est habillé en Parthe, le cadet en Macédonien. Césarion devient l'héritier du trône d'Egypte. Les pays d'Orient sont partagés entre Cléopâtre et sa progéniture. La reine a la stature d'un pharaon. C'est le temps du triomphe.

Cette grandiose cérémonie, destinée à impressionner les esprits, n'est guère appréciée à Rome. Hautain avec ceux qui le critiquent, Antoine est un piètre diplomate. Il ne sait pas utiliser les appuis dont il disposait encore dans la capitale de ses pères. Le conflit avec Octave est inévitable. Antoine et Cléopâtre préparent la guerre. L'armée d'Orient comprend dix-neuf légions (soixante-dix mille hommes environ). La marine de la reine d'Egypte est forte de deux cents bateaux. On construit de nouvelles unités, pour aboutir à un total de huit cents. Cléopâtre est partout. On la voit sur les chantiers comme dans les casernes. La proximité du combat la stimule. La gloire de son pays est un enjeu qui exige tous ses efforts. Déjà, elle se voit reine des Romains, annonce qu'elle rendra la justice au Capitole. Elle et Antoine sont peints en Isis et en Osiris, sculptés en Séléné et en Dionysos.

Curieusement, ils perdent du temps. Ils passent le printemps de l'été 32 à Samos, menant une vie luxueuse et facile. Antoine hésite à attaquer Rome alors qu'il est le plus fort militairement. En envoyant une lettre de rupture à Octavie, il provoque un divorce qui indigne les Romains. Octave est plus énergique que son rival. Violant le temple des Vestales, à Rome, il rend public un document prouvant qu'Antoine brade les territoires romains au profit de Cléopâtre. A sa mort, il désire être incinéré à Alexandrie, lui, un Romain ! Cette fois, le doute n'est plus permis. Antoine trahit. Certains réclament sa mort. D'autres estiment qu'il est fou et irresponsable.

La guerre est déclarée : non à Antoine, mais à Cléopâtre. Suprême habileté d'Octave qui évite la guerre civile et engage son armée dans un juste conflit contre un ennemi étranger. Il tente même une ultime conciliation en invitant Antoine à venir en Italie pour discuter. Cléopâtre dissuade Antoine de tomber dans un tel piège.

On s'explique mal l'attentisme d'Antoine et de Cléopâtre. Après de longs mois passés à Ephèse et à Athènes, elle désire regagner l'Egypte. Antoine est timoré, alangui. Il semble incapable de prendre une décision. Il est obsédé par la nécessité de conquérir le royaume parthe pour obtenir une suprématie réelle sur l'Orient. Octave agit. Il masse ses troupes à Brindisi et se prépare à traverser l'Adriatique. Antoine installe son quartier général à Patras, battant le rappel de ses troupes cantonnées en divers points d'Asie. Elles forment une armée énorme mais peu homogène et plutôt mal équipée. De nombreuses légions s'occupent de missions de surveillance en Egypte, en Cyrénaïque, en Asie mineure et en Syrie, étant ainsi inutilisables pour un affrontement direct. De plus, Antoine est trop confiant en sa supériorité navale. Il ne garde même pas en mer la totalité de ses bateaux et n'empêche pas la jonction des éléments de la flotte adverse. L'amiral d'Octave, Agrippa, profitera de toutes ces erreurs. Habile, il regroupe ses forces pendant qu'une partie de la flotte d'Antoine s'abîme au mouillage. La discipline se relâche parmi les équipages. Aucun ordre précis ne vient les stimuler.

Les hostilités sont ouvertes au printemps 31. Cléopâtre joue le destin d'une Egypte qu'elle voit grandiose. Si Octave est vaincu, la reine régnera sur un immense empire. Malheureusement pour elle, Antoine ne se montre pas à la hauteur de la situation. Actium est un site mal choisi pour établir un camp. Le climat est malsain. L'approvisionnement est mal assuré. La flotte d'Octave connaît des difficultés. Elle manque de vivres. Cléopâtre, pour sortir d'une situation figée, conseille à Antoine d'engager un combat naval. Les chefs de l'armée de terre sont stupéfaits et indignés : qu'on fasse confiance à leurs légions ! Antoine n'a jamais livré de bataille sur mer. Il n'a aucune idée de la stratégie à adopter. Mais la reine d'Egypte est la plus forte. Il sera fait selon son désir.

Antoine, s'apercevant enfin de l'état de sa flotte, prend des mesures radicales. Il fait brûler un tiers de ses bateaux à cause de leur état défectueux. Il fait embarquer un grand nombre de légionnaires comme matelots. Le 2 septembre 31, les bâtiments d'Antoine prennent le large. Derrière suit l'escadre égyptienne, sous le commandement de Cléopâtre. L'erreur d'Antoine est de faire confiance à ses vaisseaux trop lourds, difficiles à manœuvrer, qui se mettent mal en ligne. Les rapides galères d'Octave lancent une attaque décisive. Elles immobilisent les mastodontes adverses avant de les éperonner.

C'est alors que se situe l'épisode le plus incroyable de cette bataille. Antoine attend Cléopâtre qui devrait dégager ses marins sans trop de peine. Avec stupéfaction, il s'aperçoit que la flotte égyptienne prend le large ! Probablement persuadée que la victoire ne pouvait échapper à Antoine, elle quitte le lieu du combat. Antoine est confronté à un terrible dilemme. Doit-il rester auprès de ses hommes ou bien la suivre ? La mort dans l'âme, conscient de sa lâcheté, le Romain déserte. L'armée est abandonnée par son chef. Octave triomphe. Antoine, qui a réussi à regagner le vaisseau de Cléopâtre, reste prostré pendant trois jours et trois nuits. Après s'être fait prier plusieurs fois, il se rend enfin auprès de la reine qui paraît gaie et sûre d'elle-même, comme si rien de grave ne s'était produit. Pour elle, Actium ne paraît pas être une défaite. Ses projets sont intacts. L'essentiel était d'échapper à Octave pour pouvoir continuer la lutte.

En arrivant à Alexandrie, Cléopâtre annonce qu'elle a remporté une grande victoire. Jusqu'à quel point est-elle dupe d'elle-même ? Dans les rues de la capitale égyptienne, les nouvelles circulent. Ceux qui affirment que la situation est catastrophique sont emprisonnés et exécutés. Leurs biens sont confisqués. Mais il est impossible de museler tout le monde ; bientôt, on apprend qu'Actium a été un désastre. La flotte et l'armée d'Antoine ont été mises en déroute par Octave qui commence la répression en châtiant les princes d'Asie Mineure alliés d'Antoine.

Etrange Alexandrie de Cléopâtre vaincue. Antoine, désespéré, tente d'oublier sa déchéance dans des banquets où il s'enivre en compagnie de ses derniers partisans, « les compagnons de la mort ». Césarion est un roi sans pouvoir, un monarque d'opérette. Cléopâtre tente de préparer sa fuite. Où aller ? En Espagne, en Arabie ? Pour protéger le pays, elle masse des troupes à Péluse. Après s'être fait construire un tombeau près du temple d'Isis, la reine entame des négociations avec Octave. Ce dernier reste évasif. Pourquoi céder quoi que ce soit, alors que sa victoire s'annonce totale ? Le 1er août 30, la flotte d'Octave arrive devant Alexandrie. Antoine veut résister, mais tous l'abandonnent.

Persuadé que Cléopâtre est morte, Antoine demande à son affranchi de le tuer. Ce dernier refuse. Il se suicide. Le Romain tente à son tour de se tuer en se jetant sur son épée. Mortellement blessé, il demande à être transporté auprès de la reine. Hissé par une fenêtre, le corps d'Antoine est introduit dans un fortin, près du temple d'Isis, où Cléopâtre avait trouvé refuge. C'est aux côtés de cette femme tant aimée qu'Antoine rend le dernier soupir.

Octave ne s'abaisse pas à prendre d'assaut le dernier abri de Cléopâtre. Cette dernière ne se livrera que si ses enfants sont épargnés. Mais elle n'est plus en posture de formuler la moindre exigence. Des soldats d'Octave s'introduisent dans le fortin et la font prisonnière. Ils l'empêchent de se plonger un poignard dans le corps.

Captive dans son palais, la reine tente de se laisser mourir de faim. Cruel, Octave utilise l'arme du chantage. Si elle persiste dans cette intention, il se vengera sur ses enfants. Elle doit parler et lui révéler l'endroit où elle cache ses richesses. Il y eut une seule entrevue entre Cléopâtre et Octave. La reine a trente-neuf ans. Elle n'a rien perdu de son charme, mais est meurtrie par ses échecs. Elle essaie de justifier son action auprès de son vainqueur, de le séduire. Mais Octave est glacial. Il n'est habité que par l'ambition. Ce n'est pas une femme qui le fera dévier de sa route. Il ne tiendra d'ailleurs aucune promesse et fera tuer Césarion.

Le rêve de Cléopâtre est fracassé. Mais elle privera Octave d'un magnifique triomphe à Rome où, esclave enchaînée, elle aurait été montrée à un peuple haineux. Après avoir pris un bain et écrit une lettre à Octave où elle demande de reposer auprès d'Antoine, Cléopâtre se fait apporter une corbeille de fruits, d'après une tradition célèbre qui semble proche de la vérité. Dans cette corbeille était caché un aspic que la reine saisit par le cou. Mordue au sein, elle succomba avec dignité. Il est possible que Cléopâtre ait choisi cette manière de mourir pour des raisons religieuses. Les pharaons étaient protégés par un serpent sacré qui anéantissait leurs ennemis. De cette puissance de vie, la reine désespérée a fait une force de destruction. Le serpent créateur devint serpent de mort. En la personne de Cléopâtre, l'Egypte souveraine est assassinée une dernière fois, le 29 août 30 avant J.-C.

DERNIER REGARD

Après la mort de Cléopâtre, l'Egypte devient le grenier à blé de Rome qui opprime le Double Pays. En 384 de notre ère, un édit décrète la fermeture des temples. Le 24 août 394 est gravé le dernier texte hiéroglyphique, à Philae, d'où les prêtres d'Isis seront expulsés en 535. La langue sacrée disparaît. Ce prodigieux instrument de culture tombe dans l'oubli, de même que l'aventure des pharaons, jusqu'au jour où le déchiffrement permettra à nouveau de connaître leur civilisation.

Le voyage d'Egypte est un éblouissement pour quiconque a le désir de retrouver ses origines et ses racines les plus profondes. Le visiteur ressent, avec une intensité toute particulière, que le secret de la civilisation est là, caché dans ces pierres, dans le sourire des divinités, dans la verticalité des colonnes. L'histoire des pharaons d'Egypte est un enseignement. Elle nous fait prendre conscience de la véritable grandeur de l'homme. Elle est aussi impérissable que leur art.

Fille unique du dieu Rê, l'Egypte était considérée par ses habitants comme le centre du monde, comme l'œil ouvert sur le réel. Temple du monde entier, reflet du cosmos, le Double Pays était offert à chaque souverain comme un trésor inestimable. Le Sud est donné au roi aussi loin que souffle le vent, le Nord jusqu'à l'extrémité de la mer, l'Occident aussi loin que va le soleil, l'Orient jusqu'où il se lève. Aussi l'activité des pharaons ne fut-elle pas politique au sens étroit du terme ; le maître de l'Egypte, intermédiaire entre le ciel et la terre comme l'était l'Empereur de Chine, par exemple, ne se comportait pas comme un administrateur profane. Investi de sa mission par les dieux, magicien maintenant l'harmonie de la nature, pharaon est le modèle d'un chef d'Etat qui, à première vue, paraît fort loin de nous. Pourtant, quel plus grand dessein politique que de créer un ordre terrestre en harmonie avec l'ordre céleste ? Telle fut l'œuvre des rois d'Egypte, telle fut la vérité de ceux que l'on nomma les pharaons.

CHRONOLOGIE

(La plupart des dates sont approximatives)

EPOQUE PREDYNASTIQUE	vers 3000 av. J.-C.

Le roi Scorpion
Narmer

DYNASTIES THINITES

Ire dynastie[1]	2950 à 2770 av. J.-C.
IIe dynastie[2]	2770 à 2640 av. J.-C.

ANCIEN EMPIRE

IIIe dynastie[3]	2640 à 2575 av. J.-C.
Djeser	2624-2605

1. Liste des pharaons : Aha, Djer, Ouadji, Deouen, Adjib, Semerkhet, Kaa.

2. Liste des pharaons : Hotepsekhemoui, Raneb, Nineter, Peribsen, Khasekhemoui.

3. Liste des pharaons : Nebka, Djeser, Sekhemkhet, Houni.

IVe dynastie	2575 à 2465 av. J.-C.
Snefrou	2575-2551
Kheops	2551-2528
Djedefre	2528-2520
Khephren	2520-2494
Mykerinos	2490-2471
Chepseskaf	2471-2467
V[e] dynastie	2465 à 2325 av. J.-C.
Ouserkaf	2465-2458
Sahourê	2458-2446
Neferirkarê	2446-2427
Neouserrê	2420-2396
Menkaouhor	2396-2388
Djedkare (Isesi)	2388-2355
Ounas	2355-2325
VIe dynastie	2325 à 2155 av. J.-C.
Teti	2325-2300
Ouserkarê	
Pepi Ier (Merirê)	2300-2268
Merenrê Ier	2268-2254
Pepi II (Neferirkarê)	2254-2160
Merenrê II	
Nitokris	
VII/VIIIe dynasties	2155 à 2134 av. J.-C.
IX/X[e] dynasties	2134-2040

MOYEN EMPIRE

XIe dynastie	2134-1991
Antef Ier	2134-2118
Antef II	2118-2069
Antef III	2069-2061
Mentouhotep Ier	2061-2010
Mentouhotep II	2010-1998
Mentouhotep III	1998-1991
XIIe dynastie	1991-1785
Amenemhat Ier	1991-1962
Sésostris Ier	1971-1926
Amenemhat II	1929-1892
Sésostris II	1897-1878
Sésostris III	1878-1841
Amenemhat III	1844-1797
Amenemhat IV	1798-1789
Nefrousobek	1789-1785

DEUXIEME PERIODE INTERMEDIAIRE

XIIIe dynastie	1785 à 1650 av. J.-C.
XIVe dynastie[1]	1715 à 1650 av. J.-C.

1. Parallèle à la précédente.

XVe-XVIe dynasties (Hyksos)	1650 à 1540 av. J.-C.
XVIIe dynastie	1650 à 1551 av. J.-C.
Antef	vers 1640
Sekenenrê-Taâ	vers 1570/1560
Kamose	1555-1551

NOUVEL EMPIRE

XVIIIe dynastie[1]	1552-1306
Ahmose1552-1527	
Aménophis Ier	1527-1506
Thoutmosis Ier	1506-1494
Thoutmosis II	1493-1490
Hatchepsout	1490-1468
Thoutmosis III	1490-1436
Aménophis II	1438-1412
Thoutmosis IV	1412-1402
Aménophis III	1402-1364
Aménophis IV/Akhenaton	1364-1347
Semenkhkarê	
Toutankhamon	1347-1338
Ay	1337-1333
Horemheb	1333-1306

1. Il existe une autre chronologie faisant débuter la XVIIIe dynastie en 1540 et faisant se terminer la XIXe en 1188.

XIXe dynastie	1306-1186
Ramsès Ier	1306-1304
Séthi Ier	1304-1290
Ramsès II	1290-1224
Merenptah	1224-1204
Séthi II	1204-1194
Amenmes	
Siptah	1194-1188
Taousret	1188-1186
XXe dynastie	1186-1070
Setnakht	1186-1184
Ramsès III	1184-1153
Ramsès IV à Ramsès XI	1146-1070

BASSE EPOQUE

XXIe dynastie	1070-945
Smendes	1070-1044
Psousennes I	1040-990
Amenemope	993-984
Siamon	978-960
Psousennes II	960-945
XXIIe dynastie (bubastide)	945-722
Sheshonk I	945-924
Osorkon I	924-887
Osorkon II	862-833

Takelot II	839-814
Sheshonk III	814-763
Pimoui	763-758
Sheshonk V	758-722
XXIIIe dynastie	808-715
Petoubastis	808-783
Osorkon III	vers 760/750
Takelot III[1]	vers 740
XXIVe dynastie	725-712
Tefnakht	725-718
Bocchoris	718-712
XXVe dynastie éthiopienne	712-664
Piankhi	740-713
Taharqa	690-664
Tanoutamon[1]	664-656
Occupation assyrienne	671-664
XXVIe dynastie (saïte)	664-525
Nechao 1er	672-664

1. Plus d'autres rois.

Psammétique 1er	664-610
Nechao II	610-595
Psammétique II	595-589
Apries	589-570
Amasis	570-526
Psammétique III	526-525
XXVIIe dynastie : domination perse	525-404
XXVIIIe dynastie	
Amyrtée	404-399
XXIXe dynastie	399-380
Achoris[1]	393-380
XXXe dynastie	380-343
Nectanebo 1er	380-362
Teos	362-360
Nectanebo II	360-343
Deuxième domination perse	343-332
Macédoniens	332-305
Ptolémées	305-30 av. J.-C.

1. Plus trois autres rois.

BIBLIOGRAPHIE SOMMAIRE

La littérature égyptologique est très abondante. Science jeune, l'égyptologie, dans le domaine de l'écrit, a une double tâche : se donner les instruments de travail nécessaires et poursuivre les recherches de détail, sans parler des ouvrages de synthèse qui, comme la présente étude, permettent à ceux qui sont intéressés par l'Egypte de prendre contact avec ce prodigieux univers. Dans cette bibliographie sommaire, nous nous contenterons donc d'indiquer quelques livres à partir desquels il est possible d'approfondir tel ou tel point d'histoire.

Le manuel de base est l'œuvre d'E. HORNUNG, *Einführung in Aegyptologie*, Darmstadt, 1967. Pour prendre connaissance de la littérature égyptologique, on utilise l'*Annual Egyptological Bibliography* qui paraît sous forme de livraison annuelle, à Leyde, depuis 1948. Autre manuel de base : le *Lexikon der Aegyptologie* (en cours de parution, trois volumes achevés) qui donne sur chaque sujet traité une abondante bibliographie. Ce grand dictionnaire est édité par Otto Harrasowitz, Wiesbaden. La *Cambridge Ancient History* fournit un cadre historique général.

Pour prendre connaissance des principaux textes historiques, on lira J.H. BREASTED, *Ancient Records of Egypt*, 5 volumes, Chicago, 1906-1907. Ce précieux recueil mériterait une refonte totale.

Parmi les principaux ouvrages généraux traitant de l'histoire égyptienne, citons E. DRIOTON et J. VANDIER, *L'Egypte*, collection Clio, P.U.F., 1952 ; J. YOYOTTE, *Egypte ancienne*, in *Histoire Universelle, I* : « des origines à l'Islam », Encyclopédie de la Pléiade, Gallimard, 1956 ; J. PIRENNE, *Histoire de la civilisation de l'Egypte ancienne*, 3 volumes, La Baconnière, Neuchâtel, 1961-1963 ; H. WILSON, *L'Egypte. Vie et mort d'une civilisation*, Arthaud, 1961 ; H. KEES, *Ancient Egypt, A cultural Topography*, Faber and Faber, Londres, 1961 ; J. VERCOUTTER, *L'Egypte ancienne*, P.U.F., 1963 ; F. DAUMAS, *La Civilisation de l'Egypte pharaonique*, Arthaud, 1965 ; E. HORNUNG, *Geschichte als Fest*, 1966 ; W.C. HAYES, *The Scepter of Egypt*, 2 volumes, New York Harvard University Press, 1953 et 1959 ; A. H. GARDINER, *Egypt of the Pharaohs*, Oxford University Press, 1972 ; *Les Pharaons*, série en trois volumes sous la direction de Jean LECLANT, *L'univers des formes*, Gallimard.

En ce qui concerne plus particulièrement les pharaons, on prendra connaissance de leurs noms dans H. GAUTHIER, *Le Livre des rois d'Egypte*, 5 volumes, Institut français d'Archéologie orientale du Caire, 1907-1917. Sur la fonction royale proprement dite, on lira, entre autres études, A. MORET, *Du caractère religieux de la royauté pharaonique*, Leroux, 1902 ; H. FRANKFORT, *Kingship and the Gods*, Chicago, 1948 ; G. POSENER, *De la divinité du pharaon*, Cahiers de la société asiatique, XV, Paris, 1960 ;

P. Derchain, *Le Rôle du roi d'Egypte dans le maintien de l'ordre cosmique*, in Le Pouvoir et le sacré, Université libre de Bruxelles, 1962 ; H. Brunner, *Die Geburt des Gottkönigs*, Aegyptologische Abhandlungen 10, Wiesbaden, 1964.

Sur les relations de l'Egypte avec l'étranger, on verra J. Vercoutter, *L'Egypte et le monde égéen préhellénique*, Le Caire, 1956 ; T. Save-Soderbergh, *Aegypten und Nubien*, Lund, 1941 ; W.B. Emery, London, 1965 ; W. Hölscher, *Libyer und Aegypter*, Glückstadt, 1937 ; W. Helck, *Die Beziehungen Aegyptens zu Vorderasien im 3. und 2. Jahrtausend v. Chr.*, Wiesbaden, 1962 (Ag. Abh. 5).

Ouvrages de synthèse sur des périodes déterminées : E.J. Baumgartel, *The Cultures of Prehistoric Egypt*, 2 volumes, Oxford University Press, 1955 et 1960 ; W.B. Emery, *Archaic Egypt*, Pelican Books, 1961 ; H. Stock, *Die Erste Zwischenzeit Aegyptens*, Rome, 1949 ; H.E. Winlock, *The Rise and Fall of the Middle Kingdom in Thebes*, New York, 1947 ; F.K. Kienitz, *Die politische Geschichte Aegyptens vom 7. bis zum 4. Jahrundert vor der Zeitwende*, Berlin, 1953 ; K.A. Kitchen, *The Third Intermediate Period in Egypt*, Warminster, 1973. Il ne s'agit là que de quelques exemples de recherches d'érudition qu'il convient de compléter par des articles et des compte rendus.

Le domaine des monographies traitant de la vie et de l'œuvre d'un pharaon se révèle quantitativement assez pauvre. Il serait pourtant essentiel de voir l'égyptologie progresser dans ce champ de recherches. Pour donner une liste très partielle, mentionnons C. Vandersleyen, *Les Guerres d'Ahmosis*, Bruxelles, 1971 ; F.J. Schmitz, *Ameno-*

phis Ier, Hildesheim, 1978 ; S. RATIÉ, *La Reine Hatchepsout, sources et problèmes*, Montpellier, 1979 ; C. DESROCHES-NOBLECOURT, *Vie et mort d'un pharaon, Toutankhamon*, Hachette, 1963 ; C. ALDRED, *Akhenaton, le pharaon mystique*, Tallandier, 1973 ; C. JACQ, *Néfertiti et Akhenaton*, Perrin, 1996 ; R. HARI, *Horemheb et la reine Moutnedjemet*, Genève, 1965. Plusieurs articles de revues spécialisées ont été consacrés à l'aspect particulier d'un règne. De plus, le *Lexikon der Aegyptologie* consacre à chaque pharaon une notice complétée par une bibliographie.

Additif à la bibliographie

Le texte du présent volume est celui de l'édition de 1981. Pour une bibliographie complémentaire, un état des questions et les débats historiques en cours, on consultera :

N. GRIMAL, *Histoire de l'Egypte ancienne*, Paris, 1988.

J. VERCOUTTER, *L'Egypte et la Vallée du Nil*, tome 1 : Des origines à la fin de l'Ancien Empire, Paris, 1992.

C. VANDERSLEYEN, *L'Egypte et la Vallée du Nil*, tome 2 : De la fin de l'Ancien Empire à la fin du Nouvel Empire, Paris, 1995.

Table

collection tempus
Perrin

DÉJÀ PARU

50. *Histoire de l'Allemagne* – Henry Bogdan.
51. *Lieutenant de panzers* – August von Kageneck.
52. *Les hommes de Dien Bien Phu* – Roger Bruge.
53. *Histoire des Français venus d'ailleurs* – Vincent Viet.
54. *La France qui tombe* – Nicolas Baverez.
55. *Histoire du climat* – Pascal Acot.
56. *Charles Quint* – Philippe Erlanger.
57. *Le terrorisme intellectuel* – Jean Sévillia.
58. *La place des bonnes* – Anne Martin-Fugier.
59. *Les grands jours de l'Europe* – Jean-Michel Gaillard.
60. *Georges Pompidou* – Éric Roussel.
61. *Les États-Unis d'aujourd'hui* – André Kaspi.
62. *Le masque de fer* – Jean-Christian Petitfils.
63. *Le voyage d'Italie* – Dominique Fernandez.
64. *1789, l'année sans pareille* – Michel Winock.
65. *Les Français du Jour J* – Georges Fleury.
66. *Padre Pio* – Yves Chiron.
67. *Naissance et mort des Empires.*
68. *Vichy 1940-1944* – Jean-Pierre Azéma, Olivier Wieviorka.
69. *L'Arabie Saoudite en guerre* – Antoine Basbous.
70. *Histoire de l'éducation*, tome III – Françoise Mayeur.
71. *Histoire de l'éducation*, tome IV – Antoine Prost.
72. *La bataille de la Marne* – Pierre Miquel.
73. *Les intellectuels en France* – Pascal Ory, Jean-François Sirinelli.
74. *Dictionnaire des pharaons* – Pascal Vernus, Jean Yoyotte.
75. *La Révolution américaine* – Bernard Cottret.
76. *Voyage dans l'Égypte des Pharaons* – Christian Jacq.
77. *Histoire de la Grande-Bretagne* – Roland Marx, Philippe Chassaigne.
78. *Histoire de la Hongrie* – Miklós Molnar.
79. *Chateaubriand* – Ghislain de Diesbach.
80. *La Libération de la France* – André Kaspi.
81. *L'empire des Plantagenêt* – Martin Aurell.
82. *La Révolution française* – Jean-Paul Bertaud.
83. *Les Vikings* – Régis Boyer.
84. *Examen de conscience* – August von Kageneck.
85. *1905, la séparation des Églises et de l'État.*
86. *Les femmes cathares* – Anne Brenon.

87. *L'Espagne musulmane* – André Clot.
88. *Verdi et son temps* – Pierre Milza.
89. *Sartre* – Denis Bertholet.
90. *L'avorton de Dieu* – Alain Decaux.
91. *La guerre des deux France* – Jacques Marseille.
92. *Honoré d'Estienne d'Orves* – Étienne de Montety.
93. *Gilles de Rais* – Jacques Heers.
94. *Laurent le Magnifique* – Jack Lang.
95. *Histoire de Venise* – Alvise Zorzi.
96. *Le malheur du siècle* – Alain Besançon.
97. *Fouquet* – Jean-Christian Petitfils.
98. *Sissi, impératrice d'Autriche* – Jean des Cars.
99. *Histoire des Tchèques et des Slovaques* – Antoine Marès.
100. *Marie Curie* – Laurent Lemire.
101. *Histoire des Espagnols*, tome I – Bartolomé Bennassar.
102. *Pie XII et la Seconde Guerre mondiale* – Pierre Blet.
103. *Histoire de Rome*, tome I – Marcel Le Glay.
104. *Histoire de Rome*, tome II – Marcel Le Glay.
105. *L'État bourguignon 1363-1477* – Bertrand Schnerb.
106. *L'Impératrice Joséphine* – Françoise Wagener.
107. *Histoire des Habsbourg* – Henry Bogdan.
108. *La Première Guerre mondiale* – John Keegan.
109. *Marguerite de Valois* – Éliane Viennot.
110. *La Bible arrachée aux sables* – Werner Keller.
111. *Le grand gaspillage* – Jacques Marseille.
112. *« Si je reviens comme je l'espère » : lettres du front et de l'Arrière, 1914-1918* – Marthe, Joseph, Lucien et Marcel Papillon.
113. *Le communisme* – Marc Lazar.
114. *La guerre et le vin* – Donald et Petie Kladstrup.
115. *Les chrétiens d'Allah* – Lucile et Bartolomé Bennassar.
116. *L'Égypte de Bonaparte* – Jean-Joël Brégeon.
117. *Les empires nomades* – Gérard Chaliand.
118. *La guerre de Trente Ans* – Henry Bogdan.
119. *La bataille de la Somme* – Alain Denizot.
120. *L'Église des premiers siècles* – Maurice Vallery-Radot.
121. *L'épopée cathare*, tome I, *L'invasion* – Michel Roquebert.
122. *L'homme européen* – Jorge Semprún, Dominique de Villepin.
123. *Mozart* – Pierre-Petit.
124. *La guerre de Crimée* – Alain Gouttman.
125. *Jésus et Marie-Madeleine* – Roland Hureaux.
126. *L'épopée cathare*, tome II, *Muret ou la dépossession* – Michel Roquebert.
127. *De la guerre* – Carl von Clausewitz.
128. *La fabrique d'une nation* – Claude Nicolet.

129. *Quand les catholiques étaient hors la loi* – Jean Sévillia.
130. *Dans le bunker de Hitler* – Bernd Freytag von Loringhoven et François d'Alançon.
131. *Marthe Robin* – Jean-Jacques Antier.
132. *Les empires normands d'Orient* – Pierre Aubé.
133. *La guerre d'Espagne* – Bartolomé Bennassar.
134. *Richelieu* – Philippe Erlanger.
135. *Les Mérovingiennes* – Roger-Xavier Lantéri.
136. *De Gaulle et Roosevelt* – François Kersaudy.
137. *Historiquement correct* – Jean Sévillia.
138. *L'actualité expliquée par l'Histoire.*
139. *Tuez-les tous ! La guerre de religion à travers l'histoire* – Élie Barnavi, Anthony Rowley.
140. *Jean Moulin* – Jean-Pierre Azéma.
141. *Nouveau monde, vieille France* – Nicolas Baverez.
142. *L'Islam et la Raison* – Malek Chebel.
143. *La gauche en France* – Michel Winock.
144. *Malraux* – Curtis Cate.
145. *Une vie pour les autres. L'aventure du père Ceyrac* – Jérôme Cordelier.
146. *Albert Speer* – Joachim Fest.
147. *Du bon usage de la guerre civile en France* – Jacques Marseille.
148. *Raymond Aron* – Nicolas Baverez.
149. *Joyeux Noël* – Christian Carion.
150. *Frères de tranchées* – Marc Ferro.
151. *Histoire des croisades et du royaume franc de Jérusalem*, tome I, *1095-1130, L'anarchie musulmane* – René Grousset.
152. *Histoire des croisades et du royaume franc de Jérusalem*, tome II, *1131-1187, L'équilibre* – René Grousset.
153. *Histoire des croisades et du royaume franc de Jérusalem*, tome III, *1188-1291, L'anarchie franque* – René Grousset.
154. *Napoléon* – Luigi Mascilli Migliorini.
155. *Versailles, le chantier de Louis XIV* – Frédéric Tiberghien.
156. *Le siècle de saint Bernard et Abélard* – Jacques Verger, Jean Jolivet.
157. *Juifs et Arabes au XXe siècle* – Michel Abitbol.
158. *Par le sang versé. La Légion étrangère en Indochine* – Paul Bonnecarrère.
159. *Napoléon III* – Pierre Milza.
160. *Staline et son système* – Nicolas Werth.
161. *Que faire ?* – Nicolas Baverez.
162. *Stratégie* – B. H. Liddell Hart.
163. *Les populismes* (dir. Jean-Pierre Rioux).
164. *De Gaulle, 1890-1945*, tome I – Éric Roussel.
165. *De Gaulle, 1946-1970*, tome II – Éric Roussel.
166. *La Vendée et la Révolution* – Jean-Clément Martin.

167. *Aristocrates et grands bourgeois* – Éric Mension-Rigau.
168. *La campagne d'Italie* – Jean-Christophe Notin.
169. *Lawrence d'Arabie* – Jacques Benoist-Méchin.
170. *Les douze Césars* – Régis F. Martin.
171. *L'épopée cathare*, tome III, *Le lys et la croix* – Michel Roquebert.
172. *L'épopée cathare*, tome IV, *Mourir à Montségur* – Michel Roquebert.
173. *Henri III* – Jean-François Solnon.
174. *Histoires des Antilles françaises* – Paul Butel.
175. *Rodolphe et les secrets de Mayerling* – Jean des Cars.
176. *Oradour, 10 juin 1944* – Sarah Farmer.
177. *Volontaires français sous l'uniforme allemand* – Pierre Giolitto.
178. *Chute et mort de Constantinople* – Jacques Heers.
179. *Nouvelle histoire de l'Homme* – Pascal Picq.
180. *L'écriture. Des hiéroglyphes au numérique.*
181. *C'était Versailles* – Alain Decaux.
182. *De Raspoutine à Poutine* – Vladimir Fedorovski.
183. *Histoire de l'esclavage aux États-Unis* – Claude Fohlen.
184. *Ces papes qui ont fait l'histoire* – Henri Tincq.
185. *Classes laborieuses et classes dangereuses* – Louis Chevalier.
186. *Les enfants soldats* – Alain Louyot.
187. *Premiers ministres et présidents du Conseil* – Benoît Yvert.
188. *Le massacre de Katyn* – Victor Zaslavsky.
189. *Enquête sur les apparitions de la Vierge* – Yves Chiron.
190. *L'épopée cathare*, tome V, *La fin des Amis de Dieu* – Michel Roquebert.
191. *Histoire de la diplomatie française*, tome I.
192. *Histoire de la diplomatie française*, tome II.
193. *Histoire de l'émigration* – Ghislain de Diesbach.
194. *Le monde des Ramsès* – Claire Lalouette.
195. *Bernadette Soubirous* – Anne Bernet.
196. *Cosa Nostra. La mafia sicilienne de 1860 à nos jours* – John Dickie.
197. *Les mensonges de l'Histoire* – Pierre Miquel.
198. *Les négriers en terres d'islam* – Jacques Heers.
199. *Nelson Mandela* – Jack Lang.
200. *Un monde de ressources rares* – Le Cercle des économistes et Érik Orsenna.
201. *L'histoire de l'univers et le sens de la création* – Claude Tresmontant.
202. *Ils étaient sept hommes en guerre* – Marc Ferro.
203. *Précis de l'art de la guerre* – Antoine-Henri Jomini.
204. *Comprendre les États-unis d'aujourd'hui* – André Kaspi.
205. *Tsahal* – Pierre Razoux.
206. *Pop philosophie* – Mehdi Belahj Kacem, Philippe Nassif.
207. *Le roman de Vienne* – Jean des Cars.
208. *Hélie de Saint Marc* – Laurent Beccaria.

209. *La dénazification* (dir. Marie-Bénédicte Vincent).
210. *La vie mondaine sous le nazisme* – Fabrice d'Almeida.
211. *Comment naissent les révolutions.*
212. *Comprendre la Chine d'aujourd'hui* – Jean-Luc Domenach.
213. *Le second Empire* – Pierre Miquel.
214. *Les papes en Avignon* – Dominique Paladilhe.
215. *Jean Jaurès* – Jean-Pierre Rioux.
216. *La Rome des Flaviens* – Catherine Salles.
217. *6 juin 44* – Jean-Pierre Azéma, Philippe Burrin, Robert O. Paxton.
218. *Eugénie, la dernière impératrice* – Jean des Cars.
219. *L'homme Robespierre* – Max Gallo.
220. *Les Barbaresques* – Jacques Heers.
221. *L'élection présidentielle en France, 1958-2007* – Michel Winock.
222. *Histoire de la Légion étrangère* – Georges Blond.
223. *1 000 ans de jeux Olympiques* – Moses I. Finley, H. W. Pleket.
224. *Quand les Alliés bombardaient la France* – Eddy Florentin.
225. *La crise des années 30 est devant nous* – François Lenglet.
226. *Le royaume wisigoth d'Occitanie* – Joël Schmidt.
227. *L'épuration sauvage* – Philippe Bourdrel.
228. *La révolution de la Croix* – Alain Decaux.
229. *Frédéric de Hohenstaufen* – Jacques Benoist-Méchin.
230. *Savants sous l'Occupation* – Nicolas Chevassus-au-Louis.
231. *Moralement correct* – Jean Sévillia.
232. *Claude Lévi-Strauss, le passeur de sens* – Marcel Hénaff.
233. *Le voyage d'automne* – François Dufay.
234. *Erbo, pilote de chasse* – August von Kageneck.
235. *L'éducation des filles en France au XIXe siècle* – Françoise Mayeur.
236. *Histoire des pays de l'Est* – Henry Bogdan.
237. *Les Capétiens* – François Menant, Hervé Martin, Bernard Merdrignac, Monique Chauvin.
238. *Le roi, l'empereur et le tsar* – Catrine Clay.
239. *Neanderthal* – Marylène Patou-Mathis.
240. *Judas, de l'Évangile à l'Holocauste* – Pierre-Emmanuel Dauzat.
241. *Le roman vrai de la crise financière* – Olivier Pastré, Jean-Marc Sylvestre.
242. *Comment l'Algérie devint française* – Georges Fleury.
243. *Le Moyen Âge, une imposture* – Jacques Heers.
244. *L'île aux cannibales* – Nicolas Werth.
245. *Policiers français sous l'Occupation* – Jean-Marc Berlière.
246. *Histoire secrète de l'Inquisition* – Peter Godman.
247. *La guerre des capitalismes aura lieu* – Le Cercle des économistes (dir. Jean-Hervé Lorenzi).
248. *Les guerres bâtardes* – Arnaud de La Grange, Jean-Marc Balencie
249. *De la croix de fer à la potence* – August von Kageneck.

250. *Nous voulions tuer Hitler* – Philipp Freiherr von Boeselager.
251. *Le soleil noir de la puissance, 1796-1807* – Dominique de Villepin.
252. *L'aventure des Normands,* VIIIe- XIIIe *siècle* – François Neveux.
253. *La spectaculaire histoire des rois des Belges* – Patrick Roegiers.
254. *L'islam expliqué par* – Malek Chebel.
255. *Pour en finir avec Dieu* – Richard Dawkins.
256. *La troisième révolution américaine* – Jacques Mistral.
257. *Les dernières heures du libéralisme* – Christian Chavagneux.
258. *La Chine m'inquiète* – Jean-Luc Domenach.
259. *La religion cathare* – Michel Roquebert.
260. *Histoire de la France*, tome I, *1900-1930* – Serge Berstein, Pierre Milza.
261. *Histoire de la France*, tome II, *1930-1958* – Serge Berstein, Pierre Milza.
262. *Histoire de la France*, tome III, *1958 à nos jours* – Serge Berstein, Pierre Milza.
263. *Les Grecs et nous* – Marcel Detienne.
264. *Deleuze* – Alberto Gualandi.
265. *Le réenchantement du monde* – Michel Maffesoli.
266. *Spinoza* – André Scala.
267. *Les Français au quotidien, 1939-1949* – Éric Alary, Bénédicte Vergez-Chaignon, Gilles Gauvin.
268. *Teilhard de Chardin* – Jacques Arnould.
269. *Jeanne d'Arc* – Colette Beaune.
270. *Crises, chaos et fins de monde.*
271. *Auguste* – Pierre Cosme.
272. *Histoire de l'Irlande* – Pierre Joannon.
273. *Les inconnus de Versailles* – Jacques Levron.
274. *Ils ont vécu sous le nazisme* – Laurence Rees.
275. *La nuit au Moyen Âge* – Jean Verdon.
276. *Ce que savaient les Alliés* – Christian Destremau.
277. *François I*er – Jack Lang.
278. *Alexandre le Grand* – Jacques Benoist-Méchin.
279. *L'Égypte des Mamelouks* – André Clot.
280. *Les valets de chambre de Louis XIV* – Mathieu Da Vinha.
281. *Les grands sages de l'Égypte ancienne* – Christian Jacq.
282. *Armagnacs et Bourguignons* – Bertrand Schnerb.
283. *La révolution des Templiers* – Simonetta Cerrini.
284. *Les crises du capitalisme.*
285. *Communisme et totalitarisme* – Stéphane Courtois.
286. *Les chasseurs noirs* – Christian Ingrao.
287. *Averroès* – Ali Benmakhlouf.
288. *Les guerres préhistoriques* – Lawrence H. Keeley.
289. *Devenir de Gaulle* – Jean-Luc Barré.

290. *Lyautey* – Arnaud Teyssier.
291. *Fin de monde ou sortie de crise ?* – Le Cercle des économistes (dir. Pierre Dockès et Jean-Hervé Lorenzi).
292. *Madame de Montespan* – Jean-Christian Petitfils.
293. *L'extrême gauche plurielle* – Philippe Raynaud.
294. *La guerre d'indépendance des Algériens* (prés. Raphaëlle Branche).
295. *La France de la Renaissance* – Arlette Jouanna.
296. *Verdun 1916* – Malcolm Brown.
297. *Lyotard* – Alberto Gualandi.
298. *Catherine de Médicis* – Jean-François Solnon.
299. *Le XXe siècle idéologique et politique* – Michel Winock.
300. *L'art nouveau en Europe* – Roger-Henri Guerrand.
301. *Les salons de la IIIe République* – Anne Martin-Fugier.
302. *Lutèce* – Joël Schmidt.
303. *Les aventurières de Dieu* – Elisabeth Dufourcq.
304. *Chiisme et politique au Moyen-Orient* – Laurence Louër.
305. *La chute ou l'Empire de la solitude 1807-1814* – Dominique de Villepin.
306. *Louis II de Bavière* – Jean des Cars.
307. *L'Égypte des grands pharaons* – Christian Jacq.

À PARAÎTRE

La Deuxième Guerre mondiale – John Keegan.
Histoire du libertinage – Didier Foucault.
L'affaire Cicéron – François Kersaudy.

Imprimé en France par CPI
en mai 2021

pour le compte des Éditions Perrin
12, Avenue d'Italie 75013 Paris

N° d'impression : 2058038
K03219E/16